WIEN
STADTGESCHICHTE KOMPAKT

Für Kasia

Johannes Sachslehner

WIEN
STADTGESCHICHTE KOMPAKT

P·I·C·H·L·E·R
EDITION WIEN

Autor und Verlag bedanken sich bei Herrn Thomas Hoffmann für wichtige Hinweise zur Geologie Wiens.

Umschlagbilder:
Oben: Blick vom Oberen Belvedere auf Wien. Gemälde von Bernardo Bellotto, genannt Canaletto, um 1759/61.
Mitte: Wien zur Zeit der Ersten Türkenbelagerung. Ausschnitt aus der Rundansicht des Niklas Meldeman. Kolorierter Holzschnitt, 1530.
Unten links: Wien im Todesjahr Maria Theresias: Blick auf die Stadt mit der Schlagbrücke im Vordergrund. Radierung von Johann Andreas Ziegler, 1780.
Unten Mitte: Älteste Ansicht Wiens von Süden: Ausschnitt aus dem Tafelbild »Begegnung von Joachim und Anna« des Albrechtsaltars. Stift Klosterneuburg, um 1438.
Unten rechts: Foto Ernst Hausner.

Vorsatz:
Ansicht der Stadt Wien von Westen im Jahre 1735.
Gemälde von Christian Hilfgott Brand.

Nachsatz:
Wien aus der Vogelschau. Sepiazeichnung von Gustav Veith, 1873.

IMPRESSUM

ISBN 3-85058-154-3

Umschlaggestaltung: Bruno Wegscheider
Design und Produktion: AG Werke
Druck: Inovamedia, Wien

Inhalt

WIEN – VOM MYTHOS EINER STADT

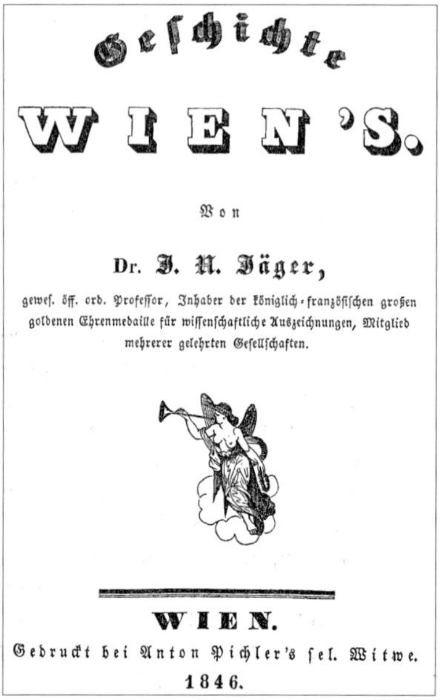

Geschichte

WIEN'S.

Von

Dr. J. N. Jäger,

gewes. öff. ord. Professor, Inhaber der königlich-französischen großen goldenen Ehrenmedaille für wissenschaftliche Auszeichnungen, Mitglied mehrerer gelehrten Gesellschaften.

WIEN.

Gedruckt bei Anton Pichler's sel. Witwe.

1846.

Geschichte der Wiener Stadt u. Vorstädte.

Albert A. Wenedikt.

Wien.

Verlag von Albert A. Wenedikt.

235.834-C

Mein Zeiger ist zurückgewendet, nie ist
Gewesnes mir vollendet und anders steh'
ich in der Zeit. In welche Zukunft ich auch
schweife und was ich immer erst ergreife,
es wird mir zur Vergangenheit.
(aus: Karl Kraus, Rückkehr in die Zeit, 1919)

»Ich glaube daran, daß Wien, so wie es ist, ganz in Ordnung ist, auch dort und gerade dort, wo es nicht in Ordnung ist. Denn eine konsequent verwirklichte Ordnung bedeutet entweder die Hölle oder das Paradies oder den Jüngsten Tag, und gegen diese drei Möglichkeiten besteht mitten in Europa ein mächtiges Bollwerk namens Wien«, schrieb Hans Weigel einmal und rührte damit an einem zentralen Begriffsinhalt jenes Mythos, der gemeinhin unter dem Signet des »Wienerischen« zum Allgemeingut wurde: Wien, die Kapitale der Lebenslust, so die gängige Sprachregelung, sei jener Platz, an dem man nicht alles ganz so tierisch ernst nehmen müsse; ein bißchen schlampert, ein bißchen leichtfertig sei man hier gern, vergnügungssüchtiger als anderswo, aber auch besonders musik- und tanz-, theater- und literaturbegeistert, ein Eldorado der Kultur und eine Hochburg des Lebensgenusses sei es. Andererseits gäbe es da aber auch die »dunkle« Seite des Wienerischen: einen enervierenden Hang zur Weinerlichkeit und Raunzertum, zu fatalistisch-resignativ gefärbter Bequemlichkeit und ständigem Selbstmitleid, ein merkwürdig schwermütiges Kokettieren mit dem Tod.

»Wien ist anders« lautet ein bekannter Werbeslogan der Stadtverwaltung – eine pointierte Behauptung, die nicht unzutreffend ist: Wien ist tatsächlich »anders« – weil vergangene Jahrhunderte und Jahrtausende diese Stadt, ihr Erscheinungsbild und den Charakter ihrer Einwohner in unverwechselbarer Art und Weise formten. Sie ließen am Schnittpunkt von

Okzident und Orient eine Stadt entstehen, die glanzvoller Mittelpunkt war und zugleich akut gefährdete Peripherie, eine Hochburg der Künste, aber auch Einfallstor und Schmelztiegel für immer neue kulturelle Anregungen von diesseits und jenseits der Grenzen. Wien wurde »Heimat« für viele, die aus der Fremde kamen – ob aus Westen oder Osten, aus Norden oder Süden; sie alle arbeiteten an der Größe und am Ruhm der Stadt: Babenberger und Habsburger, deutsche Gelehrte und spanische Adelige, griechische Kaufleute und jüdische Finanziers, französische Kriegsherren und italienische Opernkomponisten. Das vielfach beschworene »alte Wien«, um dessen zumindest partielle Wiedererweckung zahllose Bücher und Filme heute so heftig ringen, war ihrer aller gemeinsames Werk – die Wurzeln Altwiens zeigen Verbindungen zu vielen Völkern und Nationen Europas. Aus der Offenheit dem Fremden gegenüber, aus der Bereitschaft, auch das Neue in den Kosmos Wien zu integrieren, wuchs jene großartige Kultur, die heute Besucher aus aller Welt in ihren Bann zieht.

Die Geschichte, das Wissen um die Vergangenheit, ist kostbares Privileg des Menschen, aber auch ständige Verpflichtung: Politisches Handeln und private Lebensmodelle müssen sich gleichermaßen unablässig an vergangenem Geschehen messen, jegliche Prognose orientiert sich an Erfahrungen, die sich auf Vergangenes beziehen. Mit dem Fortschreiten in die Zukunft ändert sich jedoch zugleich auch die Perspektive auf die Vergangenheit – manches tritt nun in seiner Bedeutung schärfer hervor, anderes verliert an Wichtigkeit, neue Interpretationsmodelle bieten sich an.

Geschichte verleiht in diesem Prozeß Sinnhaftigkeit und Identität, verstärkt das Gefühl, in dieser Kultur, in dieser Gesellschaft zuhause zu sein. Ihre besondere und manchmal ungemein gefährliche Attraktion zieht sie jedoch aus ihrem ureigensten Wesen: In der Geschichte gelangt immer auch die Macht der Überlebenden zur Abbildung. In seinen *Aufzeichnungen aus der Provinz des Menschen*, begonnen während des Zweiten Weltkriegs, schrieb dazu Elias Canetti: »So wirkt die Geschichte immer, als ob sie fürs Stärkere wäre, nämlich fürs wirklich Geschehene: es hätte nicht ungeschehen bleiben können, es mußte geschehen« – exakt auf dieser Eigenschaft basiert der Mißbrauch von Geschichte, ihre Instrumentalisierung im Dienste der Herrschenden und ihrer »Ideologie«. Auch im Falle der Stadtgeschichte

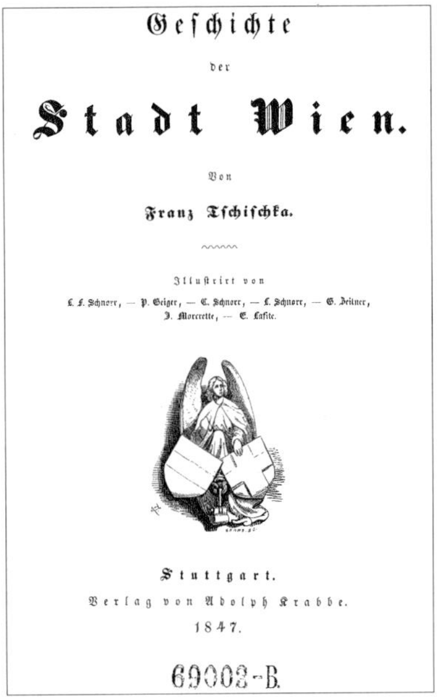
Geschichte

der

Stadt Wien.

Von

Franz Tschischka.

Illustrirt von

L. F. Schnorr, — P. Geiger, — C. Schnorr, — L. Schnorr, — G. Zeitner,
J. Morcrette, — E. Lafite.

Stuttgart.

Verlag von Adolph Krabbe.

1847.

69002-B.

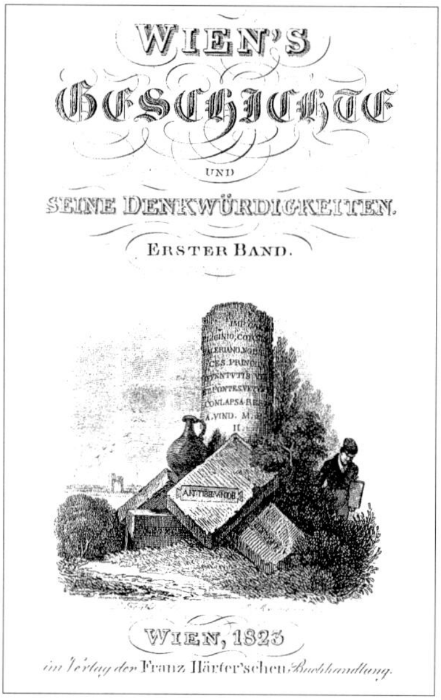

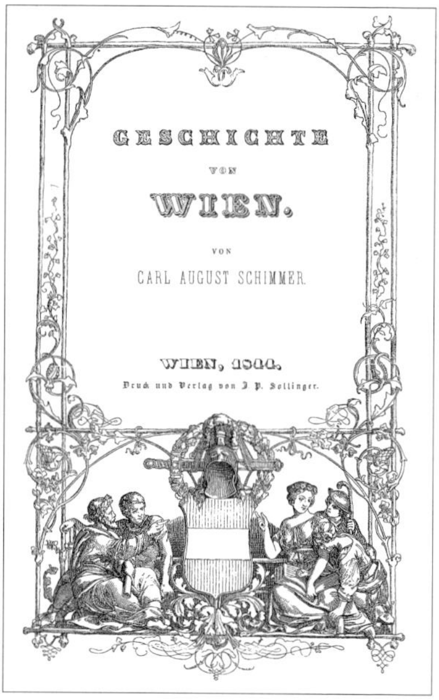

Wiens gab es und gibt es dieses heikle Phänomen: Man schrieb im Dienste der habsburgischen Landesherren oder fühlte sich der Sozialdemokratie verpflichtet, man kam aus dem katholischen Lager oder stand der protestantischen Gemeinde nahe, man war antisemitisch und erhoffte sich das Heil vom »Führer« – immer waren Interessen im Spiel, die zu Verzerrungen von Fakten oder gar zu ihrem Verschweigen führten.

Wichtig ist zu erkennen: Die Stadtgeschichte Wiens ist durch viele Hände gegangen, so manche »Gebrauchsspuren« sind dabei entstanden; gleichzeitig bringt die historische Forschung ständig neue Erkenntnisse bei. Vor diesem Hintergrund möchte die *Stadtgeschichte kompakt* eine erste Orientierungshilfe sein: die großen Entwicklungslinien nachzeichnen, Kausalitäten für dieses oder jenes wichtige Ereignis aufspüren, Bedeutung und Auswirkung wichtiger Geschehnisse festhalten, einzelne Aspekte betonen. Nicht am Mythos Wiens soll fortgeschrieben und nicht Verklärtes noch einmal verklärt werden – im Mittelpunkt stehen die Menschen, ihr Ausgeliefertsein an ein grausam-nüchternes Wechselspiel von Macht und Ohnmacht, von Siegen und Niederlagen, von Tod und Überleben.

VOR 250 MIO JAHREN

ZUR GESCHICHTE DES LEBENS UND DER ENTSTEHUNG DER LANDSCHAFT

1

Die frühesten Spuren von Leben auf Wiener Boden stammen aus dem Erdmittelalter *(Mesozoikum)*, das vor etwa 250 Millionen Jahre begann und sich über 150 Millionen Jahre erstreckte. In dieser unendlich fernen Vorzeit waren weite Teile Europas von einem Meer bedeckt, dem der Wiener Geologe Eduard Suess (1831–1914) nach einer griechischen Meeresgöttin den Namen *Tethys* gab. Dieses eher flache »Urmeer« trennte die europäische Kontinentalplatte von der afrikanischen und zeichnete sich bereits durch ein reiches Pflanzen- und Tierleben aus; die fossilen Reste vieler Meereslebewesen haben sich in Sedimentgesteinen erhalten und geben einen faszinierenden Einblick in die Entwicklung von Fauna und Flora im Lauf der Erdgeschichte. Berühmte Leitfossilien des Erdmittelalters sind die heute ausgestorbenen Ammoniten und Belemniten, Organismen, die zu den Kopffüßern *(Cephalopoden)* zählen, aber auch Armfüßer *(Brachiopoden)*, Seelilien *(Crinoiden)*, Schnecken, Würmer, Muscheln und Fische – als Vertreter der Wirbeltiere – waren schon in zahlreichen Arten vertreten: So tummelten sich im Wasser der Tethys altertümliche Formen von Haien und Rochen; gänzlich verschwunden sind dagegen die zahlreichen Saurierarten, unter ihnen z. B. so seltsame Tiere wie die sogenannten »Plattenzähner« *(Placodontier)*, den Meeresschildkröten ähnliche Reptilien, die große, plattenartig verbreitete Zähne besaßen, mit denen sie die Schalen von Muscheln knacken konnten. Auch die verschiedenen Arten von fischähnlichen Ichthyosaurier und räuberischen Mosasaurier bevölkerten das Thetysmeer.

In den Ufergebieten des Thetysmeeres wucherte eine subtropische Vegetation, das Vorkommen fossiler Holzarten, so besonders von Lorbeerhölzern, in den Flyschablagerungen aus der Kreidezeit, der letzten Phase des Mesozoikums, dokumentiert dies eindrucksvoll.

In dieser Epoche der Erdgeschichte, vor etwa 135–65 Millionen Jahren, setzte auch ein gewaltiger plattentektonischer Prozeß ein, der schließlich das Verschwinden des Tethysmeeres bewirken sollte: Die »Kollision« der afrikanischen Platte mit dem europäischen Kontinentalsockel führte allmählich

2

3

2
Die Flyschzone in Wien: steilgestellte Sieveringer Schichten mit Sandsteinkolken aus der lebensfeindlichen Tiefsee im Gspöttgraben in Obersievering (19. Bezirk).

zur Auffaltung der Alpen, mächtige Gesteinsschichten türmten sich auf und verdrängten das Meer nach Norden – eine Entwicklung, die auch den Wiener Raum betraf und dazu führte, daß sich kalkalpine Gesteinsmassen bis in den südlichen Stadtbereich von Wien über die Sedimentgesteine der Kreidezeit (Flyschzone) schoben, während die Wiener »Hausberge«, wie Bisamberg, Kahlenberg, Leopoldsberg oder Hermannskogel, die zum Großteil aus Flyschsedimenten der Kreidezeit bestehen, »unangetastet« blieben. Flyschzone und Kalkalpen machen zusammen rund 80 % des Wiener Stadtgebietes aus.

DAS WIENER BECKEN ENTSTEHT

3
Warmzeitlicher Rotlehm auf der Laaerbergterrasse in der Nähe des Böhmischen Praters (10. Bezirk).

Im darauffolgenden Erdzeitalter, dem Tertiär, kam es zunächst zu einem erneuten Vorstoß des Meeres, ehe wiederum eine Phase starker Gebirgsbildung einsetzte – in einem Zeitraum von etwa 30 Millionen Jahren erhielten die Alpen jene Gestalt, in der wir sie heute kennen. Am Beginn des sogenannten Jungtertiärs, vor etwa 17 Millionen Jahren, traten dann jene Veränderungen ein, die schließlich endgültig zur Formung der Wiener Landschaft führten: Das Gebiet des heutigen Wiener Beckens, das 20 % des Stadtgebiets von Wien umfaßt, begann sich zu senken, an seinen Rändern zerriß die Erdkruste – es bildeten sich sogenannte Treppenbrüche. Die entstandene Senke wurde in der Folge wiederum vom Meer überflutet und Teil eines riesigen Binnenmeers, des sogenannten Sarmatmeers, das von hier bis nach Südrußland reichte. In der Umgebung dieses Gewässers, dessen Temperatur kaum unter 19 Grad Celsius sank, weideten urweltliche Rüsseltiere, wie Mastodonten und Dinotherien, Nashörner, kurzhalsige Giraffenverwandte, Tapire und Antilopen; an seinen Uferbereichen lebten u. a. Krokodile, Schildkröten und Seehunde, im Wasser selbst Delphine, Haie und Wale.

Die vom Sarmatmeer abgelagerten Beckensedimente, sehr feinkörnige und tonreiche Gesteine, beinhalten heute verbreitet auch Erdgas- und Erdöllagerstätten; an seiner Küste kam es zur Entstehung von Kalkalgenriffen, deren Spuren man z. B. heute noch in Nußdorf beobachten kann. Zahlreiche Flüsse transportierten ihr Schuttmaterial in die-

1
Schädel eines urzeitlichen Pferdes *(Hipparion)*, gefunden in Inzersdorf.

sen Meeresarm, der immer brackiger wurde und zusehends verlandete, gleichzeitig senkte sich das Becken entlang der Bruchlinien langsam weiter ab. Es bildeten sich Sümpfe und kleinere Seen, und allmählich verschwanden auch diese – eine flache Steppe mit Laubbäumen und Sträuchern war entstanden. Tier- und Pflanzenwelt zeigten ein verändertes Antlitz: Zu den im Wiener Raum neu auftretenden Arten gehörten für die Steppe charakteristische Tiere wie die Hipparionen, dreizehige Pferde, ferner Säbelzahnkatzen, Hirsche, Hyänen, Dachse und zahlreiche Nagetiere. Heute als »exotisch« empfundene Baumarten wie die Ginkgobäume, Lorbeer- und Zimtbäume waren Teil einer artenreichen Vegetation.

Während die Donau – ihr Entstehen wird für die Zeit des Tertiärs vermutet – ursprünglich in der Gegend von Mistelbach in das Sarmatmeer mündete, verlegte sie nun ihren Lauf immer weiter nach Süden, bis sie schließlich die »Wiener Pforte« zwischen Leopoldsberg und Bisamberg durchbrach und ihren Lauf nun quer durch das Wiener Becken nahm, allerdings lag ihr Strombett im Vergleich zum heutigen Niveau um etwa 100 m höher – in seinen Grundzügen präsentierte sich damit aber vor etwa 5 Millionen Jahren erstmals jenes Landschaftsbild, in dem später die Weltstadt Wien heranwachsen sollte.

DIE EISZEITEN

Eine dramatische Klimaverschlechterung prägte dann den Beginn des jüngsten Erdzeitalters, des Quartärs, vor etwa 1,8 Millionen Jahren: Die Temperaturen gingen zurück, die Winter wurden länger und schneereicher, die Sommer kühler und feuchter; von den Alpengipfeln stießen die Gletscher weit in die Täler vor; auch die Hausberge der Wiener – Rax und Schneeberg – waren damals vergletschert; das Wiener Stadtgebiet und die Umgebung von Wien blieben jedoch immer eisfrei.

Der Schauplatz:

Wien liegt am Nordrand des Wiener Beckens auf 16 ° 20′ östlicher Länge und 48° 13′ nördlicher Breite; im Raum von Wien verknüpfen sich Alpenvorland, Karpatenvorland und Pannonisches Becken.

Fläche des Stadtgebiets: 414,09 km^2
Umfang des Stadtgebiets: 133 km
Tiefster Punkt (Donau an der östlichen Stadtgrenze): 149 m
Höchster Punkt (Gipfel des Hermannskogels): 542 m

Kennzeichnend ist die ausgeprägte Mittelpunktslage Wiens. Die Entfernungen zu den europäischen Küsten (Luftlinie):

Adriatisches Meer: 360 km
Ägäisches Meer: 990 km
Schwarzes Meer: 1.050 km
Ostsee: 630 km
Nordsee: 800 km
Atlantischer Ozean (Kanalküste): 1.360 km

Das Klima ist gemäßigt kontinental (mitteleuropäisches Übergangsklima); die jährliche Niederschlagsmenge liegt durchschnittlich bei 600 mm.

4
Mammutherde in der unwirtlichen Eiszeit-Steppe.

5
Mammutzahn, entdeckt beim Bau der Hofburg.

Der Forschung gelang es, für den alpinen Bereich vier Hauptvereisungszeiten nachzuweisen (Günz-, Mindel-, Riß- und Würmeiszeit), die durch Warmperioden, sogenannte Zwischeneiszeiten (Interglazialzeiten), voneinander getrennt waren.

Auch die Eiszeiten blieben auf die Gestalt des Wiener Bodens nicht ohne prägenden Einfluß: Die beim Abschmelzen der Schneedecke bzw. der Gletscher anschwellenden Flüsse transportierten gewaltige Mengen von Schutt und Schotter in das Wiener Becken, allen voran die Donau, die große »Schotterterrassen« ablagerte – so stammen z. B. die Laaerbergschotter aus der frühesten Kaltzeit, der Günz-Eiszeit; die jüngste Schotterterrasse im Wiener Stadtgebiet, die Praterterrasse, bildete sich erst in der letzten Kaltperiode, der Würmeiszeit, vor ca. 100.000 Jahren. Auf ihr befindet man sich, wenn man die Ruprechtsstiege hinunter zum Morzinplatz geht.

Überdeckt wurden diese Schottermassen jeweils von angeschwemmten Lößschichten; in den Interglazialzeiten kam es dann immer wieder zur teilweisen »Ausräumung« der Schotteraufschüttungen und zur Herausbildung der für die Warmzeiten charakteristischen Rotlehmschichten, wie man sie z. B. in Simmering oder bei der Löwygrube nahe dem Böhmischen Prater findet.

In den Warmzeiten herrschten klimatische Verhältnisse, die in etwa den heutigen vergleichbar sind – günstige Voraussetzungen für Fauna und Flora. Fossilfunde aus den Schotter- und Lößschichten des Quartärs zeigen, daß in den frühen Warmzeiten noch Elefanten, Nashörner und Mastodonten im Wiener Raum lebten; zu den wichtigsten Säugetieren der Kaltzeiten zählten vor allem das bis zu 3 m hohe, dichtbehaarte Mammut, das Wollnashorn, das Steppenwisent, der Riesenhirsch, der Wildesel und das Wildpferd sowie der mächtige Höhlenbär *(Ursus spelaeus)*. In dieser unberührten urweltlichen Naturlandschaft tauchte nun ein Wesen auf, das allmählich lernen sollte, durch planmäßige Eingriffe in die Wildnis sein Überleben zu sichern: Es begann die Expansion des *Homo sapiens*.

DIE VORGESCHICHTE

1

ALTSTEINZEIT

Irgendwann gegen Ende der Wärmeperiode zwischen dritter und vierter Eiszeit, im sogenannten Riß-Würm-Interglazial, haben wohl zum erstenmal Vorfahren des heutigen Menschen, des *Homo sapiens sapiens*, den Wiener Raum betreten. Es mag dies vor etwa 50.000 bis 40.000 Jahren geschehen sein, es gibt keine Funde, die über diesen Zeitpunkt genaueren Aufschluß geben würden. Die Menschen dieser Zeit waren Träger der altsteinzeitlichen Faustkeilkultur; als nomadisierende Jäger und Sammler kämpften sie in einer unwirtlichen Umwelt ums Überleben. Noch bedeckten die mächtigen Gletscher der letzten Eiszeit die nahen Ostalpen; das Wiener Becken war eine karge Steppenlandschaft, in der sich Mammut, Höhlenbär, Wollnashorn, Wildrind und Rentier tummelten und das Jagdgeschick des eiszeitlichen Jägers herausforderten. In der Herstellung und Handhabung von Waffen hatte dieser bereits eine hohe Fertigkeit erreicht, messerscharf zugeschlagene Kanten von Steinklingen und Schabern erleichterten die Arbeit. Das Labyrinth der Donauauen lockte durch seinen Wildreichtum, die zahlreichen Nebenarme des großen Stroms boten willkommene Gelegenheit zum Fischfang. Noch gab es keine feste Siedlung: Während man sich auf den sommerlichen Streifzügen oft nur mit der Errichtung von einfachen Windschirmen als Schutzbauten – womöglich an einem Wasserlauf – begnügt haben mag, schätzte man in den langen und kalten Wintern die Rückzugsmöglichkeit in eine der zahlreichen nahegelegenen Höhlen des östlichen Wienerwalds.

So unscheinbar er sich für das Auge des heutigen Menschen auch ausnimmt: Der technische Fortschritt prägte bereits die Kultur der Altsteinzeit; scin Tempo war zwar noch entsprechend langsam, doch über die Jahrtausende hinweg wurden immer raffiniertere Stein- und Knochengeräte entwickelt, so etwa Nadeln und Bohrer, mit deren Hilfe man es verstand, das Leben zunehmend angenehmer zu gestalten. Man lernte, Felle und Häute zu vernähen, Zelte zu bauen und Pfeil und Bogen zu bedienen, und nicht zuletzt gelang es diesen frühen Menschen auch, ihrer Sicht der Welt durch

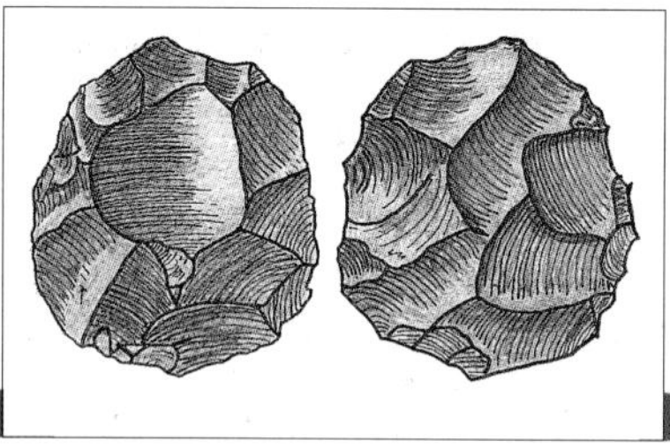

2

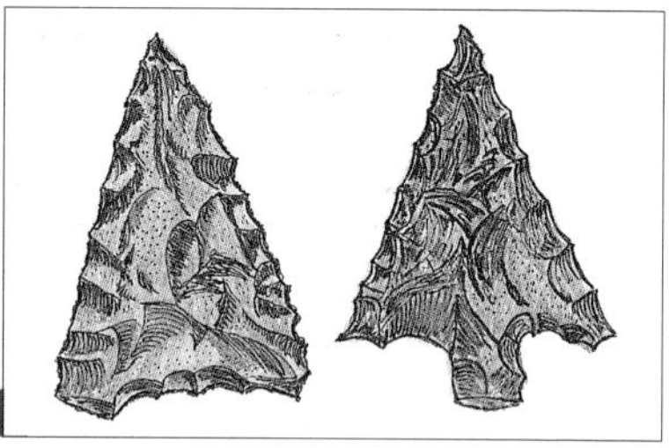

3

2
Steinwerkzeuge der mittleren Altsteinzeit (Paläolithikum), etwa 100.000 Jahre alt.

3
Pfeilspitzen aus der jüngeren Steinzeit.

die Anfertigung figürlicher Kleinobjekte symbolhaft Ausdruck zu verleihen.

Um 10.000 v. Chr. begannen sich die Lebensbedingungen des urgeschichtlichen Menschen entscheidend zu verbessern. Das Ende der Würm-Eiszeit brachte höhere Temperaturen und führte zum Abschmelzen der Gletscher, die Niederschlagsmengen stiegen, und die tundraähnliche baumlose Kaltsteppe der Eiszeit verwandelte sich in wald- und gebüschreiches Gebiet. Die Großsäugetiere der Eiszeit, Mammut und Höhlenbär, starben aus; der Mensch mußte seine Kulturtechniken den neuen Gegebenheiten anpassen. Der Zeitraum der Mittelsteinzeit *(Mesolithikum)*, der sich etwa von 8.000 bis 5.000 v. Chr. erstreckte, ist durch eine weitere Vervollkommnung von Geräten und Waffen gekennzeichnet – neben Pfeil und Bogen kamen nun auch Harpunen zum Einsatz; die Herstellung von Kleinformen *(Mikrolithen)* aus Feuerstein wurde zum technologischen Standard.

JUNGSTEINZEIT

Gegen Ende des Mesolithikums darf der allmähliche Übergang vom Nomadentum zur Seßhaftigkeit vermutet werden; die Höhle wurde abgelöst von der Hütte, aus Wildgräsern züchtete man die Vorstufen des heutigen Getreides – Hirse, Emmer, Einkorn, frühe Weizen- und Gerstenarten –, und als erstes Haustier hielt der Hund seinen Einzug im Lebensraum des Menschen, bald folgten Schaf und Ziege, Schwein und Rind – es begann die sogenannte neolithische Revolution, eine der folgenschwersten Entwicklungen auf dem Weg des Menschen zur Beherrschung der Erde. Durch den Bau von einfachen Hütten aus Holzstämmen und Flechtwerk mit Lehmbewurf und Stroh- oder Schilfdächern erhielt die Landschaft ein neues Gepräge; in Siedlungen zusammengeschlossene Großfamilien und Gruppen entwickelten Strategien für eine sinnvolle Arbeitsteilung: Ein eigener Handwerkerstand etablierte sich; neue Steingeräte, wie das schmalgeformte Steinbeil, kamen zur Verwendung, und große Bedeutung gewann vor allem die Töpferei; typische Gefäßformen und -verzierungen begannen sich zu entwickeln – sie wurden zu einem wichtigen Hilfsmittel zur Datierung von Fundhorizonten und gaben den frühen neolithischen Kulturkreisen ihren Namen: Die älteste Kulturstufe der Jungsteinzeit, datierbar zwischen 5500 und etwa 4700 v. Chr., wird aufgrund ihrer charakteristischen Gefäße mit eingeritzten Linien in Band-, Spiral- und Mäanderform als »Bandkeramische Kultur« bezeichnet; Objekte aus dieser Epoche, in der die Menschen erstmals auch nachweisbar leichte Anhöhen für ihre Niederlassungen bevorzugten, wurden in eini-

1
Leben in der Steinzeit. Idealisierende Darstellung aus »Die Urgeschichte des Menschen nach dem Stande der heutigen Wissenschaft« von Moriz Hoernes, 1892.

gen Wiener Bezirken entdeckt, so in Hietzing, Döbling (Wertheimsteinpark) und der Leopoldau (22. Bezirk). Abgelöst wurde die Bandkeramik im östlichen Mitteleuropa Mitte des 5. Jahrtausends v. Chr. durch die »Bemaltkeramische Kultur«, nach einem Fundort in Ungarn auch »Lengyelkultur« benannt; ihre Tongefäße zeichnen sich durch sehr dekorative Bemalung aus; Bruchstücke wurden auf Wiener Boden in Schönbrunn, auf dem Küniglberg und am Roten Berg sowie im 22. Bezirk gefunden (Hirschstetten, Eßling, Aspern).

Unbekannt ist, wer die Träger dieser Kulturen waren, welche Sprache sie sprachen und wie sie gesellschaftlich organisiert waren – die Funde deuten darauf hin, daß über Jahrhunderte und Jahrtausende hinweg eine wenig kriegerische bäuerliche Dorfkultur das Leben im Wiener Raum prägte. Ein besonderes Denkmal dieser Zeit, einen Bergbaubetrieb, kann man heute noch auf der Antonshöhe bei Mauer im 23. Bezirk bewundern: Die Siedler des Neolithikums brachen in regelrechten Stollen und Schächten aus der hier befindlichen Jurakalkklippe einen sehr harten, scharfkantigen Feuerstein, nach den kieselsäurespeichernden Meerestieren *(Radiolarien)*, die ihn einst bildeten, auch Radiolarit genannt.

Im Spätneolithikum, etwa 4000/3800 bis 2200 v. Chr., erhielt der kulturtechnische Fortschritt der im Wiener Raum siedelnden Menschen zwei wichtige Impulse: Die Kunst der Metallverarbeitung begann sich auszubreiten; das erste Metall, das verarbeitet wurde, war das leicht schmelzbare Kupfer, man spricht daher auch von der Kupferzeit. Gekennzeichnet wurde diese Epoche sicherlich schon durch sehr weitreichende und intensive Handelsverbindungen der einzelnen Siedlungen, und so gelangte auf dem Landweg aus dem Nahen Osten eine weitere revolutionäre technische Errungenschaft ins Wiener Becken: das Rad und mit ihm der vierrädrige Wagen. Nach einem sehr reichhaltigen Keramikfund in der Königshöhle bei Baden nennt man das Spätneolithikum auch »Badener Kultur«, ihre Gefäße bestechen durch kunstvolle gerillte Oberflächen, das Kupfer wurde vorerst offensichtlich nur zur Herstellung von Schmuck genützt, dann aber auch zur Produktion von Beilen und Streitäxten.

BRONZEZEIT

Durch Verschmelzung von Kupfer (ca. 90 %) mit Zinn (ca. 10 %) gelang dem prähistorischen Menschen die Synthese eines neuen Werkstoffs, der den Schmieden der Urzeit weitreichende neue Möglichkeiten eröffnete: Die Bronze wurde nicht nur zum Ausgangspunkt für Innovationen im Bereich der Werkzeug- und Waffentechnik, sondern führte in der Folge auch zu tiefgreifenden wirtschaftlich-gesellschaftlichen Veränderungen. Die archäologischen Befunde lassen darauf schließen, daß die Bevölkerungsdichte anstieg und zugleich die soziale Differenzierung voranschritt; immer speziellere Aufgabenbereiche der Erzgewinnung und Metallverarbeitung führten zur Etablierung neuer Berufe; eine wohlhabende Schicht von Herrschenden scheint sich gebildet zu haben, eine Art Kriegeradel, der die Gemeinschaft vor feindlichen Angriffen schützte – wachsender Besitz und Reichtum forderten die Nachbarn zu Raub heraus. Kriegerische Auseinandersetzungen wurden nun zahlreicher, wie die zahlreichen Verletzungen an Skelettresten in den Gräbern der frühen Bronzezeit (2200–1500 v. Chr.) zeigen. Charakteristisch für sie war die Bestattung der Toten in seitlicher Lage mit angewinkelten Beinen, man spricht daher auch von der Hockergräberzeit. Die Keramik- und Bronzefunde aus dieser Epoche lassen sich der sogenannten Aunjetitzer Kultur zuordnen, einem Kulturkreis, der von der Slowakei über Böhmen bis Norddeutschland reichte. Man baute massive, bis zu 20 m lange und 6 m breite Häuser aus Holzstämmen und Weidengeflecht, in denen offensichtlich Großfamilien in engem Verband lebten.

Eine neue, charakteristische Form der Bestattung kennzeichnet den Übergang zur mittleren Bronzezeit (1600–1300 v. Chr.): Neben der traditionellen Körperbestattung der Verstorbenen begann man nun die Leichname zu verbrennen; aufwendig gestaltete Grabhügel ehrten das Andenken an die Toten, reiche Grabbeigaben kündeten von ihrem Ansehen und Wohlstand. Eine Vielfalt von Gerätschaften aus Bronze war nunmehr schon im Gebrauch, und die Kunstfertigkeit der Schmiede fand in dekorativ-grazilen Punzierungen ihren Ausdruck.

Um 1300 v. Chr. geriet jedoch die stabile bronzezeitliche Welt Mitteleuropas in Bewegung: Weite Wanderbewegungen ganzer Völker, die vom nördlichen Europa bis in die Ägäis reichten, lösten eine Epoche der Unruhe und Kriege aus. Über die ethnische Zuordnung der expandierenden Stämme und Völkerschaften gibt es nur Vermutungen; auch die Ursache für ihren Aufbruch liegt im Dunklen – Überbevölkerung und die Suche nach besseren Lebensbedingungen spielten wahrscheinlich eine bedeutende Rolle. Die allgemeine Unsicherheit führte dazu, daß Siedlungen der späten Bronzezeit (1300–800 v. Chr.) wieder auf leichter zu verteidigenden Anhöhen lagen; Wallbauten aus Erde und Holz verliehen ihnen bereits Festungscharakter. Ein tiefgreifender Wandel scheint sich zudem in den religiösen Vorstellungen der Menschen vollzogen zu haben – für den Archäologen greifbar wird dies in der Sitte der Leichenverbrennung, die nun dominant wird. Die Aschenreste bestattete man in Urnen oder sogenannten »Brandschüttungsgrä-

4
Kupferne Streitaxt mit Schaftloch (um 3000 v. Chr.).

5
Gefäß der Mondseekultur (3400 v. Chr.–2900 v. Chr.) mit tief eingestochenem Muster, in das weiße Kalkpaste eingebracht wurde.

4

5

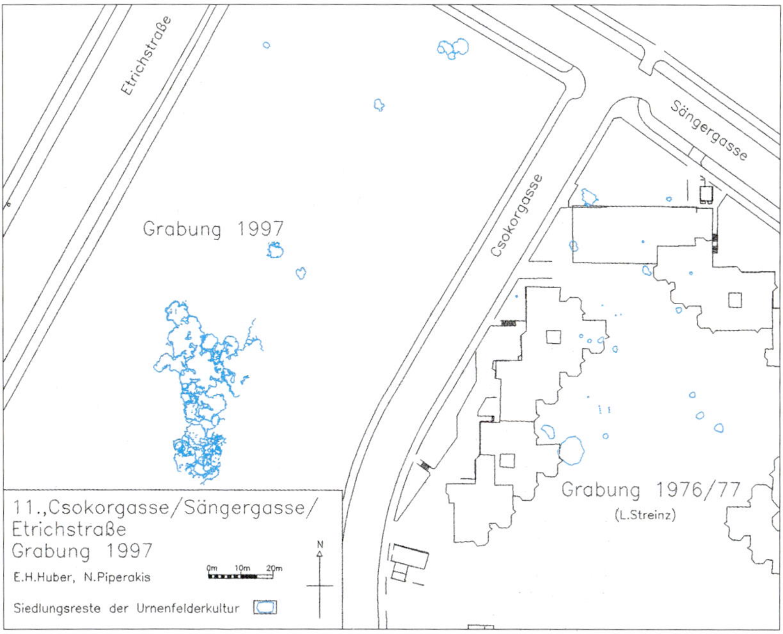

6
Siedlungsreste der Urnenfelderkultur (späte Bronzezeit) in Simmering aus der Zeit um 1000 v. Chr.

bern«, der Kulturkreis der Urnenfelderkultur bestimmte für Jahrhunderte die Entwicklung in Mitteleuropa. Seine Bedeutung wird nicht zuletzt durch Funde auf dem Wiener Stadtgebiet dokumentiert: In der Inneren Stadt, in Kagran, in der Leopoldau und in Aspern fand man zahlreiche Objekte der Urnenfelderkultur.

EISENZEIT

Im Fundmaterial aus der späten Bronzezeit tauchen vereinzelt auch bereits Gegenstände aus Eisen (Messer, Beile, Schmuckstücke) auf – Vorboten einer neuen Technologie, die nun Europa eroberte: der Eisenverarbeitung. Um 800 v. Chr. hatte sich diese in Mitteleuropa etabliert und die herkömmlichen Bronzegerätschaften verdrängt; Waffen und Geräte aus Eisen erwiesen sich als härter, widerstandsfähiger; die Produktion des Metalls war einfacher als die von Bronze; Eisenerzvorkommen waren häufiger. Nach einem überaus reichen, ab 1846 erforschten Gräberfeld bei Hallstatt trägt die ältere Eisenzeit (800–400 v. Chr.) den Namen Hallstattzeit; die Träger dieser Kulturperiode, die vor allem durch den Handel mit Salz, das in Hallstatt und am Dürrnberg bei Hallein abgebaut wurde, ihren Wohlstand begründeten, wurden für den österreichischen Raum lange Zeit hindurch mit dem indogermanischen Volk der Illyrer identifiziert, eine Vorstellung, die jedoch unzutreffend sein dürfte.

Gut belegt ist dagegen der enorme wirtschaftliche Aufschwung dieser Periode: Prachtvoll verzierte Keramik- und Bronzegefäße, denen man die plastische Form von Tierfiguren gab, kunstvoll gestaltete Waffen und Schmuck zeugen von einer Gesellschaft, die stolz auf ihre Besitztümer war und dies auch für alle Zeiten dokumentieren wollte. Mächtige Hügelgräber für verstorbene Große wurden in die Landschaft gestellt, in den Grabbeigaben erwies man den Toten

7
Keltische Münze mit Darstellung eines galoppierenden Pferdes.

8
Keltische Münze mit Darstellung eines Hirschen.

9
Keltische Schuhfibel aus Bronze, gefunden in Wien-Leopoldau, 2. Hälfte des 5. Jhdts. v. Chr.

10
Waffentechnik der La-Tène-Zeit: eiserne Schwertscheide mit dem »Drachenmotiv«, gefunden in Pottenbrunn (Niederösterreich).

11
Keltisches Tongefäß mit hörnerförmigem Griff, Wien-Leopoldau, 2. Hälfte des 5. Jhdts. v. Chr.

die letzte gebührende Ehre. Auf Wiener Stadtgebiet lag ein solches Hügelgrab, im Volksmund »Leberberg« genannt, in der Nähe des St. Marxer Friedhofs; hallstattzeitliche Siedlungskomplexe lassen sich auf der Arsenal- bzw. Laaerbergterrasse nachweisen. Kennzeichnend für die ältere Eisenzeit im Wiener Raum sind nicht zuletzt Funde, die den Einfluß steppennomadischer Kulturen, wie sie die Völker der Skythen und Kimmerier repräsentierten, belegen.

Um 450 v. Chr. beginnen Stammesgruppen eines Volks den österreichischen Raum zu besiedeln, das wir erstmals auch ethnisch bestimmen können: Es sind Kelten, im Kriegshandwerk erfahrene und gefürchtete Völkerschaften, die für ihren Kampfesmut von den antiken Autoren gerühmt wurden; an der Spitze der keltischen Stämme standen vornehme Adelige, vereinzelt wohl auch Könige; auf ihren Heerzügen stießen sie bis Rom (387 v. Chr.) und Griechenland bzw. Kleinasien vor.

Die Kelten sind die Träger der jüngeren Eisenzeit (450–15 v. Chr.), nach einem Fundort bei Genf auch La-Tène-Zeit genannt; das Eisen ist nun zum alltäglichen Werkstoff in der Waffen-, Geräte- und Schmuckproduktion geworden; die keramischen Gefäße werden nun bereits in Töpferöfen gebrannt, und erstmals wird im Wiener Raum auch mit Geld bezahlt – die Kelten bringen nach römisch-griechischem Vorbild geprägte Silbermünzen, in späterer Zeit auch kleine Goldmünzen in Umlauf; ein reger, weitverzweigter Warenhandel scheint einen engen Kontakt mit der »zivilisierten« Welt des Südens gebracht zu haben. Charakteristisch für die ostkeltischen Stämme sind ihre Höhensiedlungen *(oppida)*, von denen sich den jüngsten Forschungen zufolge drei auf Wiener Boden befunden haben: auf dem Bisamberg, auf dem Leopoldsberg und auf dem Burgstall des Nußbergs. Eine besondere Bedeutung als Zentralort der jüngeren Eisenzeit im Wiener Raum scheint insbesondere der Siedlung auf dem Leopoldsberg zugekommen sein.

Erstmals ist ein keltischer Stamm im Wiener Raum auch namentlich identifizierbar – der griechische Geograph Strabon berichtet von den Boiern, einem Volk, das von Römern aus Oberitalien vertrieben worden und nun bei den Tauriskern im sogenannten »Illyricum« seßhaft geworden sei. Diese Landnahme der Boier dürfte um 100 v. Chr. stattgefunden haben; ihr neues Siedlungsgebiet lag am Rande des Königreichs Noricum *(regnum Noricum)*, zu dem sich die Keltenstämme des Ostalpenraums zu Beginn des 2. Jahrhunderts v. Chr. zusammengeschlossen hatten, das jedoch bald in wirtschaftliche und politische Abhängigkeit von den unaufhaltsam nach Norden vorstoßenden Römern geriet. Münzfunde zeigen, daß sich der Schwerpunkt der boischen Siedlungstätigkeit im Raum Bratislava befunden haben dürfte, die Einflußsphäre dieses Stamms reichte aber sicherlich bis in die östlichen Täler des Wienerwalds und in die nördlichen Teile des Burgenlands.

Zur Katastrophe für die blühenden boischen Gemeinschaften kam es Ende der vierziger Jahre des 1. Jahrhunderts v. Chr., als das indogermanische Volk der Daker von Osten kommend ins Wiener Becken vordrang. Unter ihrem König Burebista besiegen diese ca. 41/40 v. Chr. die Boier,

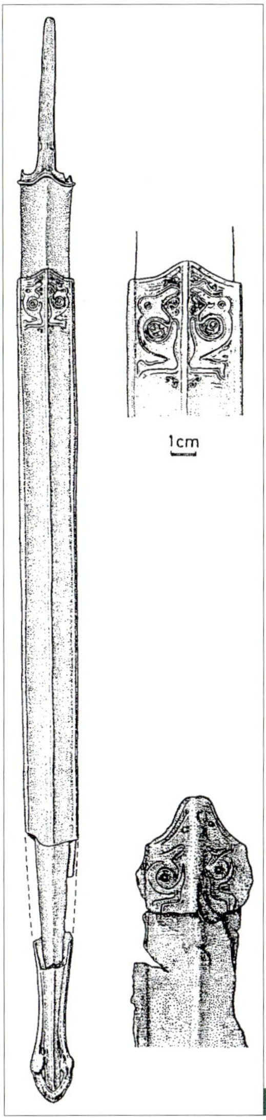

10

7

8

9

11

die von einem König Kritasirus geführt werden, vernichten und verwüsten das Land; die boischen Ansiedlungen scheinen in der Folge weitgehend zugrunde gegangen zu sein – zurück blieb die *deserta Boiorum*, die »boische Einöde«; das *regnum Noricum* der Taurisker, Noriker und anderer keltischer Stämme existierte zwar noch einige Jahrzehnte, einer umfassenden Verschiebung der Machtverhältnisse im Alpen- und Donauraum fiel schließlich auch dieses erste »staatliche« Gebilde auf dem Gebiet des heutigen Österreich zum Opfer. Mit dem tragischen Untergang der Boier, der ebenfalls von Strabon überliefert ist, geht auf Wiener Boden die »Urgeschichte«, jene Epoche, aus der wir keine schriftlichen Zeugnisse besitzen, zu Ende – viele Detailfragen warten hier noch auf ihre Klärung durch die Forschung. Mit dem Eintreffen römischer Kohorten am südlichen Donauufer tritt das Land an der Donau endgültig ins Licht der Geschichte.

15 v. Chr. – 791 n. Chr.

Römische Grenzstadt an der Donau

1

Tiberius und Drusus, die Stiefsöhne von Kaiser Augustus, erhielten 15 v. Chr. den Auftrag, die Grenzen des Imperium Romanum über den Alpenhauptkamm nach Norden vorzuschieben. Die Gründe für diese Offensive gegen die Keltenstämme südlich der Donau sind unklar – mag sein, daß Augustus tatsächlich ein visionäres »außenpolitisches« Konzept verfolgte, in dem für das *regnum Noricum* als Pufferzone zu den Germanenstämmen im Norden kein Platz mehr war und das im Erreichen der Donaugrenze nur ein »Etappenziel« auf dem Vorstoß bis Böhmen und Mähren vorsah; möglicherweise reagierten die Römer aber auch nur unmittelbar auf direkte Bedrohung durch einzelne keltische Raubzüge. Der Krieg begann mit schweren Kämpfen gegen die Stämme der Räter und Vindeliker im Gebiet zwischen Bodensee und Donau; die Okkupation des alten Keltenlandes im Osten ging im Gegensatz dazu eher friedlich vonstatten; härter hatte man wiederum mit der einheimischen Bevölkerung in den östlich davon gelegenen pannonischen Gebieten zu ringen, aber auch hier behielten die kampferprobten römischen Legionäre schließlich die Oberhand. Gestärkt durch diese Erfolge, nahm Tiberius im Jahre 6 v. Chr. den Krieg gegen das nördlich der Donau seßhaft gewordene germanische Volk der Markomannen auf, wurde jedoch durch einen Aufstand in Südpannonien zur Umkehr gezwungen und in langwierige Kämpfe verwickelt – ob gewollt oder ungewollt, die Donaugrenze erwies sich bald als stabile Frontlinie zwischen dem Imperium und den Barbaren des Nordens.

Vindobona in der Provinz Pannonien

Das eroberte Land wurde in zwei Provinzen aufgeteilt: in die Provinz Noricum, der anfangs auch das Wiener Becken zugeordnet wurde und die bis Salzburg und Osttirol reichte, und die Provinz Pannonien, die sich weit in die ungarische Tiefebene erstreckte. Um die Mitte des 1. Jahrhunderts n. Chr. schob man die Provinzgrenze etwas nach Westen – sie verlief nunmehr mitten durch den Wienerwald, den die Römer *Mons Cetius* nannten, und sollte bewirken, daß für die folgenden 1000 Jahre die Gegend von Wien als »pannonisches« Territorium galt. Unter Kaiser Traian um 105 n. Chr. teilte man Pannonien in eine Westhälfte Oberpannonien *(Pannonia superior)* und in eine Osthälfte Unterpannonien (*Pannonia inferior*, Hauptstadt Aquincum/Budapest).

2

3

4

1
Ziegelstempel der XIII. Legion. Soldaten dieser Einheit errichteten gegen Ende des 1. Jahrhunderts n. Chr. ein erstes großes Legionslager auf der Hochfläche zwischen Donau, Ottakringerbach und Möhringbach.

2
Münze des Kaisers Augustus (27 v. Chr.–14 n. Chr.).

3
Silbermedaillon Kaiser Hadrians.

4
Porträtbüste des Kaisers Hadrian (117–138 n. Chr.).

Wie im Imperium Romanum üblich, wurden auch die neuen Donauprovinzen durch kaiserliche Statthalter *(procuratores)* verwaltet, Hauptstadt Oberpannoniens und Sitz des Statthalters wurde Carnuntum – eine Entwicklung, die nicht zuletzt auch das römische Engagement im Wiener Raum begünstigte: Pannonien war eine gefährdete Grenzprovinz, und deshalb konzentrierte man hier auch in Friedenszeiten bedeutende militärische Kräfte; nicht weniger als drei Legionen stationierte man in *Pannonia superior* zur Sicherung der Reichsgrenze, die als Limes (»Grenzwall«) für Jahrhunderte ihre Aufgabe – den Schutz gegen germanische Angriffe – erfüllen sollte. Verstärkt wurde der Limes in regelmäßigen Abständen durch Wachttürme und Befestigungsanlagen wie Wälle und Palisaden, aber auch durch Kastelle und Legionslager. Da die Truppen im Notfall schnell zur Stelle sein mußten, kam dem Ausbau des Straßennetzes in Grenznähe besondere Bedeutung zu, dies nicht zuletzt auch deshalb, weil die Ebene des Wiener Beckens zugleich den Aufmarschraum für Unternehmungen nördlich der Donau darstellte. Die günstigen topographischen Verhältnisse auf Wiener Boden – eine relativ geschützte Lage im Zwickel zwischen Donau und den Ausläufern des Wienerwaldes – dürften sehr bald die Aufmerksamkeit rekognoszierender römischer Militärs erweckt haben; vielleicht nützte man auch bereits bestehende keltische Siedlungen als Ausgangspunkt für die Errichtung eines kleinen Lagers, das, wie jüngste Grabungen gezeigt haben, sich im Bereich der Freyung befunden haben könnte. Diese »Urzelle« des heutigen Wien entstand vermutlich schon in den ersten Jahrzehnten nach Christi Geburt und trug wahrscheinlich schon den Namen Vindobona, mit dem man sicherlich an eine keltische Ortsbezeichnung anknüpfte (»das Gut des Vindo«?), vielleicht sogar an den Namen des keltischen *oppidums* auf dem Leopoldsberg. Erbaut wurde der Stützpunkt, den man sich als staubiges Barackenlager, umgeben von Holzpalisaden und einem Graben vorstellen muß, wohl von Soldaten der in Carnuntum stationierten XV. Legion, darauf läßt das älteste in Wien gefundene lateinische Schriftdenkmal schließen, der Grabstein eines Soldaten namens C. Attius. Die Inschrift für den sonst unbekannten Legionär markiert den Beginn von Kontinuität – seit diesen fernen Tagen waren zumindest Teilbereiche des heutigen 1. Bezirks ununterbrochen besiedelt.

Grabungsbefunde zeigen eindeutig, daß die Ankunft der Römer das Ende für die keltische Höhensiedlung auf dem Leopoldsberg bedeutete; wahrscheinlich siedelte man die Bewohner ab und wies ihnen in der weiteren Umgebung des Lagers neue Wohnstätten zu. Aus der Zeit des Kaisers Nero (54–68 n. Chr.) stammen die ältesten römischen Ziegel, die man auf Wiener Boden gefunden hat, aus Aquileia importierte Ware, die erst allmählich von selbst hergestellten Ziegeln abgelöst wurde. Die Besatzungsstärke dieses Holz-Erde-Lagers, das dem Flankenschutz des großen Legionslagers Carnuntum diente, dürfte kaum einige hundert Mann überschritten haben; außerhalb der Befestigung entstanden vermutlich bereits erste »zivile« Ansiedlungen, die Anfänge der späteren »Zivilstadt«.

Zur Überlieferung des Namens »Vindobona«

Die Identität des römischen Wien mit dem in antiken Quellen genannten Ort »Vindobona« ist gesichert; der Beweis dafür bedurfte allerdings umfangreicher Forschungen: Erstmals genannt wird Vindobona von dem Geographen Claudius Ptolemäus aus Alexandria im 2. Jahrhundert n. Chr., in einem antiken Straßenverzeichnis, dem *Itinerarium Antonini*, das aus der Zeit Kaiser Caracallas (211-217) stammt, erscheint es als »Vindomona«; die berühmte Tabula Peutingeriana, die Kopie einer römischen Straßenkarte aus dem 5. Jahrhundert, nennt dagegen wiederum korrekt Vindobona; andere Quellen bringen die Verschreibungen *Vendobonae*, *Bendobona*, *Vindomara*, *Vindomana* und *Vindomina* – ein Indiz dafür, daß dem Lager an der Donau bei den Römern keine besondere Berühmtheit beschieden war. Die Beweiskette zur Identität von Wien mit Vindobona konnte endgültig erst durch den Fund zahlreicher Ziegel mit dem Stempel der X. Legion geschlossen werden, wird diese doch in den antiken Texten als in Vindobona stationiert genannt.

In den »dunklen« Jahrhunderten der Völkerwanderung geriet der Name Vindobona in Vergessenheit; ein letztes Mal scheint ein »Vindomina« in der Chronik *De origine actibusque Getarum* des ostgotischen Geschichtsschreibers Jordanes auf. Der neue Name »Wenia« (erstmals 881) hatte mit dem Namen des römischen Legionslagers nichts mehr zu tun.

Noch in der Regierungszeit Neros wurden die Soldaten der XV. Legion abgezogen und durch Einheiten der X. Legion ersetzt; unter Kaiser Vespasian (69–79) begann man die Donaugrenze weiter zu verstärken, eine Politik, die nach ihm Domitian (81–96) und Traian (98–117) aufgriffen und erfolgreich fortsetzten. Zum Schutz des offenbar allmählich an Bedeutung gewinnenden Platzes verlegte man zunächst die Reitertruppe Ala I Britannica nach Vindobona; ihr folgten Einheiten der XIII. Legion aus Poetovio *(Pettau, Ptuj)*, die um 100 n. Chr. darangingen, auf dem Hochplateau zwischen Donau, Ottakringerbach und Möhringbach ein Legionslager aus Stein zu errichten. Fertiggestellt wurde der Bau durch Soldaten der XIV. Legion im Jahre 107 n. Chr.; zum eigentlichen »Hausregiment« Vindobonas wurde jedoch die aus Aquincum kommende X. Legion *(Gemina pia fidelis)*, die einige Jahre später das neue Lager als Garnison bezog.

Die ersten Jahrzehnte des 2. Jahrhunderts n. Chr. brachten für die Provinzen Noricum und Oberpannonien eine

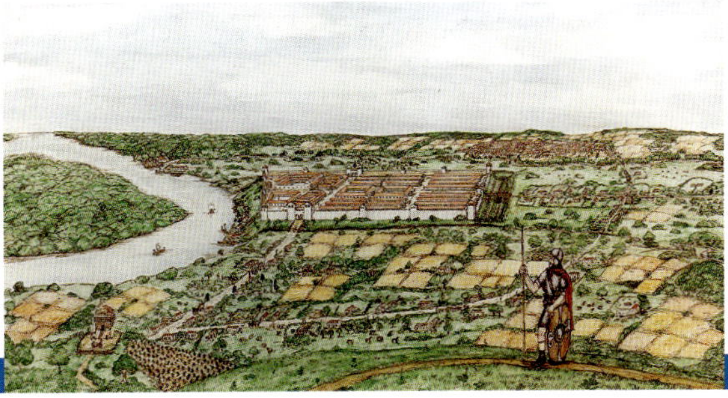

5
Denar Kaiser Vespasians, der aus den Thronwirren der Jahre 68/69 n. Chr. als Sieger hervorging.

6
Rekonstruktion des römischen Legionslagers Vindobona. Ansicht von Westen im 2. Jhdt. n. Chr.

Zeit des Friedens; mochten im Osten des Imperiums auch Kriege toben – an der Donau blühte die Wirtschaft auf, und im Schutz der steinernen Festung begann sich das nichtmilitärische Leben zu organisieren: Eine Lagervorstadt *(canabae)* wuchs heran, in der die Familien der Legionäre ihr Zuhause fanden, aber auch Handwerker, Kaufleute, Wirte und – unvermeidlich in der Nähe von Militär – Dirnen. Gleichzeitig stieg vermutlich auch die Einwohnerzahl der sogenannten »Zivilstadt« im heutigen 3. Bezirk entlang des Rennwegs – manche Forscher vermuten, daß man hier auch die Restbevölkerung des keltischen *oppidums* auf dem Leopoldsberg angesiedelt haben könnte. Grabungen ergaben verhältnismäßig große Wohnbauten im Bereich des heutigen Botanischen Gartens zu Beginn des Rennwegs; leider konnte aufgrund der starken Verbauung von Wien bis jetzt nicht das Zentrum dieser Zivilstadt, das Forum mit Tempel und Marktplatz, entdeckt werden; unklar ist auch, ob diese römische »Vorstadt« irgendwann einmal zum *municipium*, zu einer Stadt römischen Rechts, geworden ist. Wertvolle Keramikfunde vom Typ Terra Sigillata und zahlreiche Töpferöfen belegen jedenfalls eindrucksvoll die relative Wohlhabenheit der Zivilstadt-Bewohner.

DAS LAGER VINDOBONA

Dem reisenden Römer, der in einem pferdebespannten Karren auf der Limesstraße von der Provinzhauptstadt Carnuntum nach Westen unterwegs war und Vindobona erreichte, bot sich folgendes Bild: Etwa in der Höhe des Arsenals dürfte die Zivilstadt begonnen haben, vorerst mit einem Friedhof rechter Hand. An den Häusern der Siedlung vorbeirollend, stieß er im Bereich des heutigen Michaelerplatzes–Herrengasse auf die Häuserzeilen der von lebhaftem Treiben erfüllten Lagervorstadt, um schließlich dort, wo heute Graben und Tuchlauben zusammenstoßen, das Südtor des Lagers, die *porta decumana*, zu passieren. Auf der *via decumana* gelangte der Reisende in wenigen Minuten zu den beiden wichtigsten Gebäuden des Legionslagers: zur *principia*, dem Verwaltungszentrum, und zum Wohnsitz des Lagerkommandanten, dem vornehm ausgestatteten *praetorium*, das sich vermutlich beim heutigen Judenplatz befand.

Wie hat man sich das Legionslager Vindobona – die steinerne Keimzelle einer städtischen Agglomeration im Gebiet von Wien – vorzustellen? Die bis zu drei Meter dicken Mauern verliefen etwa entlang der Straßenzüge Salzgries–Tiefer Graben–Naglergasse–Graben–Stock-im-Eisen-Platz–Kra-

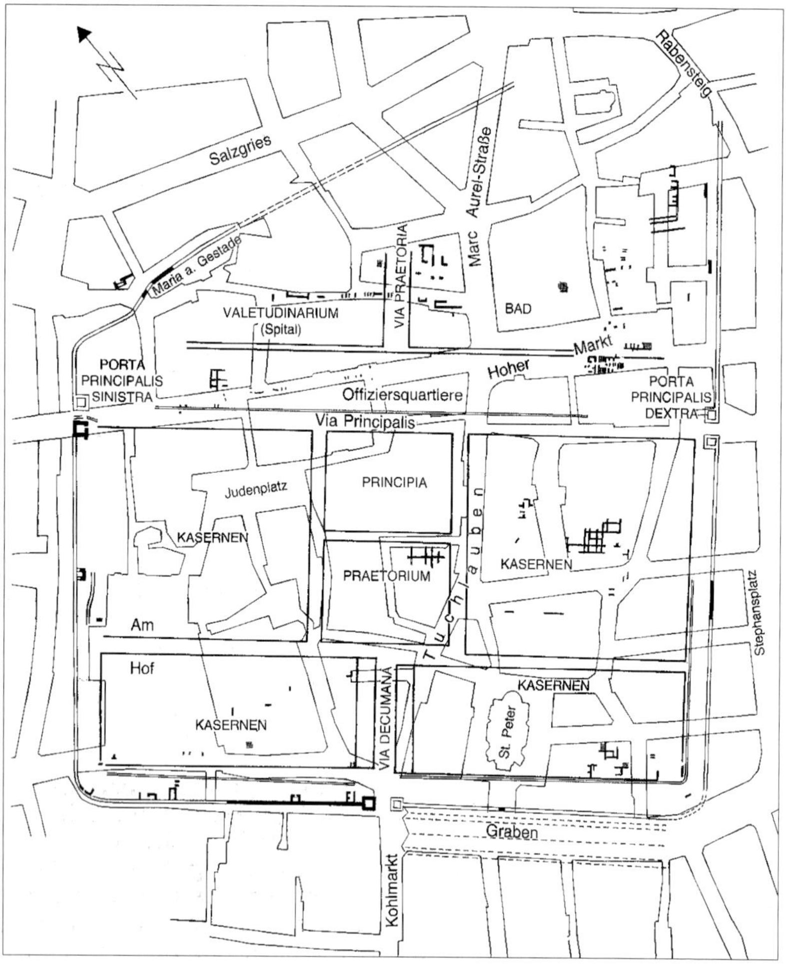

7
Hypothetischer Plan des Legionslagers Vindobona. So könnte es sich im 2. Jahrhundert n. Chr. dem Besucher präsentiert haben.

mergasse/Rotgasse; die Breite betrug etwa 455 m, die Länge höchtens 500 m, was eine Gesamtfläche von ca. 18,5 ha bedeutete – eine Winzigkeit im Vergleich zur Ausdehnung der späteren Metropole. Geschickt hatte man die Vorteile der Geländeformationen in diesem Bereich genützt: Das Tal des Ottakringerbachs, das heute vom Straßenzug Strauchgasse–Tiefer Graben markiert wird, gewährte im Nordwesten des Lagers einen natürlichen Schutz; im Südosten tat dies die Einsenkung des Möhringbachs, die im Bereich Graben–Rotenturmstraße verlief, und im Nordosten fiel die Stadtterrasse steil zur Donau hin ab.

Drei mächtige Toranlagen mit Doppeltoren, die schon erwähnte *porta decumana* an der Südseite sowie die *porta principalis sinistra* an der Westseite und die *porta principalis dextra* an der Ostseite kontrollierten den Zugang zum Legionslager, um dessen Mauer sich drei tiefe Gräben mit Palisaden und Fallgruben zogen – sie sollten dem Feind bereits die Annäherung an die Lagermauer so schwer wie möglich machen. Die Hauptstraße des Lagers, die *via principalis*, verlief etwa dort, wo sich heute die Wipplingerstraße befindet.

8
Die Umgebung von Vindobona im 4. Jhdt. n. Chr.

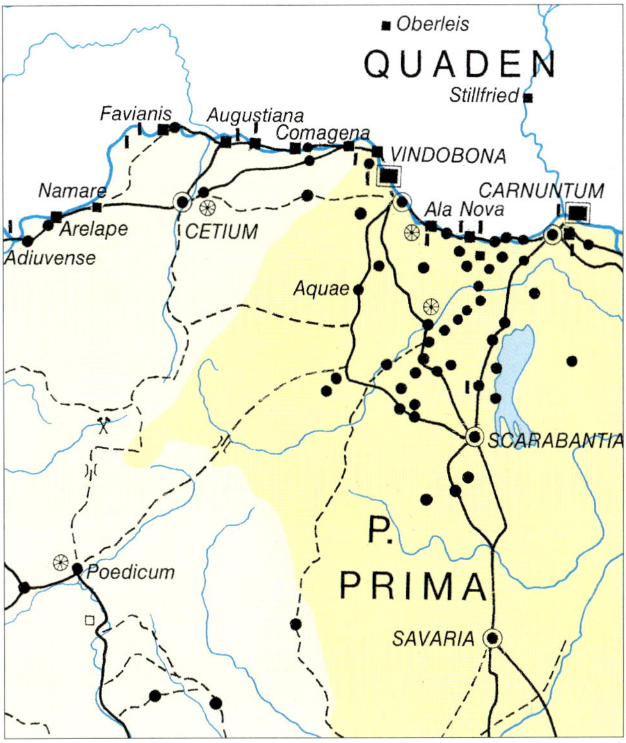

Noricum

Pannonia prima

Autonome Stadt *(municipia, colonia)*

Legionslager *(castrum)*

Kastell

Nachgewiesene Siedlung *(vicus)*

Wachtturm oder *burgus*

Spätantike Fliehburg der Einheimischen

Poststation *(mansio, mutatio)*

Römische Staatsstraße *(via publica)*

Fahr- oder Saumweg der Einheimischen

Antikes Bergwerk

Gebirgspaß

Vindobona war eine Grenzgarnison, und übertriebener Luxus war den Legionären der X. Legion sicherlich unbekannt. Untergebracht waren sie in einstöckigen Kasernen zu jeweils 200 Mann; immerhin gab es eine große Badeanlage, in der man sich von den Mühen des Grenzdiensts erholen konnte. Ihre Familie in der Lagervorstadt konnten sie nur außerhalb der Dienstzeiten besuchen; erst 212 n. Chr. wurde es den römischen Soldaten erlaubt, auch die Nacht außerhalb des Lagers bei der Familie zu verbringen.

DIE EINWOHNERZAHL DES RÖMISCHEN WIEN

In Friedenzeiten zählte die Besatzung des Legionslagers etwa 4000 Mann; die Sollstärke einer römischen Legion betrug 6400 Mann, diese Zahl dürfte aber im Lager Vindobona – außer im Kriegsfall – kaum erreicht worden sein. Für die Einwohnerschaft der Lagervorstadt wird man ca. 12.000–15.000 Menschen veranschlagen können; etwa ebenso viele lebten vermutlich in der Zivilstadt im Bereich des heutigen 3. Bezirks; insgesamt wird das römische Wien in der Blütezeit des Lagers etwa 35.000 Einwohnern Schutz und Lebensraum geboten haben.

Dichte Besiedlung und steigende Einwohnerzahlen zwangen die Römer zur Verbesserung der Infrastruktur: Die erste Wasserleitung im Wiener Raum entstand – ein gemauerter, mit Steinplatten abgedeckter Kanal führte von bei Laab im Walde aufgefundenen Quellen über das heutige Liesing, den Rosenhügel und das Fasangartengebiet bis ins Wiental; man vermutet, daß sowohl das Legionslager als auch die Zivilstadt daraus versorgt wurden.

9
Der Limes an der mittleren Donau im 4. Jhdt. n. Chr.

Tempel und Friedhöfe wurden errichtet; sie erlaubten auch den Menschen an der Grenze des Reichs ihren mannigfaltigen religiösen Kulten nachzugehen bzw. jener Verstorbenen zu gedenken, die ihnen einst nahegestanden waren.

Der einheimischen Bevölkerung gegenüber verfolgte man eine Politik des friedlichen Ausgleichs bzw. der Integration. So mancher Soldat der X. Legion heiratete vermutlich eine Keltin; die Kinder aus diesen Verbindungen waren Romanen: Provinzialrömer, die hier geboren waren und Rom nur vom Hörensagen kannten.

Unter dem schützenden Schirm der *pax Romana* wurde das von pulsierendem Leben erfüllte Vindobona zu einem Treffpunkt von Germanen und Römern, von Reitersoldaten aus den Steppen Osteuropas und keltischen Legionären aus Gallien, von Jupiter und Mithras, römischer Staatsreligion und heidnischen Kulten – es gewann jene kosmopolitische Qualität des harmonischen Nebeneinanders, die bis heute eine Konstante im Leben der Stadt geblieben ist.

DIE RÖMER IN DER DEFENSIVE

Doch der Friede an der mittleren Donau sollte nicht allzu lange währen: Die Markomannen und Quaden nützten im Jahre 167 n. Chr. eine Schwächung der römischen Grenztruppen durch die Pest bzw. einen Grenzkrieg gegen die Parther im Osten, überschritten unter Führung ihres Königs Ballomarus die Donau und drangen 169/170 n. Chr. bis Oberitalien vor. In den Wirren der Markomannenkriege kam es zur Zerstörung des Legionslagers und der Zivilstadt; auch die Lagervorstadt wurde vermutlich devastiert – eine Katastrophe, die für die Region einen schweren Rückschlag bedeutete.

Die römische Militärmaschinerie kam nur schwerfällig ins Rollen, doch als Kaiser Mark Aurel (161–180 n. Chr.) schließlich selbst an die Donau ging, setzte man energisch zur Gegenoffensive an: 171 bezwang Mark Aurel, der sich in dieser Zeit wohl auch in Vindobona aufhielt, die Quaden

10
Mark Aurel in Vindobona. Gemälde von Anton Romako.

und schloß mit ihnen Frieden; 173 eroberte er die Königsburg des Ballomarus, und ein Jahr später kam es auch mit den Markomannen zum Frieden, allerdings gelang es Mark Aurel in der Folge nicht, die Grenze nach Norden zu verschieben und eine Provinz *Marcomannia* zu schaffen; sein früher Tod 180 n. Chr. bewirkte unter Sohn und Nachfolger Commodus (180–192 n. Chr.) die Rückkehr zum Status quo der Vorkriegszeit.

Vindobona wurde wiederaufgebaut und profitierte dabei von einem besonderen Glücksfall: Mit Septimius Severus wurde 193 n. Chr. der Statthalter der *Pannonia superior* von den Soldaten in Carnuntum zum Kaiser ausgerufen (»Soldatenkaiser«); für die unbedingte Treue der pannonischen Legionen in den folgenden jahrelangen Kämpfen gegen hartnäckige Rivalen bedankte sich Septimius Severus mit einer großzügigen Förderung Pannoniens – Geld in den

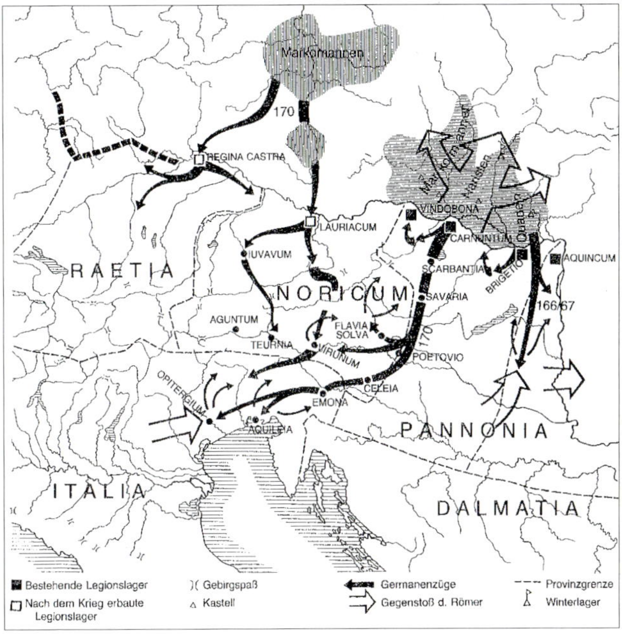

11
Die Markomannenkriege. Erstmals wurde das römische Verteidigungssystem an der Limesgrenze überrannt.

12
Kaiser Probus (276–282) läßt in der Umgebung von Vindobona Weinreben anpflanzen. Stich von A. Ziegler, 1843.

Ausbau von Straßen und der Lager wurde investiert; die Wirtschaft im Grenzraum begann wieder zu florieren. Zusammen mit seinem ältesten Sohn Caracalla hielt er sich während einer Inspektionsreise im Jahre 202 vermutlich auch in Vindobona auf; damals wurde möglicherweise schon der Beschluß gefaßt, der Zivilstadt den Status eines *municipiums* zu verleihen. Wahrscheinlich 212 – Caracalla war inzwischen Kaiser geworden – erhielt die Zivilstadt durch kaiserliches Dekret tatsächlich dieses Privileg verliehen; praktisch bedeutete dies, daß Vindobona nunmehr eine autonome Stadt war, der auch ein Landbezirk zugeordnet war. »Vindobona-Land« erstreckte sich vermutlich von der Provinzgrenze zu Noricum im Westen bis zur Schwechat im Osten und von der Donau bis zum Steinfeld im Süden – die Ausrichtung des westlichen Wiener Beckens auf Vindobona als Zentralort hatte nun auch eine formale Grundlage.

Entscheidende Veränderungen brachte eine weitere Verordnung Caracallas aus dem Jahre 212: Alle freien Bewohner des Imperiums, so der kaiserliche Erlaß, sollten von nun an als römische Bürger gelten. Damit war es jetzt den Legionären möglich, ihre Lebensgefährtinnen aus der Lagervor-

13
Zweiseitig gezähnter Kamm aus Bein mit rechteckigen Griffplatten, gefunden in Wien-Leopoldau.

14
Römische Öllämpchen. Die mehrschnauzige Lampe links wurde nur im Kult verwendet. Die frühchristliche Lampe in der Mitte zeigt einen Weinbauern, das Lämpchen rechts ziert die Darstellung einer orientalischen Göttin.

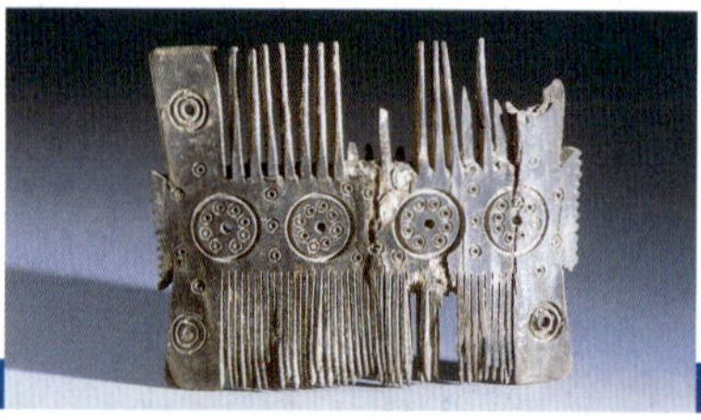

13

14

15

16

17

18
Bronzene Götterstatuetten aus Vindobona (v. l. n. r.): Merkur, Minerva, Jupiter, Venus, Merkur, Minerva.

stadt zu heiraten und außerhalb des Lagers einen Hausstand zu gründen – eine Entwicklung, die die Einbindung der Soldaten in die einheimische Bevölkerung verstärkte; die Romanisierung der Donauprovinzen schritt schnell voran.

Auf den Spuren des römischen Wien

Römische Ruinen (1, Hoher Markt 3):
Reste der Offiziersquartiere des Legionslagers Vindobona, Grabsteine, Altäre, Steinreliefs, römische Gebrauchsgegenstände.

Römische Baureste Am Hof (1, Am Hof 9):
Reste des Lagerhauptkanals (Schauraum).

Archäologisches Grabungsfeld Michaelerplatz:
Reste der Lagervorstadt *(canabae)*.

Historisches Museum der Stadt Wien (4, Karlsplatz):
Steinreliefs, Grabsteine, Ziegel, Metallstatuetten, Schmuck, Keramik (Terra Sigillata), Glas.

15
Parfümflaschen, in denen man nicht nur Riechstoffe, sondern auch Farben aufbewahrte. Da sie sich oft als Grabbeigaben finden, spricht man auch von »Tränenfläschchen«.

16
Bronzenes Salbengefäß, gefunden auf der Freyung in Wien 1. Das Relief an der Außenseite zeigt kleine Amorfiguren bei der Hasenjagd. Gefäße dieser Art dienten der Aufbewahrung von Salben und Ölen.

17
Römische Feldflasche, Hütteldorf, Jägerwald, 1. Jhdt. n. Chr.

Etwa ein halbes Jahrhundert lang herrschte Frieden an der Donaugrenze; noch einmal erlebte Vindobona eine Zeit des Wohlstands und gedeihlicher Entwicklung, ehe um 258–260 unter Kaiser Gallienus eine neue Offensive der Barbarenstämme eine Epoche kriegerischer Auseinandersetzungen und politischer Instabilität einläutete. Wieder waren es Markomannen und Quaden, aber auch Alemannen, Vandalen und das iranische Steppenvolk der Sarmaten, die den Limes durchstießen und das pannonische Hinterland plünderten. Zwar gelang es den Römern, diese Raubzüge zu stoppen und die Ordnung wiederherzustellen, doch in verstärktem Maße waren sie auch gezwungen, Zugeständnisse zu machen: Einzelnen germanischen Stämmen bzw. Teilstämmen wurde das Recht eingeräumt, in den Grenzprovinzen Land zu besiedeln – eine Maßnahme, die auf längere Sicht die Wirtschaftskraft der Provinzen schwächte und sich damit auch auf die Städte der Region negativ auswirkte. Langsam, beinahe unmerklich sank die Macht des Imperiums.

Rund um Vindobona erstreckte sich damals eine relativ gut entwickelte Agrarlandschaft; die fortgeschrittene landwirtschaftliche Technologie der Römer war von der einheimischen Bevölkerung übernommen worden und zeitigte gute Ernteerträge. Wohlhabende Grundbesitzer hatten hier große Gutshöfe mit weitläufigen Wirtschaftsgebäuden er-

richtet; dazwischen fand sich vermutlich auch manch luxuriöse Villa römischer Kaufleute.
Eine wichtige Zäsur für die ansässigen Bauern bedeutete die Entscheidung von Kaiser Probus (276–282), den Weinanbau nunmehr auch in den Provinzen außerhalb Italiens zu gestatten: Erstmals durfte Wein – der den Kelten sicherlich schon seit Jahrhunderten im Wiener Raum bekannt gewesen war – im großen Stil angebaut und vermarktet werden. Die Weingärten an den Ausläufern des Wienerwaldes begannen das Bild der Landschaft um Wien zu prägen.

DAS CHRISTENTUM KOMMT AN DIE DONAU

Um 300 n. Chr. scheint das Christentum in Pannonien und auch im angrenzenden Noricum bereits nachhaltig Fuß gefaßt zu haben, auch wenn es dafür kaum Anhaltspunkte gibt, einzig die im Umfeld eines römischen Gutshofs in Oberlaa ergrabene »Johanniskapelle« bietet dafür ein konkretes Indiz. Sicherlich waren die Glaubenssätze der christlichen Heilslehre schon wesentlich früher auch in den Lagern an der Donaugrenze bekannt gewesen; sie sahen sich allerdings in Konkurrenz mit anderen, ebenfalls sehr erfolgreichen religiösen Angeboten, so etwa mit dem aus Ägypten stammenden Isis-Serapis-Kult, dem Kybele-Attis-Kult und vor allem dem Mysterienkult des persischen Lichtgotts Mithras, dessen geheimnisvolle Rituale an eigenen Kultstätten, den Mithräen, gefeiert wurden. Zentrales Symbol des Mithraskults, der auf einem streng dualen Weltbild mit den Polen »gut« und »böse« beruhte, war die Tötung des Stiers durch Mithras, ein Akt, der den Weg für das Erstehen einer neuen, besseren Welt bereiten sollte.

Die Christenverfolgung unter Kaiser Diokletian (284–305), der in Noricum der hl. Florian durch Ertränken in der Enns zum Opfer fiel, forderte daher möglicherweise auch unter den Bewohnern Vindobonas Opfer; von niemandem aufgezeichnet, geriet ihr Märtyrertum für immer in Vergessenheit. Einige Jahre später, 313, im Edikt von Mailand gewährte Kaiser Constantinus I. der Große (306–337) den Christen Glaubensfreiheit; zu einer rascheren Ausbreitung der christlichen Lehre in den Donauprovinzen scheint dies jedoch kaum beigetragen zu haben. Seit der Teilung des Imperiums durch Diokletian in vier Teilgebiete *(Tetrarchien)* gehörte Vindobona nunmehr zur *Pannonia prima*; den allmählichen Niedergang der Gebiete am Donaulimes konnten aber auch diese Verwaltungsreformen, die von Constantinus I. energisch fortgesetzt wurden, nicht mehr verhindern. Die Gefahren, die von Norden und Osten drohten, sehr wohl spürend, begann man in einer letzten Kraftanstrengung unter Kaiser Valentinian (364–375) den Limesabschnitt bei Vindobona noch einmal zu verstärken; ein Indiz dafür sind die zahlreichen, aus der Legionsziegelei des Lagers stammenden Ziegel, die man in den Stützpunkten entlang des Limes aus dieser Zeit gefunden hat. Um 380 wurde die römische Donauflottille nach Vindobona verlegt, und für kurze Zeit scheint sich hier also sogar ein Schwerpunkt der römischen Defensivanstrengungen ergeben zu haben.

Noch immer waren die römischen Truppen stark genug, um Raubzügen der Barbaren mit Strafexpeditionen entge-

19
Die Strecke Vindobona–Carnuntum auf der »Tabula Peutingeriana«.

genzutreten, so auch 375, als wieder einmal quadische und sarmatische Streifscharen blutige Gemetzel unter der Zivilbevölkerung Pannoniens anrichteten; ins gleiche Jahr jedoch fiel ein Ereignis, das den endgültigen Untergang der römischen Herrschaft an der Donau nach sich ziehen sollte: Die Hunnen, ein Steppenvolk aus Zentralasien, dem der Ruf des Schreckens vorauseilte, überschritten den Don und zerstörten das Reich der Ostgoten; die Folge war eine Fluchtbewegung gewaltigen Ausmaßes. Nach den Ostgoten gerieten bald auch Alanen, Vandalen und Westgoten unter den unaufhaltsamen Druck der gefürchteten hunnischen Steppenkrieger und drängten ihrerseits gegen die Reichsgrenzen, die bereits nach der vernichtenden Niederlage von Kaiser Valens 378 bei Adrianopolis *(Edirne)* gegen die Westgoten nicht mehr zu verteidigen waren – man öffnete die Donauprovinzen für die in Aufbruch geratenen Völkerschaften. Die Dynamik einer neuen Epoche, der Völkerwanderung, begann die festgefügte Welt des Imperium Romanum aus den Angeln zu heben.

DER UNTERGANG VINDOBONAS

Durch die Hunnen aus ihren alten Siedlungsgebieten vertrieben, sind es im Frühjahr des Jahres 401 die Vandalen, Alanen und Sueben – unter dieser Bezeichnung treten nun Markomannen und Quaden gemeinsam auf –, die auf ihrem Weg nach Westen eine Spur der Verwüstung durch Pannonien ziehen; bereits im Herbst 401 folgen die Westgoten unter ihrem legendären König Alarich, und ab 405 nützen auch die Ostgoten die Schwäche der römischen Verteidigung zu Raubzügen bis nach Italien. Irgendwann in diesen chaotischen ersten Jahren des 5. Jahrhunderts n. Chr. schlägt die Stunde des Legionslagers Vindobona: Kastell und Zivilstadt werden von einem der durchziehenden Barbarenheere weitgehend zerstört; eine dicke Brandschicht aus dieser Zeit, die sich für alle Lagerbereiche nachweisen läßt, kündet heute dem Archäologen vom Ausmaß dieser Katastrophe. Doch noch kapitulieren die Römer nicht: Ein Heermeister *(comes rei militaris)* wird für die bedrohten Grenzprovinzen eingesetzt; noch einmal gibt es den Versuch zum Wiederaufbau Vindobonas. Die machtpolitische Realität verurteilte diese Bemühungen zum Scheitern – tatsächlich war der Limes

20
Der Skirenprinz Odoaker besucht Severin in seiner Klause. Zeichnung aus dem 19. Jhdt.

bereits bedeutungslos geworden, jahrhundertealte Strukturen am Zerbrechen. Denn schon erschienen auch die Hunnen, die es geschickt verstanden, mit den Römern je nach Notwendigkeit gegen germanische Völkerschaften zusammenzuarbeiten, an den Grenzen Pannoniens, und als 433 der oströmische Kaiser Theodosius II. in einem Föderatenvertrag den Hunnen Pannonien als Siedlungsgebiet zuwies, war der Damm endgültig gebrochen – im Gefolge der Hunnen sind es weitere germanische Völkerschaften, die das Wiener Becken passieren oder sich hier niederlassen: Rugier und Heruler gründen nördlich der Donau neue Reiche; entlang der March bestand weiterhin ein suebisches *regnum*, und im Wiener Becken selbst scheinen die Ostgoten eine Vormachtstellung behauptet zu haben.

Inzwischen erreichte die hunnische Macht ihren Höhepunkt: 434 wurde Attila, die berüchtigte »Geißel Gottes«, zusammen mit seinem Bruder Bleda König der Hunnen, nach dessen Ermordung 445 herrschte er allein, und 451 brach er mit einem gewaltigen Heerbann, dem auch ostgotische und gepidische Einheiten angehörten, zur Plünderung Galliens auf, wurde jedoch in der Schlacht auf den Katalaunischen Feldern vom weströmischen Heermeister Aetius und westgotischen Truppen besiegt – der Wendepunkt der hunnischen Machtentfaltung in Mitteleuropa war gekommen. Nach Attilas Tod 453 – der Überlieferung zufolge starb er in der Nacht der Hochzeit mit einer germanischen Prinzessin – kam es zum Verfall der hunnischen Herrschaft innerhalb weniger Jahre; Gepiden und Ostgoten, ehemalige Verbündete der Hunnen, schwangen sich zu führenden Kräften der Region auf.

Von Vindobona ist in den schriftlichen Quellen über diese Ereignisse nicht mehr die Rede; ein letztes Mal genannt wurde das Lager als »Vindomana« in der *Notitia dignitatum*, einem Staatshandbuch des ost- und weströmischen Reichs aus dem ersten Drittel des 5. Jahrhunderts. Das beredte Schweigen der Quellen weist auf ein Sinken der Bedeutung – schon in hunnischer Zeit wird man mit einer stark gesunkenen Einwohnerzahl rechnen müssen; vielleicht zog ein Teil der romanischen Einwohner auch nach Italien ab. Gesichert ist, daß sich im Nordostteil des wohl großteils zerstörten Kastells eine kleine Restsiedlung erhielt, die sich um einen befestigten Hof gruppierte, aus dem später der sogenannte »Berghof«, der erste burgenähnliche Bau des mittelalterlichen Wien, hervorgehen sollte. Aufgabe dieser »Fluchtburg« war es, im Kriegsfall auch den Bewohnern der Umgebung Schutz zu bieten. Provinzialrömische Ordnung und Kultur waren noch einige Zeit hindurch intakt, in ihrem Selbstverständnis unterschieden sich die Romanen *(Romani)* noch immer deutlich von den barbarischen Invasoren, die nun die Macht übernommen hatten. Einen ungemein aufschlußreichen Einblick in diese Spätzeit des Römertums und zugleich Frühzeit des Christentums an der Donau gibt die *Vita Severini*, die Lebensbeschreibung des hl. Severin durch Eugippius (um 511 n. Chr.). Die rätselhafte Gestalt Severins, der zwischen 467 und 482 in der Provinz Noricum als Vermittler zwischen den romanischen, christlichen Einheimischen und den Stammesführern der Germanen wirkte, wurde auch mit Wien in Zusammenhang gebracht, indem man versuchte, den in der *Vita Severini* genannten Ort Favianis – heute als Mautern identifiziert – aufgrund von Funden in Heiligenstadt zu lokalisieren. Unbestreitbar jedoch stammte der Heilige aus einer vornehmen Familie und war in seiner Funktion als Berater der Germanenführer sehr erfolgreich; so erhielt der Skirenfürst Odoaker von ihm den Rat, nach Italien zu gehen und sich dort eine neue Macht aufzubauen – Severins Prophezeiung erfüllte sich in glänzender Weise: Odoaker stürzte 476 n. Chr. den letzten weströmischen Kaiser Romulus Augustulus und übernahm selbst die Macht als König; auf seinen Befehl hin zogen 488 zumindest Teile der romanischen Bevölkerung Noricums und Pannoniens nach Italien ab, unter ihnen auch die Mitarbeiter des 482 verstorbenen Heiligen, die seinen Leichnam mit sich führten – ein Ereignis, das gemeinhin als Ende der Römerzeit auf österreichischem Boden gilt.

VON DEN LANGOBARDEN ZU DEN AWAREN

Die weitere Entwicklung der politischen Kräfteverhältnisse im Wiener Raum während der »dunklen« Jahrhunderte der Völkerwanderung kann aufgrund der spärlichen Quellen nur in Umrissen dargestellt werden: Schon 473 n. Chr. waren die Ostgoten nach Süden ins Gebiet zwischen Save und Drau abgezogen; nach dem Sieg über Odoaker wurden sie für einige Jahrzehnte zu Beherrschern Italiens. Das Reich der Rugier wurde 487/88 von Odoaker vernichtet, und auch das daraufhin expandierende Herulerreich im Weinviertel und der Slowakei konnte sich nicht lange halten: Ein ursprünglich in Abhängigkeit von den Herulern lebendes germanisches Volk begann nun aus dem Dunkel der Geschichtslosigkeit zu treten und zu einer beherrschenden Kraft in Mitteleuropa zu werden: die Langobarden.

Der westgermanische Stamm der Langobarden hatte zur Zeit des Augustus an der unteren Elbe gesiedelt und sich dann allmählich weiter nach Süden bewegt. Von Böhmen aus begannen sie sich, geführt von einem König Gudeoc, gegen Ende des 5. Jahrhunderts im »Rugiland« anzusiedeln; der Konflikt mit den Herulern wurde dadurch unausweichlich und gipfelte um 508 n. Chr. in einer Entscheidungsschlacht an der March, in der die Langobarden unter ihrem Heerkönig Tato, einem Enkel des Gudeoc, siegreich blieben – sie waren nun die neuen Herren nördlich der Donau und drangen ab 526 auch in Pannonien immer weiter vor; eine geschickte Heiratspolitik ihres Königs Wacho (um 510–540) unterstützte die gedeihliche Entwicklung des Langobardenreichs, und ebenso geschickt verstand man es, die politischen Kräfteverhältnisse im Umfeld auszunützen: Langobardische Truppen kämpften im Heer des oströmischen Feldherrn Narses bei seinem »Vernichtungskrieg« gegen die Ostgoten in Italien; das mächtige Reich der Gepiden, der südöstliche Nachbar der Langobarden, wurde mit Hilfe von Awarenkriegern des Khans Baian im Jahre 567 vernichtet. Das Bündnis mit den Awaren, die damit erstmals als Machtfaktor in Mitteleuropa ins Spiel gebracht werden, ist zugleich Teil einer großangelegten Völkerrochade: Die Langobarden unter König Alboin ziehen 568 aus Pannonien nach Oberitalien ab, ihnen schließen sich gepidische, herulische und suebische Familien an; in die nunmehr »frei« gewordene Donauprovinz rücken die Awaren nach – allerdings sichert eine Klausel im betreffenden Vertrag den Langobarden für die nächsten 200 Jahre ein Rückkehrrecht zu. Der Exodus der Langobarden aus Ostösterreich und Westungarn markiert in der Geschichtsschreibung das Ende der Völkerwanderungszeit und wirft zugleich viele Fragen auf: Warum überließen die Langobarden den gefürchteten awarischen Steppenreitern so bereitwillig und so schnell ihr Land? War dies tatsächlich die Angst vor der militärischen Übermacht der Awaren oder nützte Alboin die Chance, den alten germanischen Kriegeradel der Region unter seiner Krone sammeln und im Hinblick auf eine neue Reichsgründung geschlossen nach Italien führen zu können? Wie dem auch sei – für Mitteleuropa bedeutete dieses Ereignis jedenfalls eine folgenschwere Zäsur: Pannonien, die ehemalige römische Provinz, rückte an den Rand der zivilisierten Welt; in der Gotengeschichte des Jordanes wird »Vindomina« zwar noch einmal erwähnt, doch dann breitet sich ein Mantel des Schweigens und Vergessens über die Region.

Etwa ein halbes Jahrhundert lang war Wien langobardische Siedlung; erhalten haben sich jedoch nur wenige Zeugnisse: Im 6. Bezirk entdeckte man ein Gräberfeld; weitere Langobardengräber fanden sich in Perchtoldsdorf und Mödling sowie in Schwechat. Eine größere Bautätigkeit ist nicht nachzuweisen, vermutlich lebten die langobardischen Großfamilien verstreut auf einzelnen Höfen; möglicherweise war die Restsiedlung im zerstörten Lager Vindobona sogar Sitz eines langobardischen Großen. Die langobardische Gesellschaft wurde dominiert vom Kriegeradel, den *duces*; die Sippenoberhäupter *(adalingi)* geboten über die Schar der freien, wehrhaften Männer *(arimanni)*, die Schicht der *skalke*, der unfreien Knechte, rekrutierte sich aus der unterworfenen Bevölkerung. Soweit noch christliche Romanen *(Pannonii)* im Raum von Wien lebten, waren sie nun zu Dienern der Barbaren herabgesunken.

Mit dem Einrücken awarischer Verbände in Pannonien, das nur mehr dünn besiedelt war – Teile der Langobarden, aber auch anderer Stämme waren zurückgeblieben –, begann für den Wiener Raum eine Zeit relativer Stabilität, wenn auch für die Siedlung um den Berghof selbst kaum ein besonderer Aufschwung anzunehmen ist. Eine awarische Besiedlung bis zur Mitte des 7. Jahrhunderts fand verstärkt im Osten Pannoniens statt; nur wenige Awarenfamilien dürften sich zunächst im Wiener Becken niedergelassen haben. Detaillierte Studien awarischer Skelettfunde konnten zeigen, daß »die Awaren« ein multiethnischer Verband waren, in dem neben Menschen mongoliden Typs sogar ein überwiegender Anteil von Europiden, vor allem von Slawen, seinen Platz fand. Für die herrschende Kriegerschicht des Awarenreichs wird man daher zwar ein Weiterbestehen alter steppennomadischer Traditionen annehmen können, daneben setzten sich aber wohl auf breiter Front die Lebensformen slawischer Bevölkerung – Bauern- und Hirtentum – durch.

AWAREN UND SLAWEN

Die Awaren waren ein ursprünglich türkisch-mongolisches Steppennomadenvolk, das sich mit der Landnahme im Karpatenbecken zu einem multiethnischen Verband entwickelte, in dem Reiterkrieger die soziale Oberschicht bildeten. Als kulturtechnologisches Novum brachten sie den Steigbügel nach Europa. Bewaffnet waren die Awaren, in den Quellen häufig noch als »Hunnen« bezeichnet, mit dem gefürchteten Reflexbogen, gefertigt aus mehreren Schichten von Holz und Horn und mit Knochenplatten verstärkt, der eine Reichweite bis zu 500 m besaß. In die Schlacht zog der awarische Krieger gepanzert, Reiterlanze, Schwert und Dolch ergänzten die Bewaffnung. Geführt wurde das *regnum Avarorum* vom sogenannten »Khagan«; signifikant für die awarische Kultur sind das Tragen von Zöpfen durch die Krieger, reiche Gürtelbeschläge und aufwendig gearbeitete Zaumzeugteile; ihre Religion war vermutlich bestimmt von schamanistischen Praktiken; die Toten wurden in Brett- oder Baumsärgen mit reichen Grabbeigaben bestattet. Fast nichts ist über die Spra-

21
Blick in ein geöffnetes Awarengrab. Gut zu erkennen die typischen Gürtelbeschläge.

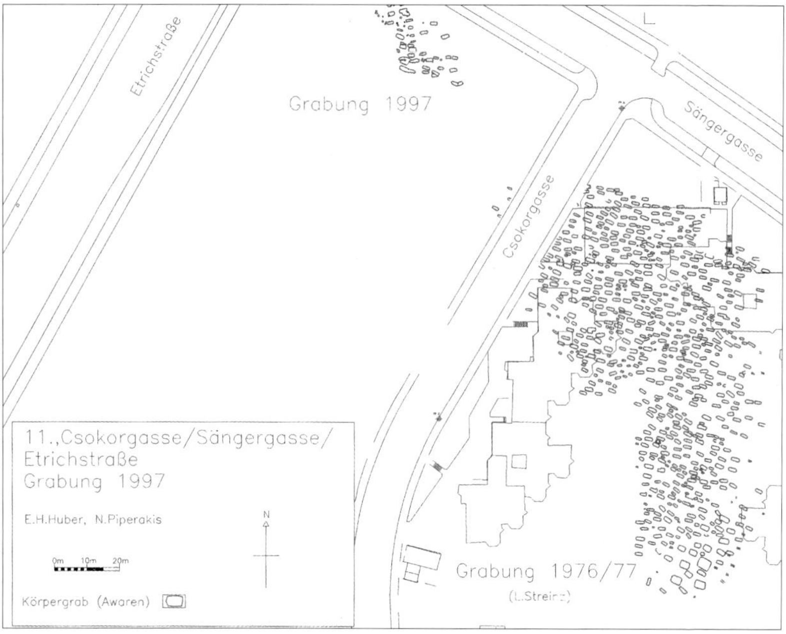

22
Ein umfangreiches awarisches Gräberfeld in Simmering dokumentiert die große Bedeutung dieses Volks für den Wiener Raum.

che der Awaren bekannt, die sowohl ein mongolisches als auch ein türkisches Idiom gewesen sein könnte; im Wiener Raum sprach man zur Zeit der Awaren möglicherweise auch eine slawische *lingua franca*.

Die Expansion der Awaren stieß westlich des Wienerwaldes auf die baierisch-fränkische Machtsphäre und kam schließlich an der Enns – von einzelnen Vorstößen abgesehen – endgültig zum Stehen; für etwa zwei Jahrhunderte wurde das niederösterreichische Alpenvorland zur Kontaktzone zwischen dem zum Teil schon christlichen Westen und den Barbaren des Ostens; die Enns galt als *limes certus*, als sichere Grenze.

Eine wichtige Rolle in dieser Kontaktzone und auch in den westlichen Teilen des Awarenreichs spielten die Slawen, die sich im Gefolge der Awaren hier niedergelassen hatten: Unter Führung des fränkischen Kaufmanns Samo war ein um 623/24 – vielleicht auch einige Jahre später – begonnener Aufstand der slawischen Bevölkerung (der »Wenden«) gegen die awarischen Herren erfolgreich; es gelang Samo, sich in seinem Machtbereich, der sich von Böhmen und Mähren entlang der Ostalpen bis Slowenien erstreckte, als Herrscher durchzusetzen und sowohl awarische als auch fränkische Angriffe abzuweisen. Nach seinem Tod um 660 zerfiel dieses Reichsgebilde allerdings sehr schnell, und die Awaren konnten ihre alten Positionen zurückerobern.

Die Massierung awarischer Fundorte im Wiener Becken zeigt, daß hier ein Schwerpunkt awarischer Siedlungstätigkeit lag – im Wiener Stadtgebiet entdeckte man Awarengräber in Liesing, Unter-St.-Veit und vor allem in Simmering, zahlreich die Funde auch in der Umgebung: In Leobersdorf, Mödling und Zwölfaxing stießen die Archäologen auf die Spuren des *regnum Avarorum*.

791–1156

VON OST NACH WEST

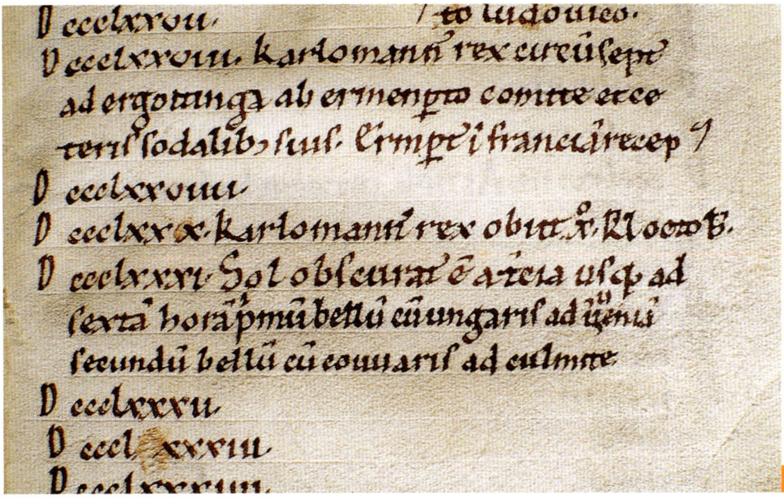

1

Nachdem lange Zeit hindurch den Awaren von Westen keine besondere Gefahr gedroht hatte, änderte sich dies gegen Ende des 8. Jahrhunderts mit dem Aufstieg des fränkischen Königshauses der Karolinger: 771 war Karl der Große zum Alleinherrscher des Frankenreichs geworden und hatte eine konsequente Expansionspolitik im Osten begonnen. In einem langwierigen und zähen Kampf gelang es ihm zunächst, die Selbständigkeit der mächtigen Baiernherzöge zu brechen; 788 wurde Tassilo III. – unter dem Vorwurf der Kollaboration mit den Awaren – abgesetzt und in ein Kloster gebracht; der fränkische Heerbann rüstete indes für den Krieg gegen das Awarenreich. Nach aufwendiger propagandistischer Vorbereitung begann 791 an der Enns die Offensive: Beiderseits des Stroms in zwei Heersäulen donauabwärts marschierend, stießen die Truppen Karls des Großen anfangs auf keinerlei Widerstand; die ersten befestigten awarischen Linien südlich der Donau galt es im Wienerwald *(iuxta Comagenos civitatem in monte Cumeoberg)* zu überwinden, eine Grenzwehr, die jedoch offenbar kaum verteidigt wurde. Ungehindert erreichte das Frankenheer awarisches Siedlungsgebiet und drang bis zur Raab vor; da die Awaren jede Schlacht vermieden, mußte man sich mit Plünderungen und der Festnahme von Gefangenen begnügen. Doch auch dieser relative Mißerfolg konnte an Karls ehrgeizigen Plänen nichts ändern: 795/96 begann der Krieg im Osten neuerlich, und Pippin, dem Sohn Karls des Großen, gelang es nun, den durch innere Zwistigkeiten bereits geschwächten Khagan zur Unterwerfung zu zwingen – das Ende des *regnum Avarorum* war damit gekommen, daran konnte auch ein letzter blutiger Awarenaufstand in den Jahren 799/803 nichts mehr ändern. Die fränkischen Chronisten feierten diesen Sieg als Triumph der christlich-imperialen Idee über das Heidentum, als Erfolg gegen die letzte Bastion der Barbaren in Mitteleuropa.

Das Grenzgebiet im Osten wurde neu organisiert und in Gaue *(pagi)* eingeteilt, das pannonische Gebiet als *Provincia Avarorum* später auch als »Karolingische Mark« verwaltet, die sich wiederum in mehrere Grafschaften teilte. Die Grenze zu den verbliebenen Awaren, die sich um 805 in einem Khaganat zusammenschlossen, verlief etwa auf der Linie Hain-

1
Erste Nennung Wiens im Zusammenhang mit den Kämpfen gegen die Ungarn, die *apud Weniam* lokalisiert werden. Quelle: *Salzburger Annalen* (Aufzeichnungen über Ereignisse des 8.-10. Jahrhunderts) für das Jahr 881. Stiftsbibliothek Admont.

burg–Steinamanger *(Szombathely)*, kleinere Awarensiedlungen dürften sich im karolingischen Pannonien vor allem im Gebiet südlich des Neusiedler Sees noch länger behauptet haben. Die Eingliederung des »Ostlandes« in das Imperium der Karolinger bedeutete nicht zuletzt auch für die kleine Siedlung auf dem Ruinenboden des ehemaligen Vindobona eine entscheidende Neuorientierung: Aus einem dem Osten zugehörenden Grenzort gegen den Westen wurde nun ein dem Westen zugehörender Grenzort gegen den Osten – zunächst noch kaum merkbar, brachte diese »Funktion« neue Dynamik in die Entwicklung der Siedlung. Die »zweite bairische Landnahme« führte bairische Kolonisten und Missionare in den Wiener Raum; mit dem nunmehr aufblühenden Handel auf der Donau gewann der Platz an wirtschaftlicher Bedeutung; die großen bayerischen Klöster sicherten sich Besitzungen; eifrige Missionare sorgten für den Bau eines ersten Gotteshauses an jener Stelle, an der sich heute die Kirche St. Ruprecht befindet.

Der sich abzeichnende Aufstieg der Region wurde überschattet von heftigen kriegerischen Auseinandersetzungen mit dem slawischen Mährerreich im Norden, das sich dem karolingischen Herrschaftsanspruch widersetzte; als weit gefährlicher sollte sich jedoch eine Bedrohung erweisen, die um 870/880 erstmals an der Ostgrenze des Frankenreichs merkbar wurde: Das ugrische Reitervolk der Ungarn, die sich selbst »Magyaren« nannten, besetzte die ehemaligen awarischen Gebiete im Karpatenbecken und drängte bald auch gegen das karolingische Ostland. Bereits für das Jahr 881 verzeichnen so die *Salzburger Annalen* ein Gefecht mit den Ungarn »ad Uueniam«, also »bei Wien« – die erste Nennung des Namens »Wien«, wobei allerdings unklar ist, ob damit der Ort oder der gleichnamige Fluß gemeint war! Dieser erst 1921 entdeckte Vermerk ist zugleich ein wichtiges Indiz für die bis dahin angezweifelte Siedlungskontinuität auf dem Boden der Stadt.

Das Scharmützel von 881, mit dem Wien in das Licht der Geschichte tritt, erwies sich als Vorbote einer Katastrophe: Am 4. Juli 907 wurde ein bayerisches Heer unter dem Markgrafen Luitpold, dem Vater Herzog Arnulfs von Bayern, bei Preßburg vernichtet, der Markgraf, zahlreiche Vornehme sowie der Erzbischof Theotmar von Salzburg fielen in der Schlacht. Die Folgen waren verheerend: Oberpannonien ging für das Frankenreich verloren, und auch das niederösterreichische Alpenvorland wurde Teil des magyarischen Machtbereichs; die karolingischen Marken und Grafschaften existierten nicht mehr. Der Donauhandel kam zum Erliegen; Wien, von den Ungarn *Bécs* (»Ort mit Steilabfall«)genannt, blieb nunmehr für mehr als ein Jahrhundert ungarisch – möglicherweise spiegelt das Nibelungenlied im Todeszug der Burgunder den Untergang dieses christlich-bayerischen Heerbanns. Die ansässige Bevölkerung wurde von den Siegern wohl geschont; vermutlich gab es ungarisches Militär im »Berghof«; vielleicht entstand im Bereich des heutigen Schwarzenbergplatzes sogar eine magyarische Wehrsiedlung; der abgekommene Name für diese Örtlichkeit lautete *Jeuls* oder *Jeus* (*nyulas* = »Hasenfeld«), was eine ungarischen Siedlungskern vermuten läßt.

Den Wendepunkt für die ungarische Vorwärtsbewegung im Westen brachte das Jahr 955: König Otto I., ab 962 erster Kaiser des »Heiligen Römischen Reiches Deutscher Nation«, besiegte 955 bei Augsburg ein ungarisches Heer unter dem Fürsten Bulcsú; die dadurch erfolgte nachhaltige militärische Schwächung der Ungarn nützte Otto I. zur Rückgewinnung seit langem verlorener Positionen im Osten.

Die Landnahme der Ungarn

Um 500 v. Chr. verließen die Magyaren, ein zum ugrischen Zweig der finno-ugrischen Völkerfamilie zählendes Reitervolk, ihr ursprüngliches Siedlungsgebiet an den südöstlichen Hängen des Ural und zogen zunächst in das Steppengebiet an der Wolga (das heutige Baschkirien). Um 800 n. Chr. bewegte sich ein Großteil der Ungarn weiter nach Westen ins Don-Gebiet und dann in die Region zwischen Dnjepr und dem Unterlauf der Donau *(Etelköz)*. Unter ihrem militärischen Oberbefehlshaber *(gyula)* Árpád begann um 895/96 die Landnahme im Karpatenbecken; 907 erringt Árpád den entscheidenden Sieg gegen die Bayern, der die Vormachtstellung der Magyaren im pannonischen Raum endgültig absichert.

Zahlreiche Streifzüge führten ungarische Reiterheere bis tief ins Karolingerreich; ihre Beweglichkeit und fintenreiche Kampfesweise waren gefürchtet – die Fürbitte *De sagittis Hungarorum libera nos, Domine!* (»Vor den Pfeilen der Ungarn errette uns, o Herr!«) wird zum fixen Bestandteil klösterlicher Gebete.

So wie die Awaren hingen auch die Ungarn schamanistischen Kulten an; der Großfürst Géza (972–997) und dessen Sohn Stephan (972–1038) ließen jedoch Missionare ins Land kommen und vollzogen den Übertritt ihres Volkes zum Christentum. Stephan, zu Weihnachten des Jahres 1000 zum König gekrönt, löste die alte Stammes- und Sippenorganisation auf und teilte das Land in »Komitate«, im kirchlichen Bereich in zwei Erzbistümer und acht Bistümer – der ungarische Feudalstaat der nächsten Jahrhunderte war damit begründet.

2 Vergoldete silberne Riemenzunge, gefunden in Pestlörinc, 10. Jahrhundert.

3 Zweischneidiges Schwert mit Parierstange und Knauf, gefunden in der Donau, 2. Hälfte 10. Jahrhundert.

4 Riemenverteilerringe und Gürtelbeschläge aus dem Grab eines hohen ungarischen Truppenführers in Budaörs-Tüzköhegy, Anfang 10. Jahrhundert.

2

3

4

5
Der Sieg Ottos I. 955 auf dem Lechfeld bei Augsburg über die Magyaren leitete die Errichtung von Grenzmarken im Osten des Reiches ein. Holzschnitt.

DIE OTTONISCHE MARK UND DIE BABENBERGER

Im Grenzland zwischen Enns und Traisen errichtete Otto I. die Ottonische Mark, ein Gebiet, das sogenanntes »Königsland« war und dessen heikle Verwaltung daher persönlichen Vertrauensleuten überantwortet wurde. Als der noch von Otto I. eingesetzte Markgraf Burchard in den Auseinandersetzungen zwischen dem Kaiser und dem Bayernherzog Heinrich dem Zänker jedoch die Partei des Bayern ergriff, war daher Otto II. (973–983) zum Handeln gezwungen: Im Juli 976 ernannte er für die Ottonische Mark einen neuen Markgrafen – als *marchio Liutpold* bzw. Leopold I. sollte dieser bairische Hochadelige, Sproß einer alten, weitverzweigten Adelsfamilie, die später den Namen »Babenberger« erhielt, und möglicherweise Urenkel des bei Preßburg gefallenen Markgrafen Luitpold, in die Geschichte Österreichs eingehen.

Die Aufgabe Leopolds, der seinen Sitz auf der Burg Melk hatte, war es wohl, die Situation an der Donau zu stabilisieren und gleichzeitig den Erwerb der einst an die Ungarn verlorenen Gebiete voranzutreiben; um 985 hatte sich sein Einflußbereich vermutlich bereits bis zum Wienerwald ausgedehnt. Über die Person Leopolds I. ist kaum etwas bekannt, er starb 994 in Würzburg; die Herrschaft in der Mark blieb jedoch den Babenbergern erhalten: Zu seinem Nachfolger wurde Heinrich I. (994–1018), der die Politik Leopolds konsequent fortsetzte, und bereits unter dem nächsten Babenberger, Adalbert dem Siegreichen (1018–1055), geriet auch der Wiener Raum zusehends in den Einflußbereich markgräflicher Macht; die Leitha kristallisierte sich erneut als Grenzfluß zu den Ungarn heraus. Die babenbergischen Markgrafen waren zwar noch immer Lehensmänner des Kaisers, doch allmählich wuchsen sie in die Rolle von weitgehend selbständig handelnden Landesherren hinein: *Ostarrîchi*, das Land im Osten, wurde unter ihrer Herrschaft zur Keimzelle einer Macht- und Länderkonzentration, die später einmal die politische Landkarte Mitteleuropas dominieren sollte.

6
Leopold der Starke, Sohn Markgraf Adalberts, lagert mit seinem Heer gegenüber der ungarischen Streitmacht. Babenberger-Stammbaum, Stift Klosterneuburg. Um 1490.

7
Leopold III., der Heilige. Babenberger-Stammbaum.

Während eine Schenkungsurkunde Ottos II. aus dem Jahre 996 für dieses allmählich Gestalt gewinnende Land im Osten den Namen *Ostarrîchi* erwähnt, schweigen dagegen die Quellen von Wien bis über die Jahrtausendwende hinaus; erst 1030 findet sich in den *Niederaltaicher Annalen* neuerlich ein Hinweis auf den kleinen Grenzort an der Donau – bezeichnenderweise wiederum im Zusammenhang mit Kämpfen gegen die Ungarn: Ein Heer Kaiser Konrads II. muß sich bei »Vienni« den Magyaren ergeben; die Stadt selbst wird vom Feind eingenommen. Dieser und andere spärliche Hinweise in den Chroniken lassen immerhin erkennen, daß Wien in der ersten Hälfte des 11. Jahrhunderts im Brennpunkt der Ungarnkämpfe stand und als eine Art Ausgangs- bzw. auch Rückzugsbasis diente; so läßt König Heinrich III. 1043 hier im Rahmen eines Hoftags seine Ritter einen Kriegszug gegen die Ungarn beschwören, und noch 1146 rettet sich Heinrich II. Jasomirgott nach einer Niederlage hinter die schützenden Mauern der Stadt.

Wien hatte also vermutlich eine besondere Position im Grenzland: Als königlicher Burgplatz konnte es seine Unabhängigkeit von den babenbergischen Markgrafen noch einige Zeit hindurch bewahren; die Herren der Stadt waren vielmehr mächtige Adelsfamilien, von denen zwei uns näher bekannt sind: die aus dem Salzburger Raum kommenden Sighardinger und die Formbacher, eines der alten Geschlechter des Ostlandes, das von seinen Burgen Kreuzenstein und Kierling aus den Handel in der Region, vor allem auch den Donauübergang Klosterneuburg–Korneuburg, kontrollierte. Zweifellos zog das Aufblühen Wiens nach dem endgültigen Abzug ungarischer Truppen auch die Aufmerksamkeit der markgräflichen Landesherren auf sich, die bald verstärkt versuchten, durch Besitzerwerb in Wien und Umgebung Fuß zu fassen.

Über das Erscheinungsbild Wiens im 11. Jahrhundert gibt es keine schriftlichen Hinweise; die Funde der Archäologen dokumentieren jedoch, daß der befestigte Komplex des »Berghofs« noch immer bestand; daneben entwickelten sich aber bereits kleine Haufendörfer außerhalb des alten römischen Lagers, so im Bereich des heutigen Kienmarkts und im Bereich Bäckerstraße/Wollzeile (»Bäckerstraßenvorstadt«). Und noch immer ragten Teile der alten römischen Lagermauer empor – Symbole einer nun schon beinahe tausendjährigen (!) Geschichte. Die Kirche hatte mittlerweile mit zwei Gotteshäusern den Platz gut im Griff: St. Ruprecht beim »Berghof«, dessen Anfänge ins 9. Jahrhundert, in das karolingische Ostland, zurückreichten, und St. Peter, knapp außerhalb der ehemaligen Südmauer Vindobonas gelegen, begleiteten die Bevölkerung durch die ersten Jahrzehnte des neuen Jahrtausends. Auch die dörflichen Siedlungskerne zahlreicher späterer Vorstädte waren offenbar zu Beginn des 12. Jahrhunderts bereits vorhanden; möglicherweise gingen manche von diesen bereits ins 9. Jahrhundert zurück – darauf deuten die charakteristischen bairischen »ing«-Namen, wie Ottakring, Hietzing oder Sievering, hin.

Eine wichtige Vorentscheidung im Hinblick auf eine »Wiener Karriere« der Babenberger fiel durch die Heirat von Markgraf Leopold II. (1075–1095) mit Ita *(Itha)* von Formbach-Radelberg: Damit gelang es den Babenbergern endlich, familiäre Bande zu einer der mächtigsten Adelsfamilien der *marchia orientalis* zu knüpfen; nicht zuletzt brachte die Formbacherin großen Grundbesitz mit in die Ehe – privates und öffentliches Interesse standen gleichermaßen hinter dieser taktisch geschickten Verbindung. Ein nächster überaus wichtiger Schritt war die Vermählung von Leopolds Sohn, dem Markgrafen Leopold III. (1095–1136), mit Agnes, der Tochter des Stauferkaisers Heinrich IV. – als Schwiegersohn Kaiser Heinrichs IV. bzw. Schwager Kaiser Heinrichs V. genoß der Babenberger großes Ansehen, dies aber auch aufgrund seiner tatkräftigen Politik, die der wirtschaftlichen und kulturellen Entwicklung *Ostarrîchis* wesentliche Impulse verlieh: Klöster wurden gestiftet, bedeutende Handelsplätze an der Donau erhielten den Rang von Städten: Stein, Krems, Tulln und auch Wien. Allerdings konnte Leopold durchaus auch Rücksichtslosigkeit zeigen, wenn es um die Wahrnehmung persönlicher Vorteile ging – ein Charakterzug, der unter dem Deckmantel der »Heiligkeit« oft zu verschwinden droht.

Die Residenz Leopolds III., der bereits 1485 heiliggesprochen wurde, befand sich (noch) in Klosterneuburg; hier wurde er auch begraben. Seit 1663 wird der heilige Leopold von Österreich als Landespatron von Wien und Niederösterreich verehrt.

Der Beginn der Regierungszeit Leopolds des Heiligen fällt zusammen mit dem Siegeszug einer großartigen Idee, die – leidenschaftlich propagiert von Papst Urban II. – die Ritterschaft des christlichen Abendlands zu beseelen begann: Auf »Kreuzzügen« wollte man ins Heilige Land ziehen und dort die heiligen Stätten des Christentums den Händen der Heiden entreißen. 1096 bis 1099 findet der erste Kreuzzug statt, an dem auch Leopolds Mutter Ita teilnimmt – ein Abenteuer, das die alte Frau mit dem Leben bezahlt. Wien wird zu einer wichtigen Zwischenstation für die donauabwärts ziehenden Kreuzfahrer, zum Sammelpunkt für Ritter und Bedienstete aus aller Herren Länder; die Wirtschaft der Stadt profitiert davon in nicht geringem Ausmaß.

ERSTMALS RESIDENZ

1

Wien gelang in der Babenbergerzeit der Aufstieg vom unbedeutenden Burgplatz im Grenzland zur selbstbewußten Residenzstadt, eine Entwicklung, die nicht nur auf dem Fleiß ihrer Bürger und auf der Tüchtigkeit ihrer Kaufleute beruhte, sondern durch ein besonderes politisches Umfeld begünstigt wurde: Das Land östlich des Wienerwaldes wurde ab der Mitte des 11. Jahrhunderts für Neuansiedler immer interessanter, war doch die Ungarngefahr einigermaßen gebannt und Stabilität eingekehrt; der Donauhandel blühte wieder auf, und auf den Fernstraßen herrschte reges Treiben. Die Kirche war an diesem wirtschaftlichen Aufschwung in vorderster Front beteiligt, vor allem die großen Klöster des bayerischen »Altsiedellandes« waren eifrig bestrebt, ihre Besitzungen im Osten zu erweitern. Eine dieser klösterlichen Transaktionen ist uns aus dem Jahre 1137 auch aus Wien überliefert: Im sogenannten »Tauschvertrag von Mautern« trat Markgraf Leopold IV. (1136–1141) die Pfarrkirche St. Peter an den Passauer Bischof Reginmar ab, erhielt als Entschädigung dafür aber die Hälfte des sogenannten »Ausstattungsguts« – ein in mehrfacher Hinsicht bemerkenswerter Vorgang: In der betreffenden Urkunde wird Wien als *civitas* beschrieben, als »Burgsiedlung« und nicht als Stadt; daneben dokumentiert der »Tauschvertrag« erstmals Besitzrechte des Landesherrn in Wien selbst und verweist nicht zuletzt auch noch auf die Bedeutung, die die Passauer Kirchenorganisation für die Region bekommen sollte.

Dazu kam, daß die Babenberger allmählich in ihren machtpolitischen Ambitionen etwas umdenken mußten. Nachdem es einige Zeit lang so ausgesehen hatte, als könnten sie als heimliche Nutznießer des großen Streits zwischen Staufern und Welfen auch die bayerische Herzogswürde für ihr Haus reklamieren, kam es schließlich auf Betreiben von Kaiser Friedrich I. Barbarossa zu einem Kompromiß: Der Herzogshut der Bayern ging an die Welfen zurück; Heinrich II. Jasomirgott, der Sohn Leopolds IV., mußte damit zwar auf die kaum erst erworbene bayerische Herzogswürde verzichten, bekam als Gegenleistung aber eine neue: Die *marchia orientalis*, bis

1
Der Einzug Herzog Leopolds VI. in Wien. Gemälde von Josef Matthias Trenkwald, 1872.

dahin ein Teil Bayerns, wurde zum selbständigen Herzogtum innerhalb des »Reichs« erhoben; die Babenberger blieben als Herzöge in Amt und Würden. Niedergelegt wurde diese weitreichende Entscheidung, in der auch ein so wichtiges Privileg wie das der Erbfolge in männlicher und weiblicher Linie festgeschrieben wurde, im berühmten *Privilegium minus* am 17. September 1156. Die *marchia Austriae* war damit vom einst kaum beachteten Annex Bayerns zu einem sehr realen Machtfaktor in Mitteleuropa geworden.

Als *dux Austriae* konnte Heinrich II. Jasomirgott, der mit der byzantinischen Prinzessin Theodora verheiratet war, nun auch darangehen, sich eine repräsentative Residenz zu schaffen – seine Wahl fiel auf Wien, und noch im selben Jahr wurde an der Außenseite der ehemaligen Westmauer Vindobonas mit der Errichtung seines Hofs, bestehend aus einem Palas und zwei Kapellen sowie Verwaltungs- und Wirtschaftsgebäuden, begonnen; der Platz Am Hof erinnert heute noch an diese einstige Babenbergerresidenz. Vielleicht schon ein Jahr früher hatte Heinrich II. Jasomirgott iro-schottische Benediktinermönche aus Regensburg nach Wien berufen und ihnen ein neues Kloster außerhalb der Mauern gestiftet: das Schottenkloster. Die Anstrengungen Heinrichs um den Ausbau der Residenz werden belohnt – im Jahre 1172 wird Wien in einem Bericht erstmals als *civitas metropolitana* (»Hauptstadt«) apostrophiert. Unterstützung für seine ehrgeizigen Projekte fand er bei seinem Bruder, dem Bischof Otto von Freising, einem der bedeutendsten Geschichtsschreiber des Mittelalters, der nun sogar eine entsprechend prunkvolle antike Ahnenreihe für die Babenberger konstruierte.

Heinrich II. Jasomirgott starb 1177 an den Folgen eines Reitunfalls; Nachfolger als Herzog wurde sein Sohn Leopold V. (1177–1194), der die politische Linie einer Stabilisierung der babenbergischen Macht weiter beibehielt.

RICHARD LÖWENHERZ IN WIEN

Mit Leopold V. verbindet sich die vielleicht bekannteste Episode aus dem mittelalterlichen Wien: Im Sommer 1190 bricht der Herzog von Wien aus zum dritten Kreuzzug auf; er folgt dem bereits ein Jahr früher hier durchgezogenen Heer Kaiser Friedrich Barbarossas, dem ein unvorsichtiges Bad im eiskalten türkischen Gebirgsfluß Saleph den Tod bringt. Leopold stößt mit seinen Rittern jedoch glücklich zum Kreuzzugsheer und nimmt 1191 an der Eroberung der Festung Akkon teil; dabei kommt es zu einem heftigen Streit mit Englands König Richard Löwenherz um die jeweiligen Verdienste in der Schlacht – die beiden ehrgeizigen Fürsten scheiden als Feinde. Durch eine Verkettung unglücklicher Umstände ist Richard Löwenherz jedoch dazu gezwungen, seinen Rückweg durch das Herzogtum zu nehmen, und prompt wird er am 21./22. Dezember 1192 in Erdberg – angeblich an seinem Ring – erkannt, arretiert und dann auf die Burg Dürnstein gebracht (bis März 1193). Mit dem beträchtlichen Lösegeld, das die Engländer für ihren König bezahlen – die Rede war von 30.000 Kölnischen Talern (etwa 10 Tonnen Silber) –, finanziert Leopold V. u. a. die Gründung Wiener Neustadts und den Ausbau der Wiener Stadtbefestigungen. Auch die Verlegung der landesherr-

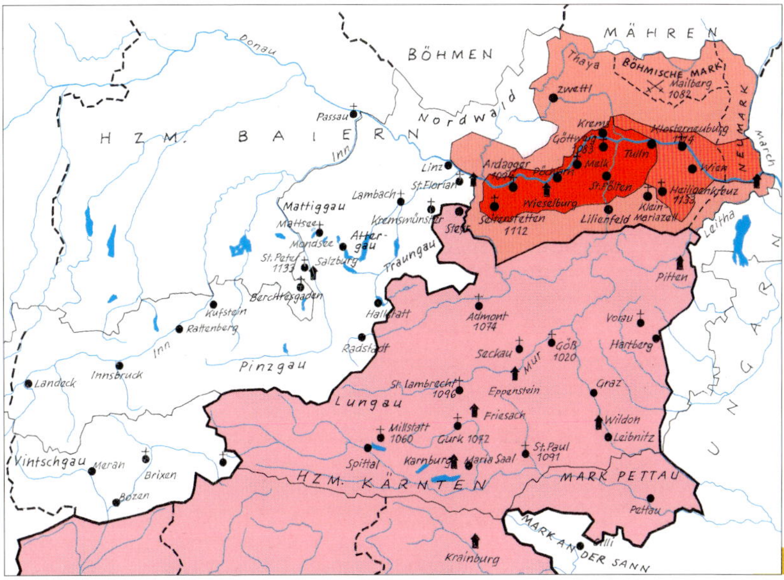

2

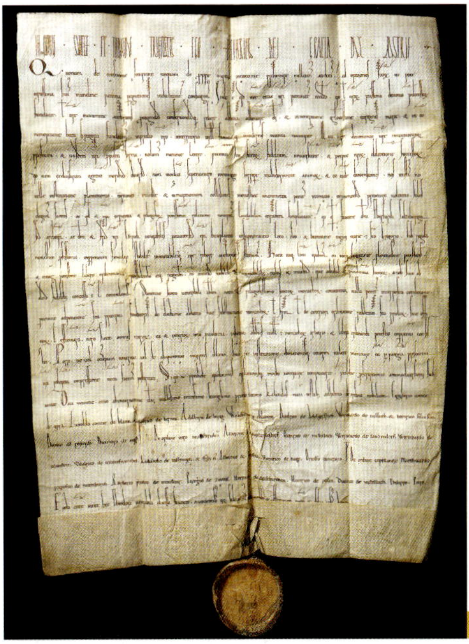

4

2
Die Entwicklung des babenbergischen Herrschaftsgebietes im 11. und 12. Jahrhundert.

4
Die Festnahme von König Richard Löwenherz in Erdberg. Darstellung aus Bermann, Geschichte Wiens.

3
Stiftungsurkunde des Schottenklosters 1156, das Heinrich II. Jasomirgott in unmittelbarer Nähe zu seiner Residenz errichten ließ.

lichen Münze von Krems nach Wien – ein wirtschaftspolitisch wichtiger Schritt – hing vermutlich mit dieser gewaltigen Lösegeldzahlung zusammen.

Mit der Errichtung einer neuen Ringmauer nahm Leopold V. auch eine Stadterweiterung in Angriff: Wichtige neue Eckpunkte der Stadt mußten innerhalb der Festungsmauer zu liegen kommen: die neu angelegte Kärntner Straße, die Ausfallstraße nach Süden; die vor ihrer Fertigstellung stehende Kirche des Schottenklosters (geweiht 1200), und die Domkirche St. Stephan, das neue Wahrzeichen der aufblühenden Stadt.

Denkmäler romanischer Baukunst in Wien

Ruprechtskirche (wahrscheinlich aus dem 1. Viertel des 9. Jahrhunderts stammend, erstmals erwähnt im Jahre 1209).
Kirche St. Michael (Langhaus mit Seitenschiffen und Portale an der Nordseite vollendet vor 1252).
Die »finstere Sakristei« und die Judas-Thaddäus-Kapelle in der Kirche des **Schottenklosters**.
St. Stephan: Westfassade mit Riesentor (entstanden um 1230/40) und Heidentürme (Mitte 13. Jahrhundert).

ERSTE BLÜTEZEIT DER NEUEN HAUPTSTADT

Tatkräftig arbeitete Leopold V. am Aufstieg von Herzogtum und Dynastie, dazu kam, daß nun ein vorausblickend 1186 geschickt ausgehandelter Erbvertrag Früchte trug: Nach den Bestimmungen der sogenannten Georgenberger Handfeste gingen mit dem Tod des kinderlosen Herzogs Otakar IV. 1192 alle Herrschaftsrechte in der Steiermark und im oberösterreichischen Traungau auf Leopold V. über; mit einem Schlag reichte die babenbergische Machtsphäre bis zur Drau und Save. Der Erbfall trat zu einem politisch günstigen Zeitpunkt ein: Kaiser Friedrich Barbarossa war tot, und sein Nachfolger Heinrich VI., kaum noch installiert, konnte und wollte nicht opponieren; der doch einigermaßen heterogene Länderkomplex an der Südostflanke des Heiligen Römischen Reichs konnte sich vorerst ungestört entwickeln.

Leopold V. starb am Silvestertag des Jahres 1194; seine beiden im besten Mannesalter stehenden Söhne teilten sich brüderlich die Herrschaft: Der ältere Friedrich wurde Herzog in Österreich; Leopold folgte seinem Vater als Herrscher der Steiermark. Nur kurz währte jedoch die Regierung Friedrichs I. – nach dem Vorbild seines tatkräftigen Vaters zog er 1197 als 27jähriger Jungritter mit dem Kreuzritterheer Kaiser Heinrichs VI. ins Heilige Land, als 28jähriger starb er 1198 auf der Heimreise aus Palästina. Die babenbergischen Lande waren damit wieder vereint, an ihrer Spitze stand nun Leopold VI., den man später auch »den Glorreichen« nennen sollte. Tatsächlich gilt seine Regierungszeit (1194/1198–1230) als Blütezeit des Hochmittelalters im österreichischen Raum. Die Minnesänger Walther von der Vogel-

5
Im *Tauschvertrag von Mautern*, abgeschlossen unter Leopold IV. (1136–1141), wird Wien als *civitas* (Burgsiedlung) genannt.

6
Die *Georgenberger Handfeste* von 1189, der wichtigste politische und wirtschaftliche Meilenstein der babenbergischen Herrschaft in Österreich. Der Vertrag bildete die Rechtsgrundlage zur Vereinigung mit der Steiermark und öffnete den Zugang nach Venedig, dem damals bedeutendsten Handelszentrum Europas.

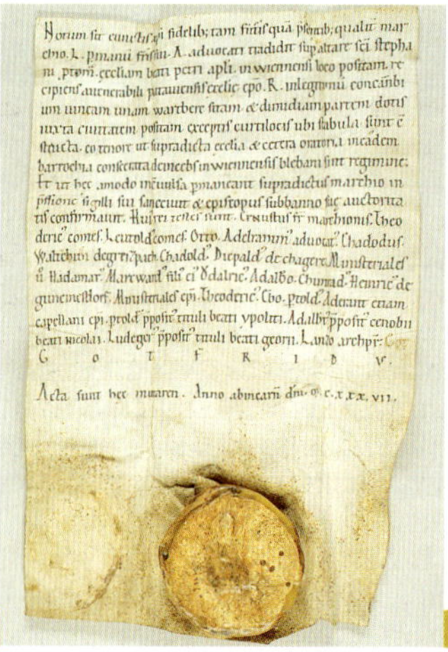

5

6

7
Leopold VI. öffnet den Wienern seine Schätze zur Förderung von Handel und Gewerbe. Gemälde von Leander Russ, 1836.

weide, Neidhart von Reuental und Ulrich von Lichtenstein waren Gäste am *Hof ze Wienne*; die kulturelle Kraft des österreichischen Rittertums erreichte ihren Höhepunkt. Wien, dem Schauplatz dieser großartigen Entwicklung, kam damit endgültig eine Vorrangstellung im geistig-kulturellen Leben der beiden Herzogtümer zu; die Residenz hatte begonnen, ihr kulturelles Potential an die Hauptstadtfunktion anzugleichen – und seit jenen Tagen Leopolds des Glorreichen hat sich Wien dieses Primat bewahrt.

Was die Politik des Herzogs gegenüber seiner Hauptstadt betrifft, so setzte »der Glorreiche« das Engagement seines Vaters in verschärftem Tempo fort: Die Bautätigkeit riß nicht ab, mit der Errichtung des »Neuen Markts« wuchs die Stadt weiter; das florierende Wirtschaftsleben der Residenz erforderte mehr Raum und höhere Kapazitäten für Lagerhaltung, Verkauf etc. Die *cives urbani*, die freien Bürger der Stadt, wußten im Gegenzug, wie bedeutsam es war, sich mit dem Landesfürsten gut zu stellen, und so wurde Leopold VI. von den Wiener Bürgern bei allen möglichen Gelegenheiten mit Geschenken überhäuft, so auch zu Weihnachten 1203 aus Anlaß seiner bevorstehenden Hochzeit mit Theodora Angeloi, einer Großnichte des byzantinischen Kaisers, die in der Folge ein bißchen etwas vom Glanz des byzantinischen Hofes bis nach Wien bringen sollte. Er revanchierte sich mit einem Darlehen in der Höhe von 30.000 Mark für die Wiener Kaufmannschaft und feierte eine prachtvolle Hochzeit im Beisein zahlreicher Fürsten.

Wichtiger als jegliches Darlehen sollten sich aber die Privilegien erweisen, die Leopold VI. seiner Residenz gewährte: 1208 dekretierte er ein Privileg für die flandrischen Tuchfärber und Wollweber, die nunmehr eine eigene Zunft bilden durften; ein zweites Privileg dieses Jahres galt den Münzer-Hausgenossen; am 18. Oktober 1221 schließlich erläßt er das älteste schriftlich erhaltene Wiener Stadtrecht, das neben zahlreichen Bestimmungen zur Verwaltung und Strafrecht – so listet es minutiös eine Reihe von Sanktionsmaßnahmen für die verschiedensten Vergehen auf – auch das für die Wiener Kaufleute so bedeutsame Stapelrecht formulierte: Demnach mußten Händler, die mit ihrer Ware aus Schwaben, Passau oder Regensburg nach Osten unterwegs waren, in Wien einen zweimonatigen Aufenthalt nehmen und hier diese Ware auch feilhalten – ein Privileg, das der Wiener Kaufmannschaft natürlich einen gewaltigen Wettbewerbsvorteil und fette Gewinne verschaffte. Als Kontrollinstanz über die wirtschaftliche Entwicklung der Kommune bestimmte das Stadtrecht Leopolds VI. ein Kollegium von 24 angesehenen Bürgern.

Die mittelalterlichen Klöster Wiens	
1155	Gründung des Schottenklosters
1225	Gründung des Minoritenklosters
1226	Gründung des Dominikanerklosters
1267	Neugründung des Himmelpfortklosters
1275	Zisterzienserinnenkloster St. Niklas
vor 1302	Gründung des Dominikanerinnenklosters St. Laurenz
1305	Gründung des Klosters der Clarissen
1327	Gründung des Augustinerklosters
1414	Gründung des Augustinerchorherrenstifts St. Dorothea

DER LETZTE BABENBERGER

Als Leopold VI. im Sommer 1230 starb, hinterließ er ein »Reich«, das festgefügt war und einer ebenso glänzenden und friedlichen Zukunft entgegenzugehen schien. Er selbst hatte dafür vorgesorgt und seine älteste Tochter Margarethe mit König Heinrich VII. vermählt, dem Sohn des mächtigen Stauferkaisers Friedrich II.; geschützt durch enge verwandtschaftliche Beziehungen zum Kaiserhaus, sollten die babenbergischen Lande ihre Position halten können. Doch diese politisch so vorteilhaft scheinende Lage änderte sich schnell: Leopolds Sohn und Nachfolger Friedrich II. (1230–1246), beim Antritt der Herrschaft 20 Jahre alt, hatte von Beginn an mit großen Schwierigkeiten zu kämpfen. Zunächst waren es die österreichischen Ministerialen, die nun die Gelegenheit gekommen sahen, selbst die Macht im Herzogtum zu übernehmen; ihr Aufstand, geführt von den alteingesessenen und ehrgeizigen Kuenringern, konnte jedoch von dem jungen Herzog, später mit dem Beinamen »der Streitbare« charakterisiert, überraschend sicher niedergeworfen werden; die Rädelsführer wurden streng bestraft. Ein Feldzug kurz danach gegen die Ungarn endete jedoch mit einer Katastrophe: Der in der Schlacht siegreiche Ungarnkönig Bela IV. verfolgte das flüchtende Heer Friedrichs bis vor die Tore Wiens und ließ sich nur durch eine hohe Geldbuße zum Abzug bewegen; nach den Ungarn waren es die Böhmen, die das Gebiet nördlich der Donau verheerten und nur mit Mühe zurückgedrängt werden konnten. Das Ansehen Friedrichs sank, als er begann, die Mittel dafür durch höhere Steuern zu lukrieren; glaubt man den Quellen, so war Friedrich auch ein ziemlicher Frauenheld, dem die erbosten Wiener Bürger nach der Affäre mit einer »schön Braunhild« das Verlassen der Stadt nahelegten.

Im Jahre 1236 verläßt Friedrich tatsächlich Wien; Mödling und vor allem die mächtige Burg Starhemberg sind seine Zufluchtsstätten. Der Mangel an politischem Weitblick führt ihn bald in noch größere Schwierigkeiten: Als Parteigänger seines Schwagers König Heinrich VII., des Gatten Margarethes, wird er in die Aufstandsbewegung gegen den Kaiser hineingezogen – die Konsequenzen sind schwerwie-

8
Der letzte Babenberger, Herzog Friedrich II., der Streitbare (1230–1246), fällt in einem Gefecht gegen die Ungarn an der Leitha. Darstellung auf dem Babenberger-Stammbaum.

gend: Friedrich II. verhängt die Reichsacht über den Babenberger, erklärt ihn seiner Lehen verlustig und marschiert mit einem Heer von Oberitalien aus gegen die österreichischen Lande.

Für die Wiener Stadtväter war dies eine neue Situation – wie hatte man sich in einem Streit zwischen Kaiser und Landesherrn zu verhalten? Wessen Partei war zu ergreifen? Im Jänner 1237 standen die kaiserlichen Truppen vor den Stadtmauern, und es zeigte sich, daß man nicht gewillt war, für Friedrich, dem es in wenigen Jahren gelungen war, den Kredit seiner Väter bei der Wiener Bevölkerung zu verspielen, zu kämpfen: Man öffnete dem Staufer die Tore, dieser revanchierte sich mit der Erhebung Wiens zu einer reichsunmittelbaren, quasi »kaiserlichen« Stadt, stattete die ihm so freundlich gesinnten »Geschworenen« mit erweiterten Rechten aus und hielt für einige Monate in Wien hof. Da auch zahlreiche Reichsfürsten, unter ihnen König Wenzel von Böhmen und Herzog Otto von Bayern, in seinem Gefolge waren, ließ er hier seinen Sohn Konrad (IV.) zum König wählen – die einzige deutsche Königswahl des Mittelalters, die in Wien stattfand.

Friedrich bewies in dieser für ihn schwierigen Situation jedoch Energie und Tatkraft und holte zum Gegenschlag aus: Noch im Frühsommer 1237 gelang ihm ein Sieg über ein kaiserliches Heer, und nach mehrmonatiger Belagerung mußte Wien, obwohl die Besatzung durch 200 Reichsritter verstärkt worden war, im November 1239 kapitulieren. Geschickt verzichtete der Herzog auf ein Strafgericht und söhnte sich mit der Wiener Bürgerschaft aus; als Zeichen der Eintracht entsandte diese zwölf Söhne aus besten Familien an den Hof des Babenbergers. Zumindest auf eine große Geste konnte er jedoch nicht verzichten: Die kaiserliche Goldbulle des Privilegs von 1237 wurde vernichtet; Wien kehrte – schließlich auch mit Zustimmung des Kaisers – in den Schoß der babenbergischen Herrschaft zurück; Friedrich gab sich nun gemäßigt und erließ 1244 sogar ein neues Stadtrechtsprivileg, das im Vergleich zu dem seines Vaters noch einige Erweiterungen enthielt.

Die Aussöhnung mit dem Kaiser gelang überraschend gut, ja, angeblich war dieser sogar bereit, die babenbergischen Herzogtümer zum Königreich zu erheben, ein Vorhaben, das mit dem frühen Tod Friedrichs des Streitbaren am 15. Juni 1246 in einem Gefecht gegen ungarische Truppen an der Leitha jedoch obsolet wird: Da der Herzog keine männlichen Nachkommen hat, werden seine Länder Österreich und Steiermark als erledigte Reichslehen eingezogen; der Staufer erneuert sein Privileg von 1237, und Wien wird wieder kaiserliche Stadt *(civitas imperialis)*.

DAS INTERREGNUM

Die Lage nach Friedrichs Tod gestaltete sich kompliziert: Noch lebten Margarethe († 1266), die Witwe König Heinrichs VII. († 1242), und eine Nichte Gertrud (1226–1288), wobei das *Privilegium minus* ja durchaus auch die Möglichkeit einer weiblichen Erbfolge vorgesehen hatte. Doch die Realpolitik kümmerte sich wenig darum – Kaiser Friedrich II. entsandte einen Grafen Otto von Eberstein als Reichsverweser nach Wien und dokumentierte damit nachdrücklich das große Interesse der Staufer an den verwaisten Herzogtümern. Die beiden Frauen konnten daher nur trachten, durch vorteilhafte Eheschließungen ihre Ansprüche geltend zu machen. Zunächst schien Gertrud glücklicher zu sein, ihr zweiter Gatte, Markgraf Hermann IV. von Baden, wurde 1249 Herzog von Österreich und Steiermark, verstarb jedoch bereits ein Jahr später, so daß nun der Weg frei wurde für den designierten neuen Ehegemahl Margarethes, den Markgrafen Ottokar Přemysl von Mähren, der nach dem Tod seines Vaters Wenzel I. 1253 auch König von Böhmen werden sollte. Die allgemeine Unsicherheit verschärfte sich inzwischen weiter, da 1250 auch Kaiser Friedrich II. starb, ohne einen Erben zu hinterlassen, und die Reichsgewalt in der nunmehr kaiserlosen Zeit, dem Interregnum, rasch verfiel.

Ottokar, eine vielversprechende junge Persönlichkeit, besaß vor allem unter den österreichischen Adeligen und Wiener Patrizierfamilien, aber auch im Bürgertum zahlreiche Parteigänger, und diese zauderten angesichts der prekären politischen Lage nicht lange – Vertreter all dieser Gruppierungen schlugen ihm die Herrschaft in den Herzogtümern vor. Wien unterwarf sich bereits am 21. November 1251 dem

9
Österreichischer Herrscher nach dem Interregnum: Ottokar II. Přemysl.

neuen Landesherrn; die glanzvolle Heirat mit Margarethe, vermutlich eher ein Akt der Staatsräson, erfolgte im Februar 1252 in Hainburg.

Bereits der Sommer des Jahres 1252 brachte für Přemysl Ottokar schwere Kämpfe in den neu erworbenen Gebieten – wieder waren es die Ungarn, die nun die Gunst der Stunde nutzen wollten und mit gewaltiger Heeresmacht gegen Wien drängten. Ottokar konnte die Magyaren – ihre Einheiten lagerten schon bei Stadlau und in Erdberg – zwar zum Abzug bewegen, weniger glücklich verliefen jedoch die Kämpfe im steirischen Süden, die zeitweilig zu großen Gebietsverlusten führten.

Während die reichen Wiener Honoratioren, wie Paltram vor dem Stephansfreithof, der sich als Pächter der landesfürstlichen Fiskalverwaltung ein Vermögen erworben hatte, die Politik Ottokars unterstützten und insbesondere wesentlich zur Finanzierung seiner Kriege beitrugen, regte sich doch immer wieder auch Widerstand gegen die Herrschaft des Přemysliden – so ließ Ottokar 1253 zwei vornehme Wiener Bürger, den ehemaligen Stadtrichter Konrad Kamber und einen gewissen Konrad Chriegler, unter dem Vorwurf des Hochverrats enthaupten; in den folgenden Jahren waren es vor allem oppositionelle Adelige, die ihre Gesinnung oft mit einem grausamen Tod büßen mußten. Der Stadt gegenüber verhielt sich Ottokar durchaus großzügig; nach verheerenden Brandkatastrophen im Jahre 1276 unterstützte er den Wiederaufbau von St. Stephan, zudem linderte er u. a. durch die Gewährung von Abgabe- und Zollfreiheit für fünf Jahre die Not der betroffenen Bevölkerung.

Die Jahre des Interregnums, eine Zeit des politischen Umbruchs und dadurch bedingt der allgemeinen Unsicherheit, förderten nicht zuletzt eine seltsame religiöse Unruhe: Erstmals in den Jahren 1260/61 ist für Wien das Auftreten von Geißlerzügen bezeugt, deren Teilnehmer im Nachstellen des Martyriums Christi durch blutige Selbstquälerei die Gnade Gottes für ihre Anliegen erwirken wollten. Der extreme religiöse Fanatismus dieser Zeit ging andererseits Hand in Hand mit einer stark zunehmenden Sensibilisierung für das Elend der Armen und Kranken, die sich in der Gründung entsprechender Institutionen niederschlug: Um 1255 entsteht mit dem Leprosen-Siechenhaus zu St. Johann an der Als eine erste Pflegeeinrichtung für Aussätzige und Opfer anderer ansteckender Krankheiten; 1267 stiftet Pfarrer Gerhard, der von Ottokar tatkräftig gefördert wurde, die Siechenhäuser zum Klagbaum (im Bereich Wiedner Hauptstraße 64–66) und zu St. Lazarus (später St. Markus bzw. St. Marx genannt, im Bereich Landstraßer Hauptstraße 173–175). Das älteste Spital Wiens, das Heiliggeistspital, war bereits 1208 von Magister Gerhard, dem Leibarzt Herzog Leopolds VI., vor dem Kärntner Tor am Südufer der Wien gegründet worden; vor 1257 gründeten dann Wiener Bürger das Wiener Bürgerspital, ebenfalls vor dem Kärntner Tor, jedoch am Nordufer der Wien gelegen. Durch wohltätige Stiftungen und Schenkungen wurde das Bürgerspital im Laufe der Zeit zu einer mächtigen, zahlreiche Liegenschaften und Rechte besitzenden Institution. Das Ende des Heiliggeistspitals kam 1529 mit der Ersten Türkenbelagerung;

10
Begründete die Herrschaft der Habsburger über Wien und die österreichischen Länder: König Rudolf I. (1278–1291). Kolorierter Kupferstich von L. Kohlbacher nach einem Gemälde von Gustav Lasinsky.

11
Rudolf I. auf einem Glasfenster aus der Herzogskapelle des Stephansdoms, um 1390.

12
Rudolf I. an der Leiche Ottokars. Gemälde von Carl von Blaas, um 1868.

auch das Bürgerspital wurde völlig zerstört, jedoch später innerhalb der Stadtmauern weitergeführt.

Die Herrschaft Ottokars, der sich 1262 vom deutschen König Richard von Cornwall, schriftlich mit Böhmen, Österreich und der Steiermark hatte belehnen lassen, geriet inzwischen bei den Reichsfürsten immer mehr ins Zwielicht – zu mächtig, zu auftrumpfend war der Přemyslide, der unverhohlen selbst nach der deutschen Königskrone strebte, und so wählte das Fürstenkollegium in Frankfurt/Main den Grafen Rudolf von Habsburg zum deutschen König, das Interregnum war zu Ende.

Mit Rudolf von Habsburg hatte man einen Mann erkoren, der über keine besondere Hausmacht verfügte und daher einigermaßen leicht »kontrollierbar« schien – doch der neue König ließ von Anfang an durch eine energische und konsequente Politik keinen Zweifel an seinem Kurs aufkommen. Zunächst galt es, Ottokar aus den österreichischen Herzogtümern zu vertreiben, daher zog Rudolf in einem ersten Schritt Österreich und die Steiermark als Reichslehen wieder ein; als Ottokar im Bewußtsein seiner Machtfülle darauf nicht reagierte und den Ladungen zum Reichstag nicht nachkam, verhängte der Habsburger 1275 die Reichsacht über den Böhmenkönig, und auch vor der letzten Konsequenz scheute Rudolf keineswegs zurück: 1276 beginnt der Reichskrieg gegen den unbotmäßigen Vasallen, das Angriffsziel: Wien.

Ottokar war nicht unvorbereitet, bereits 1275 hatte man in seinem Auftrag die Wiener Stadtmauer beim Pibertor und beim Widmertor stärker zu befestigen begonnen, im Bereich des letzteren errichtete man gar eine neue, durch vier Ecktürme geschützte Burg – später sollte hier die Hofburg entstehen. Im November 1276 schloß Rudolf von Habsburg mit seinem Reichsheer die Stadt ein, die vorerst treu zum Přemysliden stand. Befehligt wurden die Verteidiger, die alle Angriffe tapfer abwiesen, von Paltram vor dem Stephansfreithof, der bei einem Sturz Ottokars auch seine Position gefährdet sehen mußte. Doch alle Anstrengungen blieben unbelohnt, da sich Ottokar bei einem Treffen mit Rudolf in der Nähe von Klosterneuburg unterwarf und auf die Herzogtümer Österreich und Steiermark verzichtete – wie in der Friedensvereinbarung vorgesehen, mußte Wien seine Tore den Truppen Rudolfs von Habsburg öffnen. Ein Wendepunkt in der Geschichte der Stadt: Von nun an bis zu den dramatischen Novembertagen des Jahres 1918 waren die Habsburger – mit einigen kaum nennenswerten Unterbrechungen – die Herren der Stadt.

Zielstrebig verfolgte Rudolf, der für längere Zeit in Wien seinen Aufenthalt nahm, indessen den weiteren Ausbau seiner Position, und bald zeigte er immer unmißverständlicher, daß er die österreichischen Länder für seine Familie zu sichern gewillt war. Noch gab es in der Stadt eine starke Gruppe von Parteigängern Ottokars, die im Frühjahr 1278 schließlich einen Aufstand gegen Rudolf anzettelte; Führer der Erhebung, der sich u. a. auch Heinrich von Kuenring anschloß, war Paltram vor dem Stephansfreithof. Doch Rudolf behielt die Oberhand, die Rädelsführer wurden als Majestätsverbrecher verurteilt; Paltram mußte die Stadt verlassen und ging nach Bayern. Mit der Verleihung eines Stadtrechts am

10

11

12

13

13
Mit dem Tod Ottokars in der Schlacht bei Dürnkrut und Jedenspeigen 1278 begann die Herrschaft der Habsburger in Österreich. Gemälde von Julius Schnorr von Carolsfeld, um 1860.

24. Juni 1278, das Wien zum drittenmal zur freien Reichsstadt erklärte, versuchte Rudolf endgültig seine Ordnung durchzusetzen.

Auch der »Endkampf« mit Ottokar rückte heran. Rudolf hatte die Reichsfürsten um militärische Unterstützung gebeten, die tatsächlich einige kleine Ritteraufgebote an die Donau schickten; weit »hilfreicher« war ein 14.000 Mann starkes ungarisches Hilfsheer unter König Ladislaus, der nun die Gelegenheit gekommen sah, sich an diesem großen Gegner der Ungarn für erlittene Niederlagen rächen zu können. Am 26. August 1278 kam es bei Dürnkrut und Jedenspeigen zur entscheidenden Schlacht, Ottokars Heer wird vernichtend geschlagen; er selbst fällt im Kampf. Dem Leichnam seines großen Gegenspielers läßt Rudolf alle Ehre widerfahren – er wird im Minoritenkloster öffentlich aufgebahrt und später nach Prag überführt; das Herz des gefallenen Fürsten bestattet man jedoch unter dem Fenster beim Georgsaltar.

1278 – 1365

DER AUFSTIEG ZUM HABSBURGISCHEN MACHTZENTRUM

1

2

Bei seinem triumphalen Einzug nach dem Sieg über Ottokar jubelten die Wiener ihrem neuen Herrn zu, der zunächst strenges Gericht über die bei Dürnkrut und Jedenspeigen gefangenen Adeligen hielt: Einige wurden gehängt, einige enthauptet oder verbrannt. Den Wienern gegenüber verhielt sich Rudolf jedoch diplomatischer, mit der neuerlichen Erhebung zur freien Reichsstadt schienen die Voraussetzungen für eine gedeihliche Entwicklung geschaffen. Als Reichsverweser setzte er 1281 seinen ältesten Sohn Albrecht ein; in sogenannten »Huldigungsbriefen« mußten die vornehmen Bürger der Stadt ihm und seinem königlichen Vater Treue und Gehorsam zusichern. Dieses Vertrauen, das man zumindest auf dem Papier den neuen Herren entgegenbrachte, wurde jedoch noch im selben Jahr (24. Juli 1281) durch ein Niederlagsprivileg Albrechts schwer enttäuscht, in dem ihre alten Freiheiten eingeschränkt und besonders die oberdeutschen Kaufleute bevorzugt wurden.

Zu Weihnachten 1282 belehnte Rudolf seine Söhne Albrecht und Rudolf »zu gesamter Hand« mit den Herzogtümern Österreich und Steiermark; da sich aber vor allem Adelige gegen diese Doppelregierung aussprachen, wurde 1283 Albrecht als Herzog von Österreich und Steiermark alleiniger Landesherr.

WIDERSTAND GEGEN ALBRECHT

Für die Wiener Bürgerschaft bedeutete dies weitere Einschränkungen, denn Albrecht, nunmehr Stadtherr und Landesfürst, setzte seine Rechte konsequent durch. Er sah in Wien *des riches houptstat in Osterrich*, wie er im Niederlagsprivileg von 1281 formuliert hatte, und war keineswegs bereit, der alten Babenbergerstadt eine Sonderstellung zu garantieren. Der Unmut über diese rigorose Haltung Albrechts war groß und führte schließlich zum offenen Konflikt: Ende 1287, vielleicht auch erst im Jänner 1288 bricht ein Aufstand los, der vor allem von den Handwerkern getragen wird, die auf Bestätigung ihrer alten Privilegien pochen. Albrecht zieht sich in die Burg auf dem Leopoldsberg, damals noch als »Kahlenberg« bezeichnet, zurück und läßt die Straßenverbindungen mit der Stadt blockieren, eine enorme

3

4

5

1 und **2**
Jagdszene als Illustration und erste Textseite aus der berühmtesten Fälschung des Mittelalters, dem *Privilegium maius.*

3 und **4**
Albrecht I. in einer Illustration aus: Bermann, *Geschichte Wiens*, und auf seinem Siegel mit den Reichsinsignien.

5
Abänderung des Stadtrechts von 1221 durch Albrecht I.: Das Niederlagsprivileg von 1281 milderte die Bestimmungen des Stapelrechts für fremde Kaufleute.

Teuerung ist die Folge. In den Verhandlungen setzt sich Albrecht durch, die Privilegien werden weiter beschnitten, die reichsunmittelbare Stellung ist endgültig verloren. Neuerlich müssen einzelne vornehme Bürger in »Huldigungsbriefen« öffentlich ihre Treue demonstrieren.

Die Erhebung scheiterte nicht zuletzt an der Uneinigkeit der Aufständischen: Der sozial deklassierte »Pofel«, die verschiedenen Handwerkergruppierungen des mittelalterlichen Wien, hatte nicht den Atem, um einen längeren Konflikt, wie ihn einige reiche Bürger und Edelleute planten, mitzutragen: Er war daher auf eine rasche Einigung angewiesen, doch die Interessen der einzelnen sozialen Schichten waren zu dieser Zeit längst nicht mehr so einfach auf einen Punkt zu bringen. Die Quellen zeigen uns immerhin eine sehr effiziente Stadtverwaltung mit einem Bürgermeister an der Spitze sowie einem Rat von 20 *consules* und Geschworenen. Konrad Poll, der erste Bürgermeister Wiens, den wir aus einer alten Ratsurkunde namentlich kennen, stammte aus einer wohlhabenden Erbbürgerfamilie.

Zu Beginn der neunziger Jahre des 13. Jahrhunderts entspannte sich allmählich das Verhältnis zwischen der Stadt und dem habsburgischen Landesfürsten; ihre Probe bestand diese neue Loyalität der Wiener 1295, als sich österreichische und steirische Adelige zu einem Bündnis gegen Albrecht zusammenschlossen, die Vertreter der Stadt den Verschwörern jedoch eine Absage erteilten. Für diese Treue bedankte sich der Herzog im Februar 1296 mit der Verleihung eines neuen Stadtrechts, das – verfaßt in deutscher Sprache und die älteste im Original erhaltene Stadtrechtsurkunde Wiens – die aktuelle politische Entwicklung bestätigte: Poetisch wurde Wien jetzt als *ein haubet und behaelterinne unseres fuerstentumes* apostrophiert, was darauf hindeutet, daß Albrecht in

6
Die Stadtausdehnung im Hochmittelalter.

Klostergründungen

Universität

Jüdisches Ghetto

Wien immer mehr seine Residenzstadt zu sehen bereit war; eine besondere Funktion wird in diesem Privileg dem Stadtrichter eingeräumt, der in Zukunft der Kontrolle des Landesfürsten in besonderem Maße ausgesetzt ist.

In der Reichspolitik ergaben sich für Albrecht, der bei der deutschen Königswahl übergangen worden war, jetzt neue Perspektiven, und auf einer großen Fürstenversammlung in Wien 1298 – äußerer Anlaß war eine glanzvolle Doppelhochzeit zwischen den Kindern der Könige von Ungarn und Böhmen bzw. von Albrechts Tochter mit dem Markgrafen von Brandenburg – gelang es ihm, eine breite Allianz gegen den regierenden König Adolf von Nassau zu begründen; dem diplomatischen Sieg von Wien folgte der militärische in der Schlacht bei Göllheim am 2. Juli 1298: Albrecht wurde deutscher König.

In den österreichischen Herzogtümern folgte ihm der älteste seiner sechs Söhne, Rudolf III., nach, der im Dezember des Jahres 1300 zusammen mit seiner Frau Blanche von Valois, einer Halbschwester des französischen Königs Philipp IV., von den Wiener Bürgern festlich in der Stadt empfangen wurde. Blanche, die sich durch reiche Stiftungen für Kirchen und Klöster hervortat, starb jedoch bereits 1305 bei der Geburt ihres ersten Kindes; in der Minoritenkirche errichtete man ihr ein prunkvolles Hochgrab, das 1784 im Zuge der Aufhebung des Minoritenklosters verlorenging.

Das beginnende 14. Jahrhundert sah Wien in einer wirtschaftlich wiederum gefestigten Situation; allmählich bildete sich eine engere Bindung zur Dynastie heraus. Herzog Rudolf III., der in zweiter Ehe Elisabeth von Polen, die Witwe König Wenzels II., zur Frau nahm und so 1306 König von Böhmen wurde, starb bereits im Juli 1307; die Herzogswürde ging an den nächstältesten Sohn Albrechts I., Friedrich I., in der Zählung österreichischer Herzöge mit diesem Namen Friedrich III.; der ihm später verliehene Beiname »der Schöne« steht in scharfem Kontrast zu seinem glücklosen Schicksal als Herrscher: 1308 ermordete Johannes Parricida seinen Onkel Albrecht I.; Friedrich konnte sich gute Chancen auf den deutschen Königsthron ausrechnen, wurde jedoch schwer enttäuscht – die Kurfürsten wählten Heinrich von Luxemburg zum König. In dieser Situation zeigte sich, daß die Habsburger sich ihrer österreichischen Lande noch immer keineswegs sicher fühlen durften. Während Friedrich an den Hof des Luxemburgers reiste, um die Belehnung mit den Herzogtümern zu erbitten, erhoben sich 1309 südlich der Donau die Adeligen gegen ihn und – mit diesen verbündet – auch einige Wiener ritterbürgerliche Familien, die geführt wurden von dem Schützenmeister Berthold, einem zum Stadtrichter aufgestiegenen ehemaligen Schneider. Da sich die Handwerker nach den Erfahrungen der letzten Aufstände jedoch abwartend verhielten, gelang es Konrad dem Haarmarkter, dem Hubmeister (Finanzverwalter) des Herzogs, die Erhebung innerhalb der Stadtmauern rasch zu unterdrücken. Zu Beginn des Jahres 1310 kehrte Friedrich I. in seine Länder zurück, schlug den Aufstand auch auf dem flachen Land endgültig nieder und hielt dann strenges Gericht über die »Verräter«: Der Bürger Johannes der Stadlauer wurde am Schwanz eines Pferdes durch die Stadt geschleift und dann gerädert, anderen schnitt man die Zungen ab und blendete sie, ihr Besitz wurde konfisziert. Dieses drakonische Vorgehen gegen die Teilnehmer an der Erhebung von 1309 bewirkte nicht zuletzt, daß sich die Macht der alten ritterbürgerlichen Geschlechter ihrem Ende zuneigte und neue, von den Habsburgern geförderte Familien an die Spitze der Kommune traten. Die Angehörigen dieser neuen Führungsschicht, die sogenannten »Ratsbürger«, dominierten nun in allen städtischen und auch landesfürstlichen Ämtern.

Den grausamen Strafen ließ Friedrich der Schöne 1312 willkommene Handelsprivilegien für die *chramer und chouflute ze Wienne* folgen; 1316 schenkte er der Stadt ein aus den konfiszierten Gütern stammendes Haus mit Kapelle, aus dem später das alte Rathaus in der Wipplingerstraße entstehen sollte, und 1320 erlaubte er den Wienern die Anlage eines *rechtpuchs*, einer städtischen Privilegiensammlung. Das »Eisenbuch«, eine nach 1320 begonnene und bis ins 18. Jahrhundert fortgeführte Handschrift, ist noch erhalten und befindet sich im Wiener Stadt- und Landesarchiv. Auch eine weitere wichtige Quelle zur Wiener Stadtentwicklung stammt aus der Zeit Friedrichs des Schönen: das Urbar (Grundbuch) des Schottenklosters, das vor allem Auskunft über alte Straßen- und Flurnamen gibt.

1314 unternahm Friedrich der Schöne, verheiratet mit Elisabeth (Isabella) von Aragón, neuerlich einen Anlauf in Sachen deutsche Königswürde: Tatsächlich wird er von einer Minderheit der Kurfürsten gewählt, die Mehrheit votiert jedoch für Ludwig den Bayern, der Friedrich in der Schlacht bei Mühldorf 1322 eine schwere Niederlage zufügt und den Habsburger bis 1325 auf der Burg Trausnitz an der Naab gefangenhält; gegen das Versprechen, freiwillig in die Haft zu-

7
Friedrich der Schöne. Glasfenster vom Stephansdom.

rückzukehren, läßt ihn Ludwig nach Hause zur Gattin auf Burg Gutenstein ziehen – Friedrich kehrt auch wirklich zurück und wird von Ludwig ob dieses ehrenhaften Verhaltens als Mitkönig anerkannt, besondere Beachtung wird ihm aber in dieser Funktion keine mehr geschenkt – durch die dreijährige Gefangenschaft auf Burg Trausnitz schwer in seiner Gesundheit angegriffen, stirbt Friedrich der Schöne, der 1327 zum Dank für die Aussöhnung mit Ludwig dem Bayern noch das Wiener Augustinerkloster gegründet hat, im Jänner 1330 auf Burg Gutenstein; seine letzte Ruhestätte findet der politisch unglücklich agierende Herrscher in der Kartause Mauerbach.

Die beiden letzten noch lebenden Söhne Albrechts I. folgen ihm als Regenten der habsburgischen Herzogtümer: Albrecht II. und Otto der Fröhliche, ein Beiname, der für den Jüngsten der Familie (geboren 1301) seit 1460 belegt ist. Unter seiner Herrschaft erlebt Wien erstmals seit der »Machtübernahme« der Habsburger ein geselliges, kulturell vielfältiges Hofleben; in seinem Umkreis finden sich der populäre Schwankdichter Gundakar von Thernberg, bekannt als »Pfaff von Kahlenberg«, und Neidhart Fuchs, der in seinen Liedern derb-komische Episoden aus dem Leben des Minnesängers Neidhart von Reuenthal – so auch die berühmte Geschichte vom »Veilchenraub« (zu sehen in einem Fresko im Hause Tuchlauben 19, Wien 1) – aufgriff. Nicht nur Dichtung und Musik erfuhren jedoch eine Förderung durch Otto den Fröhlichen, sondern er und sein Bruder Albrecht bewiesen auch Sinn für die praktischen Belange städtischen Lebens: 1331 ordnen sie den Fisch- und Fleischhandel in der Stadt neu; Fleischverkäufer, die vom Land in die Stadt kommen, dürfen nun ihre Ware nur mehr zu bestimmten Zeiten und auf bestimmten Plätzen verkaufen; die Wiener Fleischhauer erhalten Anteile am Fischverkauf. Erstmals ist für die Jahre um 1331/32 die Gliederung Wiens in Stadtviertel bezeugt, wobei die einzelnen Viertel nach den Haupttoren der Stadt benannt wurden: Kärntnertor, Schotten-,

Stuben- und Widmertor. Zahlreiche kommunale Verwaltungsvorgänge, wie die Steuererhebung oder die Grundbuchführung, wurden nach diesen Vierteln organisiert; ursprünglich bildeten die Bewohner eines Viertels vermutlich eine Verteidigungsgemeinschaft, der im Ernstfall der Schutz ihrer Häuser und Besitztümer zugeteilt war.

Ein wichtiger Schritt gegen Unrat und Schmutz auf den Straßen wird 1333 unternommen: Mist, tote Hunde und Katzen dürfen nicht mehr auf die Straße geworfen werden; ganz Wien wird einer gründlichen Reinigung unterzogen. Fingerspitzengefühl zeigt Otto der Fröhliche nicht zuletzt in der immer heiklen Politik gegenüber der Wiener Judengemeinde: Als 1338 wieder einmal das wahnwitzige Gerücht einer Hostienschändung durch die Juden in Umlauf gesetzt wird, stellt er sich schützend vor die jüdische Gemeinschaft, die zum Dank dafür den Zinsfuß für Kredite herabsetzt (der sogenannte »Judenzinsrevers«).

Eine entscheidende Stärkung erfuhr die habsburgische Hausmacht 1335, als Otto der Fröhliche in Linz von Kaiser Ludwig dem Bayern mit dem Herzogtum Kärnten belehnt wurde. Da die unmittelbaren Nachbarn Österreichs, König Johann von Böhmen – der Schwiegervater Ottos des Fröhlichen – und König Karl Robert von Ungarn, diese für sie bedrohliche Machtausweitung der Habsburger nicht so ohne weiteres hinnehmen wollten, kam es zu Kämpfen; im Herbst 1336 konnten Verhandlungen in Freistadt und Enns jedoch den Frieden sichern.

Im Februar 1339 starb Otto der Fröhliche, und Albrecht II., aufgrund einer schweren Polyarthritis auch »der Lahme« genannt, war nunmehr Alleinherrscher über alle habsburgischen Länder, für die sich Wien endgültig als zentrale Residenzstadt etabliert und bewährt hatte. Albrechts Politik trug dieser Bedeutung der Stadt auch konsequent Rechnung: 1340 verlieh er den Wienern ein neues Stadtrechtsprivileg, das die Bestimmungen der älteren Stadtrechtsurkunden zusammenfaßte und somit auch heute noch einen repräsentativen Überblick zur Entwicklung des mittelalterlichen Wiener Stadtrechts gibt. Für eben dieses Jahr verzeichnen die Annalen mit dem schwerreichen Konrad Wiltwerker erstmals einen Bürgermeister, der aus dem Handwerkerstand zu diesem höchsten Amt in der Stadt aufgestiegen war.

Im selben Jahr 1340 konnte im Stephansdom endlich auch die Fertigstellung des sogenannten »Albertinischen Chors«, an dem seit 1304 gebaut worden war, gefeiert werden.

DIE PESTKATASTROPHE

Überschattet wurde die Regierungszeit Albrechts des Lahmen von verheerenden Katastrophen, die in kurzen Abständen über Stadt und Land hereinbrachen. Den Auftakt machten 1338 bis 1340 riesige Heuschreckenschwärme und Überschwemmungen; zu Pfingsten 1349 erfolgte schließlich der Ausbruch der Beulenpest, die von Italien aus Kärnten und die Steiermark ergriffen hatte und nun auch im Wiener Raum Angst und Schrecken verbreitete. Ihren Höhepunkt erreichte die Seuche im Sommer 1349, als täglich über 500 Menschen starben. Herzog Albrecht, der vor der Pest nach Purkersdorf flieht, verbietet die Bestattung der Pesttoten auf den städti-

8
Die Pest in Wien 1349. Holzschnitt.

schen Friedhöfen; Tausende von Toten werden in großen Massengräbern vor der Stadt in der Nähe des Bürgerspitals begraben. In Unkenntnis der tatsächlichen Infektionsmechanismen war die Wiener Bevölkerung dem Schwarzen Tod beinahe hilflos ausgeliefert; vielfach empfand man die todbringende Seuche als »Strafe Gottes«, dessen »Zorn« man durch intensive Bußübungen und Kasteiungen zu besänftigen suchte, wieder andere stürzten sich in ihrer Verzweiflung in ausschweifende Eß- und Trinkgelage.

Die Einwohnerzahl Wiens sank im Gefolge der Seuche empfindlich; zahlreiche Häuser, ja ganze Dörfer in der Umgebung der Stadt waren menschenleer, und ein spürbarer Arbeitskräftemangel in manchen Bereichen führte zum Ansteigen der Löhne. Wie so oft war man auch diesmal mit Schuldzuweisungen schnell bei der Hand – der Verdacht richtete sich wieder einmal gegen die Juden, denen man vorwarf, Quellen und Brunnen vergiftet zu haben. Herzog Albrecht jedoch blieb der Haltung seines Bruders Otto von 1338 treu und nahm auch jetzt die Juden unter seinen Schutz, so daß es zumindest in Wien zu keinen gewalttätigen Übergriffen kam. Verschlimmert wurde die Situation der Stadt 1350 noch durch einen verheerenden Brand, dem zahlreiche Häuser zum Opfer fielen; ein heftiger Sturm trug dabei die Flammen über die Stadtmauer hinweg bis in die umliegenden Dörfer.

Ein Hauptaugenmerk der Politik Albrechts des Lahmen galt der Schaffung günstiger Voraussetzungen für den Regierungsantritt seines ältesten Sohnes Rudolf (geboren 1339). Noch im Kindesalter wird dieser mit Katharina von Böhmen, der Tochter König Karls von Böhmen, des späteren Kaisers Karl IV., verlobt; auf einem großen Fürstenkongreß in Wien im Frühjahr 1353 erneuert Albrecht die Freundschaftsbündnisse mit Ungarn, Brandenburg und vor allem mit König Karl von Böhmen. Zu Ostern 1353 heiratet Rudolf in Prag Katharina; als Schwiegersohn des großen Luxemburgers hat der erst Vierzehnjährige nunmehr ein Nahverhältnis zum mitteleuropäischen Machtzentrum dieser Zeit.

Sein Vater versteht es indes geschickt, alle potentiellen Konflikte am Verhandlungstisch zu entschärfen, so auch 1357, als Karl IV. von Wien aus einen Kriegszug gegen Bayern beginnen will – Albrecht, später auch »der Weise« genannt, gelingt es, die streitenden Parteien auszusöhnen.

In einer Urkunde aus dem Jahre 1356 wird erstmals der »Äußere Rat« genannt, ein Kreis von 40 Personen, der die Bürger der Stadt (die *gemain*) bei wichtigen Entscheidungen unmittelbar vertritt und als Gegenpol zum »Rat« gedacht ist, der vor allem die Interessen der reichen, alteingesessenen Geschlechter schützt.

DAS REFORMPROGRAMM RUDOLFS IV.

Nach dem Tod seines Vaters im Sommer 1358 ging Rudolf, erst knapp 19 Jahre alt, zunächst nach Prag, um sich von seinem Schwiegervater Karl IV. mit den österreichischen Herzogtümern belehnen zu lassen; zurück in Wien, begann er mit unerhörter Energie sein Reformwerk, das die wirtschaftliche Entwicklung der habsburgischen Länder, vor allem aber auch Wiens, auf neue Grundlagen stellte: 1359 schafft er den Münzverruf, das Ersetzen von Münzen durch minderwertigere Prägungen, ab; im Gegenzug führt er das »Ungeld« ein, eine allgemeine Getränkesteuer. 1360 ermöglicht er in einem Privileg die Ablöse von Grundrenten (Burgrechten), die bis dahin als »ewige« Hypothekardarlehen für die Grundbesitzer ein sicheres Einkommen dargestellt hatten. Im Hinblick auf die zahlreichen öd liegenden Häuser, deren rasche Wiederbesiedlung er wünschte, gewährte er steuerfreie Jahre für Neubauten auf diesen Liegenschaften und ordnete im selben Jahr noch an, daß in Zukunft ausschließlich die Stadt Wien selbst – Bürgermeister und Räte – die Übertragung von Grund und Boden durchzuführen hätten (Grundbuchshoheit); für Neuzuwanderer wurde der Erwerb von Liegenschaften erleichtert. Nicht zuletzt trat Rudolf gegen das enorme Anwachsen des Kirchenbesitzes durch

9
Rudolf IV. auf seinem Reitersiegel.

10
Universitätssiegel von 1370.

11
Rudolf IV. in zeitgenössischer Darstellung. Tempera auf Pergament, 1365.

die beliebten Legate an geistliche Institutionen auf: In Hinkunft mußte dieser Grund (die sogenannte »tote Hand«) innerhalb eines Jahres an Laien verkauft werden. Um vor allem auch fremden Handwerkern die Ansiedlung in Wien schmackhaft zu machen, scheute er schließlich auch nicht davor zurück, die altehrwürdigen Handwerkerzechen und Einungen aufzuheben und die Gewerbehoheit dem Rat zu übergeben – eine gegen heftigen Widerstand der betroffenen Berufsstände dekretierte Regelung, die dann auch nach seinem Tod wieder rückgängig gemacht werden mußte.

Wichtige Änderungen setzte Rudolf 1361 mit einem »Gerichtsbarkeitsprivileg« im Bereich der Justizverwaltung durch: Die bis dahin zahlreichen nichtstädtischen Gerichtsbarkeiten im Stadtgebiet wurden in den meisten Fällen aufgehoben; die sogenannten »Freiungen« – Areale, innerhalb derer man von den städtischen Behörden nicht belangt werden konnte – wurden stark reduziert, ebenso die kirchlichen Rechtsbereiche. 1364 bestätigte er schließlich die Rechtskraft der vom Rat der Stadt durchgeführten Rechtsgeschäfte sowie der vom Rat gefällten Gerichtsurteile.

In Summe zeigten diese Reformen eine beinahe revolutionäre Tendenz, zielten sie im Grunde doch auf ein Aufbrechen des starren Korsetts, das der mittelalterlichen Stadt durch Kirche, Grundherrschaft und Handwerkerzechen auferlegt war. Rudolfs Maßnahmen sollten die nachhaltige Stärkung einer zentralen städtischen Verwaltung bewirken, die durch Bürgermeister und Rat repräsentiert wurde, bei gleichzeitiger Zurückdrängung der alten, überkommenen Abhängigkeitsverhältnisse.

Bei aller realpolitischen Konsequenz war Rudolf IV. doch auch der Kirche tief verpflichtet, die er in großartiger Weise förderte: 1359 legte er den Grundstein zum Bau des Südturms von St. Stephan, das durch die Errichtung eines Kollegiatkapitels in den Rang einer Propsteikirche erhoben wurde; für ihre Ausgestaltung läßt er zahlreiche Fachleute aus dem Ausland kommen, und nicht zuletzt kauft er – darin ganz Kind seiner Zeit – für die Stephanskirche zahlreiche Reliquien an, die jeweils am Sonntag nach Allerheiligen den Gläubigen vorgeführt werden.

Am 12. März 1365 unterzeichnete Rudolf IV. die Gründungsurkunden in deutscher und lateinischer Sprache für eine Hohe Schule, die Alma Mater Rudolphina, zu der die Stadt bald darauf ihre Zustimmung gab. Der neugegründeten Universität wurde zwar – nicht zuletzt auf Betreiben von Rudolfs Schwiegervater Kaiser Karl IV., der um die Bedeutung der Prager Universität fürchtete – von Papst Urban V. die Einrichtung einer theologischen Fakultät verweigert, dennoch begann in den Studienzweigen kanonisches und ziviles Recht, in Medizin und den Sieben Freien Künsten bald ein regelmäßiger Lehrbetrieb – die noch erhaltenen Universitätsmatrikel reichen zurück bis in das Jahr 1377. Einen ersten großen Aufschwung der Wiener Universität brachte schließlich die päpstliche Genehmigung theologischer Studien im Jahre 1384, da nun auch angesehene Universitätslehrer aus Paris und anderen Städten nach Wien kamen und die Zahl der Studenten stieg – um 1400 waren etwa 300 »Hörer« immatrikuliert.

12

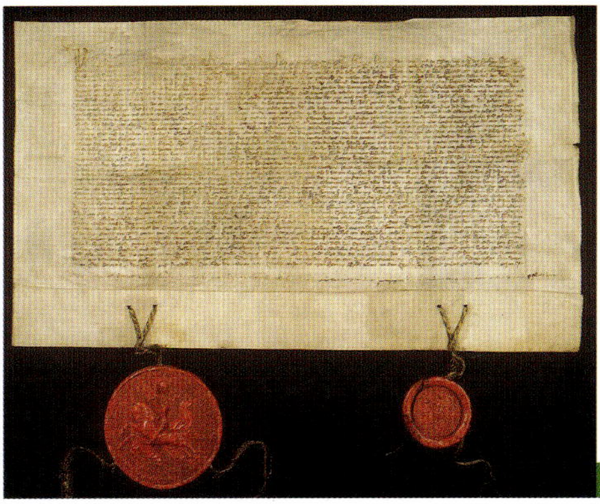

13

12
Ablaßurkunde für St. Stephan, 1339.

13
Grundsteinlegungsurkunde, 1359.

Rudolfs Ehrgeiz sah vor allem auch eine grundsätzliche Verbesserung der habsburgischen Position vor, die nach den Bestimmungen der 1356 von Kaiser Karl IV. erlassenen »Goldenen Bulle« nicht die allerbeste war: Die Habsburger waren nicht in den Kreis der Kurfürsten aufgenommen worden und drohten ins Abseits zu geraten. So ließ Rudolf bereits 1359 in seiner Kanzlei insgesamt fünf gefälschte Urkunden ausstellen, die in ihrer Gesamtheit als *Privilegium maius* bekannt wurden. Zu den Sonderrechten, die sich Rudolf in diesem »Großen Freiheitsbrief« selbst einräumte, zählten etwa Bestimmungen über die Unteilbarkeit des österreichischen Herzogtums, über die neuen Herrschaftssymbole (Zinkenkrone und Zepter) und über die Erbfolge nach den Regeln der Primogenitur. Als neuer Titel für den Herzog war »Pfalzerzherzog« vorgesehen. Diese deutliche Stärkung der landesfürstlichen Stellung der habsburgischen Dynastie ging gleichzeitig einher mit dem Versuch, so manche lästige Verpflichtungen für das Reich – etwa die Reichsheerpflicht – zu minimieren. Rudolf legte die Falsifikate seinem Schwiegervater Karl IV. zur Bestätigung vor, doch Francesco Petrarca, der gelehrte Dichter und Berater des Kaisers, erkannte die Fälschungen und riet zur Vorsicht – erst 1442 erfolgte durch Kaiser Friedrich III. die Bestätigung des *Privilegium maius.*

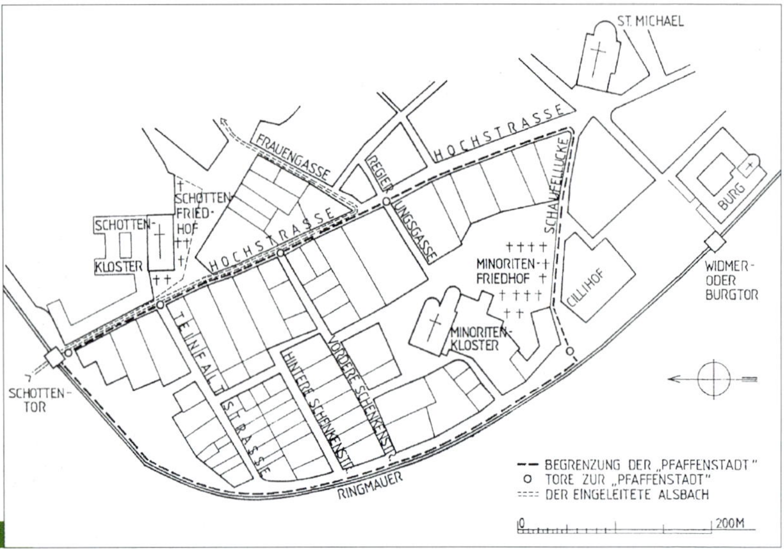

14

14
Die »Pfaffenstadt«, das von Rudolf IV. geplante Universitätsviertel.

15
Eintragung des Todes Rudolfs IV. im *Calendarium Capituli*, dem Totenverzeichnis *(Nekrologium)* des Kollegiatkapitels zu Allerheiligen bei St. Stephan, 1365. Die Gedächtniseintragung für den Herzog lautet: »D. Rudolfus dux et fundator noster«.

Dennoch blieben Rudolf auch außenpolitische Erfolge nicht versagt: 1363 übergab Markgräfin Margarete Maultasch ihm und seinen Brüdern die Herrschaft über die Grafschaft Tirol, womit sich das habsburgische Herrschaftsgebiet in diesem Jahrhundert noch einmal entscheidend vergrößerte. Margarete Maultasch (1318–1369), die letzte aus dem Geschlecht der Görzer Grafen, lebte bis zu ihrem Tode in einem Haus bei der Minoritenkirche. 1364 belehnte Kaiser Karl IV. Rudolf und seine Brüder Albrecht und Leopold mit Tirol.

Um unseligen Erbteilungen innerhalb der habsburgischen Hausmacht vorzubeugen, legte Rudolf 1364 die »Rudolfinische Hausordnung« fest, die eine gemeinsame Herrschaft aller Brüder vorsah, wobei für den jeweils ältesten Bruder eine gewisse Vorrangstellung vorgesehen war (Seniorat). Nicht ganz ein Jahr später sollte diese Regelung bereits die Probe aufs Exempel bestehen, denn völlig überraschend starb Herzog Rudolf im Juli 1365 während eines Aufenthalts in Mailand; sein Leichnam wurde nach Wien überführt und zu St. Stephan beigesetzt.

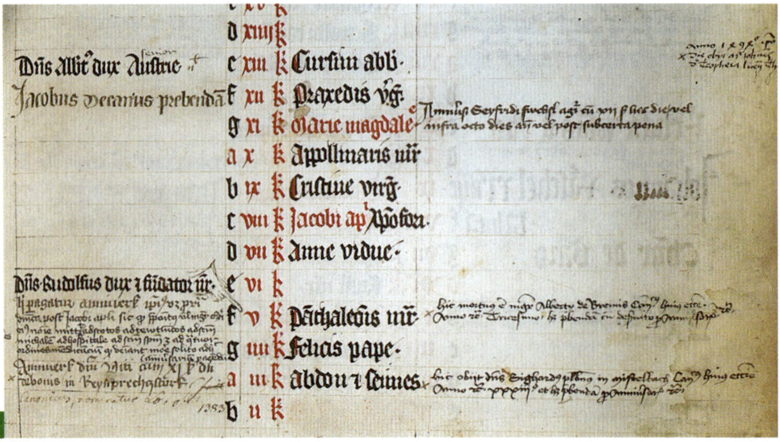

15

DURCH DIE WIRREN DES SPÄTMITTELALTERS

1

Die beiden ab 1365 gemeinsam die Regierungsgeschäfte führenden Brüder Albrecht III. und Leopold III. konnten an die Leistungen Rudolfs bei weitem nicht anschließen und verzettelten sich in Streitereien, eine Entwicklung, unter der letztlich auch Wien schwer zu leiden haben sollte. Nachdem man 1375 sogar eine Teilung der Stadt zwischen den beiden Brüdern überlegt hatte, kam es im September 1379 zum Teilungsvertrag von Neuberg an der Mürz: Österreich ob und unter der Enns sowie Wien sollten von Albrecht und seinen Nachkommen regiert werden (Albertinische Linie), Steiermark, Kärnten, Tirol und die habsburgischen Vorlande von Leopold und seinen Nachkommen (Leopoldinische Linie). Was Wien betrifft, so führte Herzog Albrecht III., der aufgrund seiner Zugehörigkeit zum »Zopforden«, einer ritterlichen Gesellschaft der Zeit, auch gerne mit einem prachtvollen Zopf in der Öffentlichkeit erschien, die Politik seines ältesten Bruders doch in gewissem Sinne weiter: Der Weiterbau von St. Stephan wurde von ihm gefördert, er erreichte von Papst Urban VI. die Bewilligung für eine theologische Fakultät in Wien, und auch er war bestrebt, die kommunalen Verwaltungsorgane weiter zu stärken. So greift er 1375 in einem Streit zwischen der Stadt und dem Schottenkloster zugunsten der Kommune ein, der er nun auch die hohe Gerichtsbarkeit (Blutgerichtsbarkeit) verleiht; ein wichtiges Privileg aus demselben Jahr betrifft die wichtige Frage der Steuer. Albrecht gesteht dem Rat zu, angesichts der hohen Verschuldung der Stadt eine Steuer einzuheben, deren Höhe der jeweiligen Vermögenssituation der Bürger angepaßt ist.

Für die wirtschaftlich wichtigen Jahrmärkte in Wien setzte Albrecht 1382 mit einem Jahrmarktsprivileg neue Impulse, als Termine für die beiden Jahrmärkte wurden Christi Himmelfahrt und der Katharinentag (25. November) festgelegt – für eine Stadt, die im internationalen Handel mehr und mehr an Gewicht gewann, eine bedeutsame Entscheidung. Um die Attraktivität dieser Termine auch für das Publikum zu erhöhen, verfiel man auf ein besonderes

2
Herzog Albrecht III. »mit dem Zopfe« (1349/50–1395) im Gebet. Nachzeichnung eines Glasfensters in der St. Erhardskirche in Breitenau (Steiermark).

3
Das durch die Herzöge Wilhelm, Leopold III. und Albrecht IV. von Österreich ausgestellte Ratswahlprivileg von 1396 sah die jährliche Neuwahl des Bürgermeisters und der Ratsherren sowie die paritätische Zusammensetzung des Inneren Rates aus dem Kreis der Kaufleute, Erbbürger und Handwerker vor.

Spektakel als Begleitveranstaltung: das legendäre »Scharlachrennen«. Dabei handelte es sich um ein Pferderennen, das von St. Marx entlang des »Rennwegs« zum Wienfluß führte und wieder zurück; als Preis winkte dem Sieger ein wertvolles Scharlachtuch. Im Anschluß an die Pferde liefen zum Gaudium des Publikums die *freyen knecht* und dann – als Höhepunkt dieses sportlichen Wettstreits – auch die Wiener Dirnen *(freyen töchtterl)* um die Wette – immerhin lockte als Siegespreis je ein Stück Barchent. Ein letztes Mal bezeugt ist das Scharlachrennen für das Jahr 1534.

Das Jahr 1386 wurde für die Habsburger zum Jahr der großen Niederlage im Westen: In der Schlacht bei Sempach besiegten die Schweizer ein österreichisches Ritterheer unter Leopold III., der im Kampf fiel; Herzog Albrecht III. konnte daraufhin die habsburgischen Länder wiederum in seiner Hand vereinigen, aber auch die Ansprüche der drei ältesten Söhne des Gefallenen, Wilhelm, Leopold und Ernst, mußten Berücksichtigung finden – sie wurden noch 1386 mit der Herzogswürde betraut. Die Lage spitzte sich zu, als im August 1395 Herzog Albrecht III. in Laxenburg verstarb. Sein einziger Sohn, der achtzehnjährige Albrecht (IV.), sollte ihm laut Erbrecht in der Herrschaft über Österreich folgen, doch dagegen trat sein Cousin Wilhelm, der älteste Sohn Leopolds III., entschieden auf: Als dem »Älteren« – Wilhelm war ein junger Mann von 25 Jahren – würde ihm die Herrschaft gebühren. Der Streit wurde mit großer Heftigkeit geführt und entzweite schließlich auch die Wiener Bevölkerung, die von den einzelnen Parteien heftig umworben wurde. Die Stadt neigte Wilhelm und der Leopoldinischen Linie zu, während der österreichische Adel den jungen Albrecht IV. unterstützte. Der Ausbruch von Feindseligkeiten konnte durch einen neuerlichen Vertrag, abgeschlossen 1395 in Hollenburg, noch einmal verhindert werden; gemeinsam – wohl als Tribut an ihre Wiener Sympathisanten und Anhänger – unterzeichnen die drei Herzöge Wilhelm, Leopold IV. und Albrecht IV. im Februar 1396 das sogenannte »Ratswahlprivileg«, in dem die formalen Grundlagen für die Wahl des Bürgermeisters und des Rats sowie die Zusammensetzung dieser Institution festgelegt werden: Bürgermeister und Rat sollen von nun an jährlich gewählt werden; zu jeweils einem

1
Hinrichtung des Bürgermeisters Vorlauf und seiner Gefährten. Aus: Bermann, *Geschichte Wiens*.

4
Ernst der Eiserne und seine Gemahlin Zimbergis, Prinzessin von Masowien, erlegen mit Spießen einen Bären. Stich nach einem Gemälde von Karl Kuß. Aus: *Taschenbuch für die vaterländische Geschichte*, 1. Jg., 1820.

Drittel soll der Rat durch Angehörige der wohlhabenden Erbbürger, der Kaufleute und des Handwerkerstandes besetzt sein; wahlberechtigt sind alle Mitglieder der *gemein*, der Bürgerschaft. Insbesondere die vorgeschriebene Drittelparität, die nun auch der ärmsten Schicht, den Handwerkern, die Teilnahme ermöglichte, erwies sich in der Folge als sehr hilfreich – sie trug wesentlich dazu bei, daß es in Wien nicht zu Kämpfen zwischen einzelnen Bevölkerungsschichten aufgrund sozialer Ungleichgewichte kam, wie dies in anderen mittelalterlichen Städten immer wieder der Fall war. Als erster Bürgermeister wurde nach der neuen Wahlordnung Paul Würfel gewählt; er amtierte 1396/97.

ERSTMALS EIN BÜRGERMEISTER HINGERICHTET

Das mühsam aufrechterhaltene Gleichgewicht zwischen den einander eifersüchtig beobachtenden Herzögen ging mit dem Ableben von Albrecht IV. (1404) und dem Unfalltod von Herzog Wilhelm (1406) – er wird von einem fallenden Pferd erdrückt – zu Bruch; der neu entflammte Streit tobte nun um die Vormundschaft für den minderjährigen Herzog aus der Albertinischen Linie, den Sohn Albrechts IV., ebenfalls mit Namen Albrecht (geb. 1397), und entzweite Leopold IV. und seinen jüngeren Bruder Ernst, bekannt unter dem Beinamen »der Eiserne«. Sowohl Leopold als auch Ernst hatten in Wien eine starke Anhängerschaft: Die Handwerker und Taglöhner unterstützten Leopold, Ernst der Eiserne wurde von den reichen Ratsbürgern, von den Klöstern und Studenten favorisiert.

Als im Jänner 1408 die Handwerker revoltieren und die Herrschaft Leopolds IV. durchsetzen wollen, läßt Bürgermeister Konrad Vorlauf fünf ihrer Anführer, einen Krämer, einen Schneider, einen Gürtler, einen Sattler und einen Waffenmacher, auf dem Hohen Markt enthaupten – er meint damit die Sache Herzog Ernsts zu unterstützen und zählt auf dessen Schutz. Doch Konrad Vorlauf gerät nun auf tragische Weise zwischen die Fronten: Leopold IV. zieht im Frühsommer 1408 in Wien ein, das einfache Volk jubelt ihm zu und verlangt gleichzeitig Rache für die Hingerichteten des Jänners. Der Herzog, durch neu festgesetzte hohe Abgaben auf den Wein nicht gerade beliebt, gibt dem Drängen nach – Bürgermeister Konrad Vorlauf, der ehemalige Bürgermeister Hans Rockh und der Baumeister Konrad Rampersdorfer werden verhaftet und am 11. Juli 1408 auf dem Schweinemarkt, dem heutigen Lobkowitzplatz, zuerst geblendet und dann enthauptet; ihr Besitz wird von Leopold IV. konfisziert. Ernst der Eiserne rührt für seinen treuen Parteigänger Vorlauf keinen Finger; im habsburgischen »Bruderzwist« ist die Wiener Bürgerschaft zum Spielball landesfürstlicher Machtkämpfe geworden; der »Schutz« durch den Landesherrn eine zweischneidige Sache.

1409 söhnten sich Leopold IV. und Ernst der Eiserne endgültig aus, ein Schiedsspruch der österreichischen Landstände bestimmte, daß sie gemeinsam die Vormundschaft über Albrecht zu führen hätten. Als die beiden Herzöge sich im April 1411 weigern, diese Vormundschaft wie vereinbart zurückzulegen, entführen die niederösterreichischen Landstände den vierzehnjährigen Albrecht kurzerhand nach Eggenburg und erklären ihn hier für großjährig. Die Lage entwickelt sich für Albrecht (V.) unerwartet günstig: Herzog Leopold IV. stirbt Anfang Juni 1411 an einem Aderlaß; einige Tage später zieht Albrecht unter großem Jubel als neuer Landesherr in Wien ein. Ernst der Eiserne und der jüngste der Söhne Leopolds III., Herzog Friedrich IV. mit der leeren Tasche, verzichten schließlich auf weitere Ansprüche und geben sich mit ihren Herrschaftsbereichen, Steiermark bzw. Tirol, zufrieden.

Die Situation Wiens beim Regierungsantritt Albrechts V. war schwierig: Mährische Raubritter hatten 1408 das Umland der Stadt unsicher gemacht und zahlreiche Transporte Wiener Kaufleute überfallen; 1410/11 wütete wieder die Pest in der Stadt, und Unruhe im religiösen Bereich machte sich breit: Hieronymus von Prag, ein Schüler des tschechischen Reformators Jan Hus, predigte 1410 in Wien, mußte jedoch die Stadt bald wieder verlassen, da ein Ketzerprozeß gegen ihn eingeleitet worden war.

1412 bestätigte Herzog Albrecht V. die Rechte und Freiheiten der Stadt, ohne jedoch neue Privilegien zu gewähren; die wirtschaftliche Lage gestaltete sich inzwischen zunehmend schwieriger, Mißernten zu Beginn des Jahrhunderts hatten zu empfindlichen Teuerungen und Münzverschlechterung geführt; auch der Weinhandel warf nicht mehr die Gewinne von früher ab, da dieser allmählich in die Hände kapitalkräftiger oberdeutsche Kaufleute überging. Dazu kamen als neue militärische Bedrohung die Hussiten, die auf ihren Kriegszügen tief ins nördliche Niederösterreich vorstießen und eine Spur der Verwüstung hinterließen.

MASSENMORD AN DEN JUDEN

Gerüchte um eine angebliche Hostienschändung in Enns nützte Albrecht V. als willkommenen Vorwand zur Vernichtung der mittelalterlichen Wiener Judengemeinde, ein Ereignis, das zu den dunkelsten Kapiteln der Wiener Stadtgeschichte zählt: Tatsächlich verdächtigte Albrecht vermutlich – aufgehetzt durch Berichte der theologischen Fakultät der Universität – die Wiener Juden, Waffen an die Hussiten zu

5
Keine »Erfindung« des 20. Jahrhunderts: politisch motivierter Genozid, »gerechtfertigt« durch angebliche Verletzung religiöser Gefühle – Judenmord 1421 in Wien. Hostienschändung und Hinrichtung von Juden durch das Feuer. Aus: Schilling, *Luzerner Bilderchronik*.

liefern bzw. diese finanziell zu unterstützen. Im Mai 1420 befahl er die Gefangennahme aller Juden im Lande ob und unter der Enns, konfiszierte ihren Besitz und verwies sie des Landes; die Wiener Juden mußten Ende Juni ihre Häuser verlassen, sie wurden auf Schiffe ohne Ruder gebracht, die man donauabwärts nach Ungarn treiben ließ. Die verbliebenen reichen Juden aus dem Ghetto Am Hof wurden nach einem erfolglosen Feldzug Albrechts gegen die Hussiten im Hochsommer 1420 grausam gefoltert, da man sie zum Verrat ihrer Geldverstecke zwingen wollte; um den Folterqualen zu entgehen, kam es am Tag des Laubhüttenfests (23. September) zu einem Massenselbstmord. Die Verfolgung der Juden hielt den ganzen Winter 1420/21 über an und fand schließlich ihren schrecklichen Höhepunkt am 12. März 1421: Auf

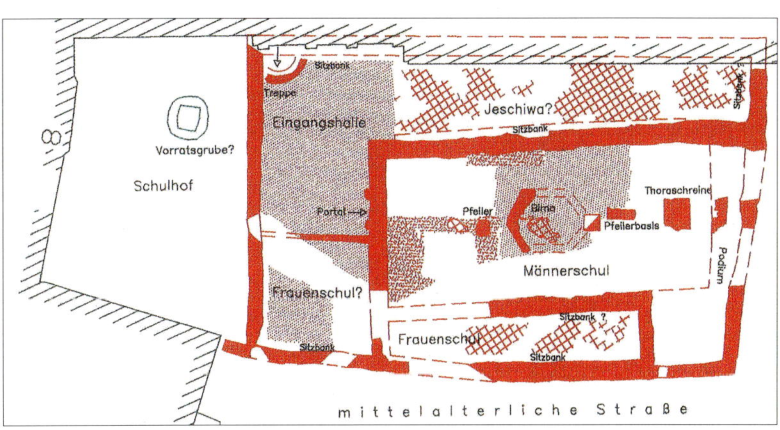

6
Die 1421 zerstörte Synagoge auf dem Judenplatz im Grundriß.

Synagoge

7
Der Hohe Markt mit der Schranne und dem Balkon, auf dem das Urteil öffentlich verkündet wurde. Illustration aus: Bermann, *Geschichte Wiens.*

der Gänseweide in Erdberg werden über 200 Männer und Frauen auf riesigen Scheiterhaufen verbrannt; am 19. März erleiden weitere 19 jüdische Männer und Frauen den qualvollen Feuertod – die mittelalterliche Wiener Judengemeinde existierte nicht mehr; das Ghetto wurde aufgelöst; die Liegenschaften und Häuser der Juden von Albrecht V. verkauft. Die Synagoge riß man ab, ihre Steine verwendete man beim Bau der Universität.

Bis heute sind die Motive Albrechts V. für dieses beispiellos grausame Vorgehen gegen die Juden, das als »Wiener Geserah« in die Geschichtsschreibung einging, ungeklärt. Mit einem Schlag zerstörte er über Jahrhunderte gewachsene Strukturen, die den habsburgischen Herzögen bis dahin immer zum Vorteil gereicht hatten: Aus dem »Judenregal« – dem landesfürstlichen Privileg, die Juden zu schützen und dafür mit Abgaben und Steuern belegen zu können – hatte man Jahr für Jahr gewaltige Summen lukriert; ohne die Kapitalkraft der reichen Juden hätte man etwa zahlreiche kriegerische Unternehmungen des Herzogtums nicht finanzieren können. Der Schutz, den der Herzog »seinen« Juden immer angedeihen ließ, hatte daher nicht nur Tradition, er entsprach auch der Staatsräson – für diese Politik standen Albrecht II. und auch Rudolf der Stifter, die im Judenregal zu Recht ein Instrument erblickten, das die Macht des Landesfürsten hob und vor allem seine Stellung gegenüber den Adeligen stärkte.

Die Hinrichtungsstätten im alten Wien

Am Tabor: Ertränken durch Sturz von der alten Brücke beim Tabor.
Gänseweide in Erdberg: Tod durch Verbrennen. Am 12. März 1421 finden hier über 200 Wiener Juden den Tod.
Schweinemarkt (heute Lobkowitzplatz): Enthauptungen. Prominentestes Opfer: 1408 Bürgermeister Konrad Vorlauf.
Hoher Markt: Vierteilen und Enthaupten. Prominentestes Opfer: 1463 Bürgermeister Wolfgang Holzer (gevierteilt).
Spinnerin am Kreuz auf dem Wienerberg: Hängen und Rädern.
Rabenstein in der Roßau: Hängen, Rädern und Enthaupten.
Getreidemarkt: Hinrichtungsplatz für Militärpersonen - Erschießungen.
Stadtgraben: Standrechtliche Erschießungen.

Die Jahre nach der Judenverfolgung von 1420/21 sind überschattet von den Kämpfen gegen die Hussiten, was für Wien vor allem ein erhöhtes Steueraufkommen bedeutete;

allein 1424 muß die Stadt für einen Feldzug Albrechts V. 16.000 Gulden zusätzlich aufbringen; 1428 stehen die tschechischen Glaubenskrieger unter der Führung von Prokop dem Großen am nördlichen Donauufer bei Jedlesee und beschießen Nußdorf; nach der Zerstörung einiger Dörfer am Bisamberg ziehen sie jedoch wieder ab. Die Lehre ihres großen Reformers Jan Hus, der 1415 auf dem Konzil von Konstanz verbrannt worden ist, findet in Wien und Niederösterreich kaum Anklang – zu sehr fürchtet man die Greueltaten der fanatischen hussitischen Soldateska. Aus Angst vor weiteren hussitischen Angriffen wird 1435 die Wiener Stadtbefestigung verstärkt, eine unmittelbare Bedrohung Wiens ist jedoch in den folgenden Jahren nicht mehr gegeben.

1422 hatte Albrecht V. im Stephansdom – dessen Südturm 1433 fertiggestellt wird und von nun an das eindrucksvolle Wahrzeichen Wiens ist – Elisabeth, die Tochter des deutschen Königs Sigmund, geheiratet, der zugleich auch König von Ungarn und Böhmen war. Mit dieser Eheschließung sollte es den Habsburgern nach über hundertjähriger Pause gelingen, auf den deutschen Königsthron zurückzukehren: Im Dezember 1437 starb der Luxemburger Sigmund, der keine männlichen Erben besaß, und sein Schwiegersohn Albrecht V. folgte ihm zunächst als König von Böhmen; am Neujahrstag 1438 wurde er auch zum König von Ungarn gekrönt, und am 18. März 1438 wurde er von den Kurfürsten in Frankfurt am Main zum römisch-deutschen König gewählt; nach kurzer Bedenkzeit nahm Albrecht die Wahl an – Wien war damit wieder zur Residenzstadt des Heiligen Römischen Reiches geworden und sollte es für die folgenden Jahrhunderte auch bleiben, ein Umstand, der die Entwicklung der Stadt entscheidend beeinflußte. Wien wurde zu einem Zentrum europäischer Kultur, der Hof der Habsburger zog zahlreiche Künstler, Wissenschaftler und Gelehrte aus aller Herren Länder an, die sehr oft auch hier ihre großen Leistungen vollbrachten. Die Nachricht von der Wahl Albrechts wurde denn auch von der Wiener Bevölkerung mit großem Jubel begrüßt, ein Festakt zu St. Stephan brachte den Dank für dieses Ereignis zum Ausdruck.

Im Sommer 1439 brach Albrecht zu einem Feldzug gegen die Türken in Südungarn auf, erkrankte jedoch im Sumpfgebiet um Szegedin *(Szeged)* an der Ruhr und erlag dieser im Oktober 1439 – seine Frau, Königin Elisabeth, war schwanger und gebar im Februar 1440 einen Sohn, der als Ladislaus Postumus (1440–1457) in die Geschichte einging.

Wien im Spätmittelalter – ein Augenzeugenbericht

In der Stadt gibt es zahlreiche Kirchen mit vielfältigen Reliquien und anderen Schätzen, der Klerus ist mit reichen Pfründen ausgestattet. Die Stadt gehört zur Diözese Passau, wobei die Tochter- größer als die Mutterkirche ist. Sehr viele Häuser verfügen über eigene Kapellen und Priester ... In der Stadt gibt es eine Hohe Schule (Universität) für die artes liberales, für Theologie und für Kirchenrecht ...

Die Bevölkerung der Stadt umfaßt etwa 50.000 Kommunikanten. Der aus 18 Personen bestehende Rat wird gewählt, danach der Richter und der Bürgermeister, alle werden danach nach Ablegung ihres Eides vom Herrscher bestätigt ...

Aus einem Brief des Enea Silvio Piccolomini, um 1438

Tatsächlich befand sich das Land nun in einer heiklen Situation, und wieder einmal kam es unter den habsburgischen Herzögen zum Streit um die Vormundschaft für ein unmündiges Kind. Auch diesmal stand Wien im Mittelpunkt der Wirren, die durch diesen Konflikt ausgelöst wurden. Wichtigster Protagonist in diesem Ringen war der älteste Sohn des 1424 verstorbenen Herzog Ernsts des Eisernen, Friedrich V., der 1440 den deutschen Thron bestieg und 1452 als Friedrich III. zum Kaiser gekrönt werden sollte. Noch im Dezember 1440, also schon einige Monate vor der Geburt des Ladislaus Postumus, empfingen die Wiener Bürger Friedrich feierlich in ihrer Stadt; er ließ zunächst die Burg ausbauen und hier einige Male die berühmte Buchstabenfolge AEIOU *(Austria erit in orbe ultima)* anbringen. Doch seine Herrschaft erregte bald die Unzufriedenheit des Adels in Österreich ob und unter der Enns, vor allem war es die Hilflosigkeit, mit der Friedrich dem Räuberunwesen der Zeit gegenüberstand, die die Stände erzürnte.

Ladislaus Postumus wurde noch als Säugling zum König von Ungarn gekrönt, die Vormundschaft für ihn übernahm Friedrich (bis 1452), dem nun in seinem Bruder Albrecht (VI.) ein gefährlicher Konkurrent erwuchs. Es kam zu zahlreichen Fehden zwischen den verfeindeten Gruppierungen; beide Rivalen warben um die Gunst Wiens; Friedrich III. bestätigte 1443 die Privilegien der Stadt, was ihn aber bei den Wienern, die durch den Niedergang der Wirtschaft im Gefolge der unsicheren politischen Lage schwer getroffen wurden, nicht unbedingt beliebter machte. Dazu kam, daß die Kaufleute aus dem von Friedrich so hoch geschätzten Wiener Neustadt einen regelrechten »Handelskrieg« gegen ihre Wiener Konkurrenten führten, indem sie aus Venedig kommende Luxuswaren einfach beschlagnahmten.

Die Wiener Bevölkerung hoffte auf den jungen Sohn Albrechts V., und im Herbst 1451 verlangten die österreichischen Stände, die sich unter der Führung des mächtigen Adeligen Ulrich von Eyczing im »Mailberger Bund« zusammenschlossen, die Herausgabe des knapp zwölfjährigen Königs. Als Friedrich dies verweigert, erklären die Stände Ladislaus Postumus für mündig und feiern ihn als Landesfürsten, gemeinsam mit den ungarischen und böhmischen Ständen verbündet man sich gegen den Kaiser. Am 17. Dezember 1451 kündigt die Stadt Wien Friedrich III. die Treue auf.

Unbeeindruckt von dieser dramatischen Entwicklung zog Friedrich nach Rom, um sich hier zum Kaiser krönen zu lassen, sein Mündel nahm er vorsorglich mit. Nach seiner Rückkehr spitzte sich die Lage jedoch weiter zu: Ende August 1452 marschiert ein ständisches Heer vor den Mauern Wiener Neustadts auf und verlangt neuerlich die Herausgabe von Ladislaus; angesichts der Übermacht gibt Friedrich schließlich nach und liefert sein Mündel den Ständen aus; am 6. September 1452 wird Ladislaus Postumus festlich in Wien empfangen; die ganze Stadt ist auf den Beinen, um den jungen Regenten, an dessen Person sich so viele Hoffnungen knüpfen, mit Geschenken, mit Gesang und Tanz zu begrüßen – einer jener wenigen Momente in der Geschichte Wiens, in denen eine letztlich im Irrationalen wurzelnde

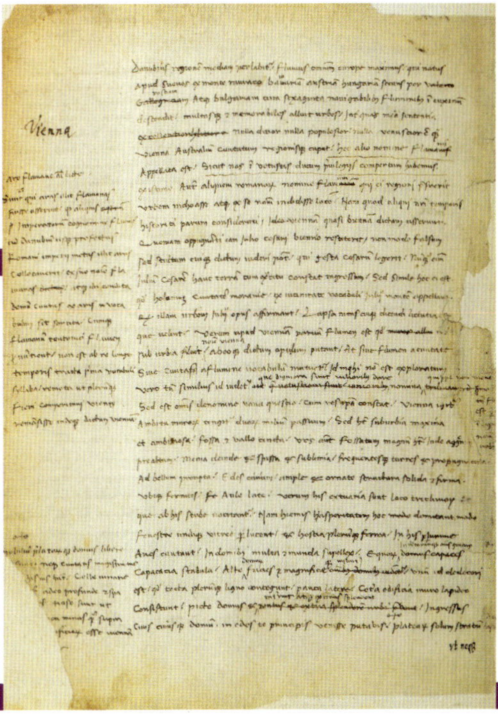

8
Ladislaus Postumus, dessen Nachfolge zum Zankapfel zwischen Friedrich und Albrecht wurde. Brustbild, ca. 1460.

9
Porträt Friedrichs III.: Öl auf Holz, ca. 1468.

10
Enea Silvio Piccolomini, *Historia australis*, Österr. Nationalbibliothek, Cod. 3365, fol. 1v. Das Geschichtswerk des Geheimschreibers Friedrichs III. und späteren Papstes Pius II. enthält eine genaue Beschreibung Wiens.

Begeisterung zumindest für den Augenblick völlig über die triste Realität triumphierte.

Mißernten und ein dramatischer Münzverfall verschlechterten die Lage Wiens inzwischen weiter; sogenannte »Schinderlinge« wurden in Umlauf gebracht, Münzen, die nur mehr ein Zwanzigstel des Silbergehalts der Prägungen von 1435 enthielten. König Ladislaus Postumus, kaum den Kinderkrankheiten entwachsen, konnte an dieser Misere wenig ändern, er war auf seine Berater angewiesen, die sich gegenseitig bekriegten; die Protagonisten in diesem Ringen der Adeligen: Ulrich von Eyczing und ein Onkel von Ladislaus, Graf Ulrich II. von Cilli, der 1456 von Ladislaus Hunyadi, dem Reichsverweser Ungarns, ermordet wird.

Nach der Teilnahme an einem »Kreuzzug« gegen die Türken 1456/57 kehrte Ladislaus zu Pfingsten 1457 nach Wien zurück, als Gefangener in seinem Troß der vierzehnjährige Bruder des hingerichteten ungarischen Reichsverwesers Jan Hunyadi, Mátyás Hunyadi, den er in der Wiener Burg, später auf Burg Gutenstein einkerkern läßt. Ladislaus Postumus ist nunmehr siebzehn, und die Hochzeit mit Magdalena, der Tochter König Karls VII. von Frankreich, soll im Herbst in Prag stattfinden, doch noch vor der Hochzeit stirbt er völlig unerwartet am 23. November 1457.

In Wien war die Trauer um Ladislaus Postumus groß, größer jedoch das Chaos, das nun über die Stadt und die österreichischen Länder hereinbrach: Albrecht VI., der schon

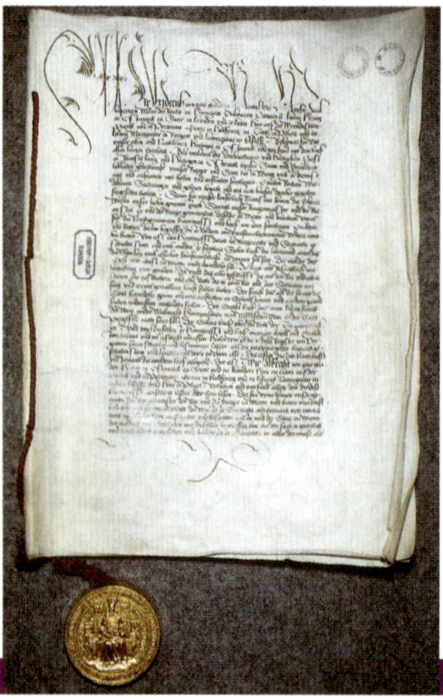

11
Pancarta von 1460. Im Bruderzwist mit Albrecht VI. suchte Friedrich III. die Bürger Wiens durch Bestätigung ihrer Privilegien für sich zu gewinnen.

12
Friedrichs Wappenbrief von 1461 verlieh Wien das Recht, den doppelköpfigen Adler im Wappen zu führen.

zu Lebzeiten von Ladislaus in Wien aufgetaucht war und hier seine Fäden gesponnen hatte, versucht jetzt seine Machtansprüche durchzusetzen; die Stände verhalten sich zunächst abwartend. Im Sommer 1458 treffen sich die beiden Brüder Friedrich III. und Albrecht VI. sowie ihr Vetter, Herzog Sigmund von Tirol, in Wien zu wochenlangen Verhandlungen, die schließlich ergebnislos abgebrochen werden, da Albrecht und Sigmund auf ihren Herrschaftsrechten über Wien beharren; schließlich wird Wien aber doch dem Kaiser zugesprochen, der 1460 wiederum ein Zeichen setzt: In der sogenannten »Pancarta« bestätigt er die Rechte und Freiheiten der Stadt.

Albrecht VI. jedoch war keineswegs gewillt, das Feld kampflos zu räumen: 1461 steht er mit einem Heer vor Wien, sein Angriff wird aber beim Stubentor von den Wiener Bürgern abgewiesen. Friedrich bedankt sich für diese tatkräftige Hilfe mit der Verleihung eines neuen Wappens, das nunmehr einen goldenen Doppeladler auf schwarzem Grund zeigt.

Ein Jahr später hat sich die Situation geändert: In der Stadt selbst hat nun die albertinische Partei die Oberhand, an ihrer Spitze als neuer Bürgermeister Wolfgang Holzer, ein ehemaliger Viehhändler und Parteigänger des Ulrich von Eyczing. Friedrich III. ernennt zunächst einen »Gegenbürgermeister«, muß aber schließlich Holzer als Bürgermeister akzeptieren, der die ganze *gemein* hinter sich hat. Als plündernde Soldaten des Kaisers vor allem während der Weinlese schwere Schäden verursachen, sagt sich die Stadt von Friedrich los und beginnt mit der Belagerung der Wiener Burg; Unterstützung erhält sie von Albrecht VI., der mit seinem Heer in der Stadt einzieht; das Erscheinen eines böhmisches Heeres unter König Georg von Podiebrad *(Jiři z Poděbrady)* und dem Söldnerführer Andreas Baumkircher zwingt Albrecht jedoch zur Aufnahme von Verhandlungen in Korneuburg: Sie enden mit einem Kompromiß: Albrecht gibt alle eroberten Festungen zurück, erhält dafür aber die Herrschaft in Österreich – nach siebenwöchigem Ausharren in der belagerten Burg kann Friedrich III. mit seiner Frau und dem

13
Rekonstruktion des Baubestandes der Hofburg im 15. Jahrhundert. Stich von Heinrich Bültemeyer, Ende 19. Jhdt.

14
Die Hofburg im Jahre 1458.

kleinen Sohn Maximilian am 4. Dezember 1462 abziehen; am Stephanitag 1462 leistet die Stadt Wien Erzherzog Albrecht VI. den Treueeid.

Doch die erhoffte Beruhigung der Lage trat nicht ein: Söldnerführer, die von Albrecht trotz Einführung einer neuen Landessteuer nicht bezahlt werden konnten, verwüsteten das Umland Wiens; einem neuen dramatischen Höhepunkt steuerte die Entwicklung zu Ostern 1463 zu, als Bürgermeister Wolfgang Holzer – angeblich durch eine größere Geldsumme verlockt – den Verrat plante und auf die kaiserliche Seite einschwenken wollte: Albrecht entdeckt den Plan, Holzer muß die Stadt verlassen, wird jedoch gefangengenommen und am 15. April 1463 zusammen mit fünf weiteren vornehmen Bürgern, darunter die zwei ehemaligen Bürgermeister Oswald Reicholf und Sebastian Ziegelhauser, auf dem Platz Am Hof hingerichtet; als Verräter wird Holzer gevierteilt, die vier Teile seines Leichnams werden vor den Toren der Stadt aufgepflanzt.

Die ältesten Donaubrücken

1439 ließ Herzog Albrecht V. über den Hauptarm der Donau erstmals eine Brücke schlagen; bis dahin gab es nur Überfuhren (Urfahren).

Auf dem Weg nach Norden waren im Spätmittelalter folgende Brücken zu passieren: 1) die Schlagbrücke (jetzt Schwedenbrücke) beim Roten Turm über den heutigen Donaukanal (die älteste Donaukanalbrücke); 2) die Lange Brücke (im Bereich Gaußplatz); 3) die Kleine Brücke; die Wolfsbrücke (bei der heutigen Floridsdorfer Brücke).

1683 Zerstörung eines Teils der Brücken im Verlauf der Zweiten Türkenbelagerung.

1698 Errichtung von 3 neuen Brücken weiter flußabwärts. Der Verkehr strömte über die heutige Taborstraße bis zum Neuen Tabor (2, Am Tabor), wo sich die Mautstelle befand, und von hier aus über die Brücken ans jenseitige Donauufer.

1870–1875 Errichtung der Franz-Josephs-Brücke (heute Floridsdorfer Brücke) und der Kronprinz-Rudolf-Brücke (heute Reichsbrücke) sowie von 3 Eisenbahnbrücken (Nordbahnbrücke, Nordwestbahnbrücke, Stadlauer Brücke).

Die nunmehr gegebene Pattstellung zwischen Erzherzog und Kaiser, der sich in seinem »allzeit getreuen« Wiener Neustadt aufhielt, dauerte das ganze Jahr 1463 über an; der überraschende Tod Albrechts, dem viele Wiener die Hinrichtung angesehener Bürger nicht verzeihen konnten, am 2. Dezember des Jahres – Gerüchte über einen Giftanschlag wurden verbreitet – beendete einen Konflikt, der Wien und sein Umland an den Rand des Abgrunds geführt hatte. Im Februar 1464 leistete die Stadt wiederum Kaiser Friedrich III. den Treueeid; jene Bürger, die in den Kriegswirren treu zum rechtmäßigen Herrscher gestanden waren, erhalten nun ihre Güter zurück; jene, die gegen ihn aufgetreten sind oder gekämpft haben, ziehen im April 1465 nach Wiener Neustadt und bitten Friedrich III. kniefällig um Vergebung, die ihnen schließlich auch gewährt wird.

Als Ergebnis des Bürgerkriegs konnte Wien wenig vorweisen – die zahlreichen Schäden in den Weingärten und umliegenden Dörfern mußten behoben werden. Schlimmer jedoch wog ein realpolitischer Umstand: Die Stadt hatte im Zwist zwischen den habsburgischen Brüdern ihre singuläre Machtstellung innerhalb des Herzogtums in hervorragender Weise ausgespielt, letztlich mußte man jedoch die überlegene Position des Landesfürsten zu Kenntnis nehmen – man bat wieder um Gnade, im Wechselspiel der Kräfte zwischen Regenten und Stadtbürger schlug das Pendel zugunsten des ersteren aus.

Eine entscheidende Verbesserung der Stellung Wiens im kirchlichen Verwaltungsbereich gelang 1469: Auf Bitte Friedrichs III. und gegen den Widerstand Passaus erlaubte Papst Paul II. die Gründung des Bistums Wien, das damit zum Sitz eines Bischofs wurde. Zum ersten Träger dieser Würde wurde Graf Leopold von Spaur bestimmt, der jedoch das Amt wegen mangelnd dotierter Pfründe nicht antrat; statt seiner walteten Administratoren im neuen Bistum. St. Stephan, bis dahin eine Propsteikirche, avancierte nun zur Kathedrale; die alte Kollegiatsstiftung wandelte sich zum Domkapitel. Die schon seit der Babenbergerzeit immer wieder angestrebte Loslösung von Passau war damit endlich Realität, die Residenzstadt der Habsburger damit auch zu einem kirchlichen Verwaltungszentrum geworden.

15
Die Flucht nach Ägypten mit einer Ansicht Wiens von Süden. Tafel vom Flügelaltar des Meisters des Schottenstifts, um 1469.

16
Bulle Papst Pauls II. über die Bistumserrichtung 1469.

15

16

17
Matthias Corvinus schlägt 1488 im Stephansdom den Schweizer Gesandten Melchior Ruß zum Ritter. Aus: Diebold Schilling, *Luzerner Bilderchronik*, 1511–1513.

18
Drei Jahre lang belagerte der Ungarnkönig Matthias Corvinus Wien, ehe er 1485 in die Stadt einziehen konnte. Nach einem Gemälde von Andrea Mantegna.

MATTHIAS CORVINUS IN WIEN

Nur kurz währte der Friede nach den blutigen Ereignissen der Jahre 1461 bis 1463. Auslösendes Moment war wiederum ein Todesfall: 1471 starb der Böhmenkönig Georg von Podiebrad, seine Nachfolge wollte Matthias Corvinus, seit 1458 König von Ungarn, antreten – ein Ansinnen, das ihn unvermeidlich in eine scharfe Frontstellung zum Kaiser bringen mußte. Wie immer verhielt sich Friedrich III. zunächst passiv und wartete den Angriff des Ungarnkönigs ab, der im Sommer 1477 mit der Eroberung von zahlreichen Orten und Festungen im östlichen Niederösterreich begann. Im August 1477 stand er mit seinen Truppen vor Wien; die Stadt wurde verteidigt von Graf Haug von Werdenfels und Bürgermeister Hans Heml, die den angreifenden Ungarn erfolgreich Paroli bitten konnten; knapp vor Weihnachten 1477 mußte Matthias Corvinus die Belagerung abbrechen und in den Frieden von Gmunden einwilligen.

Friedrich III., der die Bedeutung Wiens für den Kampf gegen Matthias Corvinus erkannte, förderte nun energisch die wirtschaftliche Entwicklung der Stadt. 1480 verlieh er Wien ein Handelsprivileg, in dem der Import ungarischer Weine verboten und das Niederlags- und Verkaufsrecht der Wiener Kaufleute für den Donauhandel erneuert wurde; ein zweites Privileg dieses Jahres erlaubte es der Stadt, die Einkünfte aus dem »Ungeld«, der von Rudolf IV. eingeführten Getränkesteuer, für vier Jahre zu pachten. Nicht zuletzt erließ Friedrich der Stadt die Zahlung namhafter Steuerbeträge.

Noch ehe aber diese Maßnahmen im Hinblick auf eine verbesserte Kriegsrüstung wirklich greifen konnten, trat der Konflikt mit Matthias Corvinus in eine entscheidende Phase. Im Herbst 1482 begann der Ungarnkönig, den Ladislaus Postumus einst so schmählich hatte einkerkern lassen, eine neue Offensive gegen das Erzherzogtum, und im März 1483 wurde Wien wiederum von einem ungarischen Belagerungsheer eingeschlossen; es folgte eine mehr als zweijährige Belagerung der Stadt, in deren Verlauf es immer wieder gelang, Lebensmittel durch den Belagerungsring zu schaffen; eine wichtige Rolle spielte die Versorgung durch Donauschiffe. Friedrich III. hatte es vorgezogen, seine Residenz ins sichere Graz zu verlegen; außer leeren Versprechungen kam von ihm keine Hilfe, einzig sein nach Wien entsandter Beauftragter Dr. Hans Keller erwies sich als umsichtiger, energischer Mann, der den Verteidigern noch einmal Mut zu machen verstand. Da sich die Versorgungslage jedoch im Mai 1485 immer mehr zuspitzte, mußte Keller schließlich Kapitulationsverhandlungen des Bürgermeisters Stephan Een mit Matthias Corvinus zulassen – am 1. Juni 1485 konnte der Ungarnkönig im Triumph in Wien einziehen, in seinem Troß führte er u. a. 1000 Ochsen für die darbende Bevölkerung mit sich.

Ein paar Tage später leistete die Stadt Matthias Corvinus den Treueeid; der Ungarnkönig erwies sich in der Folge als sehr gebildeter und aufgeschlossener Herrscher, dem etwa der Aufschwung der Wiener Universität am Herzen lag – 1488 spendete er den Lektoren der Alma Mater Rudolphina 1000 Pfund Pfennige, und 1489 bestätigte er deren Rechte.

In der Zeit des Matthias Corvinus beginnt humanistisches Gedankengut in Wien stärker Fuß zu fassen; Matthias selbst ruft italienische Gelehrte an seinen Hof, unter ihnen der Humanist und Historiograph Antonius de Bonfinis; auf Empfehlung des Königs hin werden die Werke des Gelehrten auch tatsächlich gelesen. Die ersten in Wien gedruckten Bücher stammen aus dem Jahre 1482, neben wissenschaftlichen Werken auch ein in deutscher Sprache gehaltenes Büchlein mit der Rochuslegende – der heilige Rochus war jener Heilige, der in Zeiten der Pest besonders um Hilfe angerufen wurde und deshalb entsprechende Popularität genoß: In den Jahren 1482 und 1487 wurde Wien neuerlich von Pestepidemien heimgesucht.

Auch auf die religiösen »Bedürfnisse« seiner österreichischen und Wiener Untertanen wußte Matthias Corvinus einzugehen: So ließ er zu Ostern 1486 erstmals auf dem 1483 errichteten »Heiltumstuhl«, einer Art von Altan zwischen dem Mesnerhaus des Stephansdoms und einem Haus der Brandstätte, die reichhaltige Reliquiensammlung von St. Stephan zur Schau stellen – ein Ritual, das sich noch jahrhundertelang halten sollte.

DIE HUMANISTEN KOMMEN

Im April 1490 starb Matthias Corvinus, dem man des öfteren vorwirft, zuwenig für die wirtschaftliche Entwicklung Wiens getan zu haben, an einem Gehirnschlag; mit seinem jedoch von den Wienern sehr bedauerten Tod ging auch die ungarische Herrschaft über Wien und Ostösterreich zu Ende. Nur wenige Monate später, am 19. August 1490, konnte König Maximilian I., der Sohn Kaiser Friedrichs III., in Wien einziehen; nach kurzer Belagerung ergab sich die ungarische Besatzung der Burg; die Stadt selbst leistete Maximilian und seinem Vater den Treueeid.

Die Bitten der Wiener Ratsherren um Verleihung neuer Privilegien wurden jedoch von Maximilian nicht erhört; im Gegenteil: Er förderte aus persönlichem Interesse die großen oberdeutschen Handelshäuser, auf deren Kapital zur

19
Konrad Celtis (1459–1508), »poeta laureatus« und Wegbereiter des Humanismus in Wien.

20
Johannes Cuspinianus (1473–1529) war Humanist, Arzt, Diplomat, Historiker und Dichter. Gemälde von Lukas Cranach dem Älteren.

Finanzierung seiner Kriege er immer wieder zurückgreifen mußte. Wien, das von ihm später eher gemieden wurde, blieb am Rande seiner Interessensphäre. Wenn auch nicht ökonomisch, so nahm Wien doch im kulturellen Bereich mit dem Beginn der Herrschaft Maximilians einen großen Aufschwung: Waren es bisher nur einzelne herausragende Gelehrte und Geistliche gewesen, die den großen Aufbruch der europäischen Wissenschaft aus dem Geist der Renaissance mittrugen – zu ihnen zählte neben Enea Silvio Piccolomini, dem Sekretär Friedrichs III. und späteren Papst Pius II., etwa auch der Mathematiker und Astronom Georg von Peuerbach (1425–1461) –, so wurde Wien um die Wende vom 15. zum 16. Jahrhundert zur Wirkungsstätte weltoffener, aufgeschlossen denkender Männer; die Wiener Universität, an der bereits um die tausend Hörer ihren Studien nachgingen, genoß unter den führenden Gelehrten des deutschsprachigen Raums einen ausgezeichneten Ruf. Im Gefolge dieses Aufschwungs faßte auch die neue Technologie des Buchdrucks immer stärker Fuß; zur bekanntesten Druckerei dieser Zeit wurde das »Officin« des Johann Winterburger, in dem u. a. auch das berühmte *Wiener Heiltumsbuch* gedruckt wurde.

Die bekannteste Gestalt unter den Wiener Gelehrten ist der Humanist und Dichter Konrad Celtis (1459–1508), der 1497 – im Jahre 1487 bereits von Friedrich III. zum »poeta laureatus« gekrönt – als Lehrer an die Wiener Universität berufen wird; drei Jahre später erhält der aus Schweinfurth stammende Arzt und Humanist Johannes Cuspinianus (eigentlich J. Spießheimer) den Posten eines Rektors der Universität Wien übertragen. Beide Gelehrten erwarben sich mit ihren lateinisch geschriebenen Werken Ruhm: Cuspinianus vor allem auch als Herausgeber mustergültig vorbereiteter mittelalterlicher Chroniken, wie etwa jener des Otto von Freising, Celtis durch die Gründung wissenschaftlicher Gesellschaften, wie der »Sodalitas litteraria Danubiana« und des »Collegium poetarum et mathematicorum«, die den Geist des Humanismus in weite Kreise trugen. Da die Mitglieder dieser Gesellschaften mit ähnlichen Zirkeln in den Nachbarländern Kontakt hielten, bildete sich erstmals eine »wissenschaftliche Internationale« heraus. Präsident der »Sodalitas litteraria Danubiana« in Wien war der Humanist, Sammler und Diplomat Johannes Fuchsmagen (um 1450–1510), der vor allem durch die Stiftung eines prachtvollen Bildteppichs (jetzt im Stift Heiligenkreuz) für die Kirche St. Dorothea berühmt wurde.

Ein einflußreicher humanistischer Gelehrter, Mathematiker und Historiograph war auch Johannes Stabius (um 1460–1522) aus Steyr, der ab 1497 an der Universität Wien lehrte und 1503 als wissenschaftlicher Berater in den Dienst Kaiser Maximilians I. trat. Johannes Stabius, der für Maximilian u. a. eine Genealogie der Habsburger erarbeitete, gelang eine Pioniertat im Bereich der Kartographie: die erste flächentreue ebene Darstellung der Erdoberfläche. Die Tradition hervorragender Wiener Mathematiker setzte Georg Tannstetter (1482–1535), geboren in Rain am Lech, fort. Tannstetter, der sich Collimitius nannte, lehrte ab 1503 an der Universität Wien und gründete die »Sodalitas Collimitiana«; seine größten Leistungen lagen ebenfalls im Bereich der Kartographie – zusammen mit Johannes Stabius schuf er eine Karte der österreichischen Länder. Nach 1513 widmete sich Tannstetter ganz der Medizin.

Zum bedeutendsten Vertreter der jüngeren Generation von Wiener Humanisten wurde Joachim Watt aus St. Gallen (1484–1551), der sich auch Vadianus nannte. Er absolvierte von 1501 bis 1508 sein Studium in Wien (Magister artium) und hielt ab 1508 Vorlesungen über antike Poetik; nach 1512 scheint er als Vizekanzler und Rektor der Wiener Universität auf; 1514 krönte ihn Kaiser Maximilian I. zum »poeta laureatus«. Joachim Watt edierte lateinische Klassiker und verfaßte Schriften zur Poetik (*De poetica et carminis ratione*, Wien 1518); in seinen späteren Jahren wurde Watt zu einem überzeugten Anhänger der Reformation.

Während die Geisteswissenschaften im Humanismus in gewisser Weise schon in eine eigendynamische Entwicklung eingetreten waren, oblag die Musikpflege noch immer der Förderung durch den Herrscher – eine Verpflichtung, der Maximilian I. 1498 mit der Gründung einer Hofmusikkapelle nachkommt. Erster Leiter dieser Kapelle, die tatsächlich ein Knabenchor ist, wird der spätere Bischof Georg Slatkonia (1456–1522), dessen Marmorepitaph im Nordchor des Stephansdoms zu sehen ist.

21
Ansicht von Wien, *Schedlsche Weltchronik*, 1492.

1519 – 1683

GLAUBENSKAMPF UND TÜRKENABWEHR

1

Die wirtschaftliche Lage Wiens zu Beginn des 16. Jahrhunderts – die Stadt zählt jetzt etwa 50.000 Einwohner – war geprägt vom Ringen der Bürgerschaft um Erhaltung bzw. Wiedergewinnung der alten Privilegien, die so lange Zeit hindurch zum Wohlstand der Stadt entscheidend beigetragen hatten. Doch Maximilian I. blieb konsequent: Als Vertreter einer neuen Politik, die mit den mittelalterlichen Rechten und Reglementierungen nichts mehr im Sinn hatte, hob er 1509 das Stapelrecht endgültig auf – ein schwerer Schlag für die Wiener Kaufleute, die zwar 1512 beim niederösterreichischen Regiment – seit 1510 war Wien Sitz der niederösterreichischen Landesverwaltung – noch einmal eine Bestätigung dieses Privilegs erzwangen, sich dann aber in das Unvermeidliche fügen mußten: Die neue Handelsordnung Maximilians von 1515 erhob die Handelsfreiheit zum Prinzip; der Dynamik des wirtschaftlichen Umbruchs in Richtung freier Waren- und Geldströme, die den kapitalstarken Großhändler im Vorteil sah, konnte sich auch Wien nicht mehr entziehen.

Ein nächster schwerer Schlag für die bis dahin so stolze Wiener Bürgerschaft war das neue Stadtrecht Maximilians des Jahres 1517: Als Landesfürst behielt er sich darin ausdrücklich das Recht vor, in die Wahl des Bürgermeisters und der Stadträte eingreifen zu können – eine Bestimmung, die die Autonomie der städtischen Verwaltung in den Grundfesten erschütterte und bereits eine Vorahnung von den Herrschaftsstrategien des Absolutismus gab. Doch noch war es nicht soweit. Am 22. Juli 1515 zog ein glanzvolles Spektakel die Wiener in ihren Bann. Im Stephansdom inszenierte Maximilian, der virtuose Meister wohlkalkulierter Heiratspolitik, eine Doppelhochzeit, die Habsburgs Macht schon bald in neue Dimensionen aufsteigen lassen sollte: Um die erbrechtlichen Ansprüche seines Hauses

1
»Der Muth des Türcken sinkt.« Detail eines Ölgemäldes von unbekannter Hand (Heeresgeschichtliches Museum).

abzusichern, adoptierte Maximilian den böhmischen und ungarischen König Ludwig II., zu diesem Zeitpunkt neunjährig, und verheiratete ihn mit seiner zehnjährigen Enkelin Maria, einer Tochter seines Sohns Philipps, des Königs von Kastilien und Aragón; er selbst trat *per procuratorem* für einen seiner beiden Enkel – Karl oder Ferdinand – in den heiligen Stand der Ehe mit Anna, der Schwester König Ludwigs II. Umsichtig ausgetüftelte Erbverträge gaben dieser kühnen Konstruktion den begleitenden politischen Sinngehalt. Das Sakrament der Ehe spendete den kindlichen Brautleuten Bischof Georg Slatkonia.

DAS ENDE DER MITTELALTERLICHEN BÜRGERSTADT

Maximilian I., Architekt des Aufstiegs der Habsburger zur mächtigsten Dynastie Europas und oftmals als »letzter Ritter« apostrophiert, der Stadt Wien tatsächlich aber nicht allzu gnädig gestimmt, starb am 12. Jänner 1519; per Testament hatte er verfügt, daß die Verwaltung bis zum Regierungsantritt der Enkel Karl und Ferdinand von kaiserlichen Beamten (einem »kaiserlichen Regiment«) übernommen werden solle – für die ständische Opposition Niederösterreichs, der auch Vertreter Wiens angehörten, eröffnete sich die Chance, noch einmal gegen die landesfürstliche Vormachtstellung mit guten Erfolgsaussichten ankämpfen zu können. Treibende Kräfte in Wien sind Bürgermeister Wolfgang Kirchhofer und der aus Siebenbürgen stammende Universitätsprofessor Dr. Martin Siebenbürger, ein ehemals mit Konrad Celtis befreundeter Rechtswissenschaftler und Mitglied der »Sodalitas Danubiana«. Das kaiserliche Regiment, dem auch Bischof Slatkonia angehört, wird entmachtet und nach Wiener Neustadt vertrieben; die Stände bilden eine eigene »Regierung«; eine Delegation mit Dr. Martin Siebenbürger wird nach Spanien zu Kaiser Karl V. geschickt, um dem Herrscher die Lage in den österreichischen Erblanden aus erster Hand zu schildern und Verhandlungen zu führen. Die Mission hat jedoch wenig Erfolg und wird bald durch die politische Entwicklung überholt: 1521 verzichtet Karl V. auf eine Regierung in den Erblanden zugunsten seines Bruders Erzherzog Ferdinand, der im Juni 1522 in Wiener Neustadt eintrifft und hier im Rahmen einer Gerichtsverhandlung mit den »aufsässigen« Oppositionellen gnadenlos abrechnet: Sieben

2
Die Vereinbarungen des Wiener Kongresses werden realisiert: Ferdinand I. heiratet 1521 im Stephansdom Anna, die Tochter des Jagellonen Władysław V. von Böhmen und Ungarn. Aus: Ziegler, Gallerie aus der österreichischen Vaterlandsgeschichte in bildlicher Darstellung.

3
Porträt Maximilians I. von Albrecht Dürer. Öl auf Lindenholz. 1519.

4
Das »Wiener Neustädter Blutgericht« vom 11. August 1522: Bürgermeister Martin Siebenbürger und die Führer der ständischen Opposition werden enthauptet.

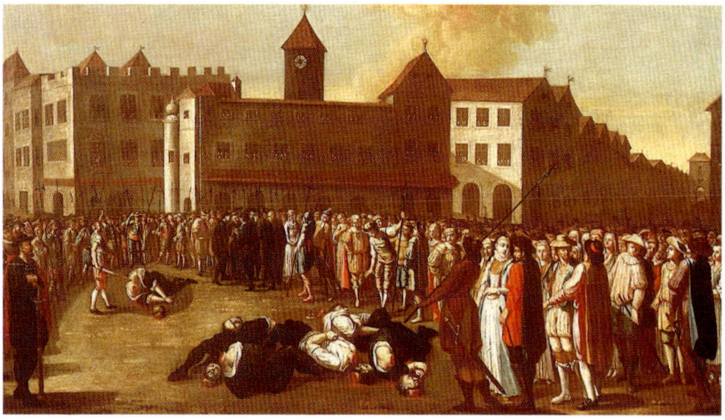

Todesurteile werden von diesem »Wiener Neustädter Blutgericht« ausgesprochen: Am 9. August 1522 läßt Ferdinand die beiden Führer der niederösterreichischen Adeligen, Hans von Puchheim und Michael von Eyczing, enthaupten, am 11. August werden Dr. Martin Siebenbürger – seit September 1520 Bürgermeister von Wien – und fünf Stadträte hingerichtet. Ein paar Tage später entzieht der neunzehnjährige Landesfürst der Stadt Wien sämtliche Privilegien und Gewohnheitsrechte, bereits im Juli des Jahres hatte Ferdinand die Institution der »Genannten« abgeschafft – die Katastrophe der städtischen Autonomiebestrebungen war damit perfekt.

Ersetzt wurden die mittelalterlichen Privilegien 1526 durch ein neues Stadtrecht, das die von Maximilian 1517 begonnene »Entmachtung« der kommunalen Verwaltung vollendete: Als oberstes Organ der »Stadtregierung« installierte Ferdinand ein Gremium von 100 Bürgern, die alljährlich aus ihrem Kreis zwölf Stadträte, den sogenannten »Inneren Rat«, wählen mußten. Diese zwölf Stadträte wurden vom

5
Ausbildung des habsburgischen Hausmachtbereiches von Rudolf I. bis Maximilian I.

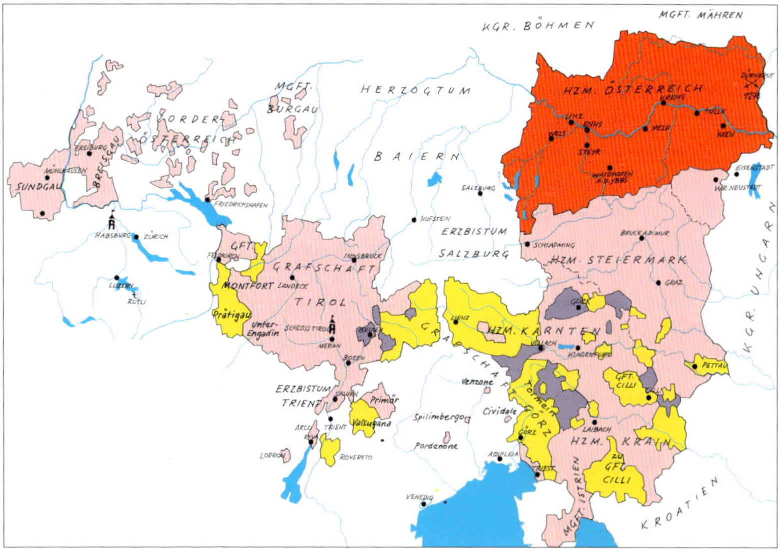

Habsburgischer Besitz der Albertinischen Linie

Habsburgischer Besitz der Leopoldinischen Linie

Erwerbungen zwischen 1380 und 1500

Kirchenbesitz innerhalb Österreichs

Landesfürsten um jeweils zwölf weitere Stadträte, die Stadtgerichtsbeisitzer, aufgestockt. Die verbleibenden 76 Bürger konstituierten den »Äußeren Rat«, der u. a. bei der Wahl des Bürgermeisters – die wiederum vom Herrscher bestätigt werden mußte! – aktiv wurde. Voraussetzung für einen Ratsangehörigen war, daß er Hausbesitzer war. Eine verstärkte Einflußnahme des Landesfürsten wurde jedoch durch ein mit neuen Kompetenzen ausgestattetes Amt ermöglicht: Der sogenannte Stadtanwalt, der nunmehr direkte Vertreter des Herrschers, fungierte als oberstes Kontrollorgan und übertraf daher an tatsächlicher Machtfülle den Bürgermeister, der nun immer mehr auf repräsentative und exekutive Funktionen beschränkt wurde. Dem Bürgermeister unterstanden der Oberkämmerer, der oberste Finanzbeamte der Stadt, und der Unterkämmerer, der für verwaltungstechnische Belange wie das Feuerlöschwesen, die Straßenpflege und das Bauwesen verantwortlich war. Politische Bewegungsfreiheit für die Stadtväter war in diesen Strukturen nicht mehr vorgesehen; was ihnen blieb, war die Obhut über administrative Abläufe. Im zentralistisch regierten Staat der Habsburger, wie er sich allmählich zu gestalten begann, war für allzu mächtige und selbständig agierende Kommunen kein Platz mehr!

Ergänzend zum Stadtrecht verfügte Ferdinand im Dezember 1527 eine neue Handwerksordnung, die eine merkliche Einschränkung der Macht der Zünfte mit sich brachte: Die Entscheidung, ob jemand in eine Zunft aufgenommen werden sollte oder nicht, wurde nicht mehr von der betreffenden Zunft gefällt, sondern vom Rat, der wiederum vom Landesfürsten kontrolliert wurde. Auch die starren Vorgaben der Zunftordnungen bezüglich Produktionsmengen gerieten zunehmend unter den Druck eines Marktes, der sich nach kapitalistischen Spielregeln zu entwickeln begann.

DIE LEHRE LUTHERS IN WIEN

Aus der Sicht Erzherzog Ferdinands erfolgten diese Reformen freilich in einem entscheidenden und wichtigen Moment: Die Lehren des »Ketzers« Martin Luther, der 1517 in Wittenberg mit der Veröffentlichung seiner berühmten 95 Thesen das Signal zum Widerstand gegen die unerträglichen Auswüchse innerhalb des katholischen Klerus gesetzt hatte, fanden auch in Wien rasanten Zulauf; an offensichtlichen Mißständen, die bereits im Laufe des 15. Jahrhunderts immer wieder zu heftiger Kritik geführt hatten, mangelte es in der Stadt ja nicht. Besonders die an urchristlichen Idealen orientierte Gedankenwelt der Täufer (Wiedertäufer) – so genannt aufgrund ihres Bekenntnisses zur Erwachsenentaufe – stieß in der Wiener Bevölkerung, aber auch im niederösterreichischen Umland, auf große Zustimmung. Ferdinand, im erzkatholischen Spanien aufgewachsen, zauderte angesichts der Sprengkraft dieser Ideen, die bei konsequenter Durchsetzung schließlich auch seine Herrschaft in Frage gestellt hätten, nicht lange: 1524 brannte der erste Scheiterhaufen, Opfer wurde der Wiener Bürger Caspar Tauber, der aufrecht den von ihm verlangten Widerruf abgelehnt hatte. Die Legitimität dieses brutalen Vorgehens begründete Ferdinand mit den Bestimmungen des Wormser Edikts von 1521, die

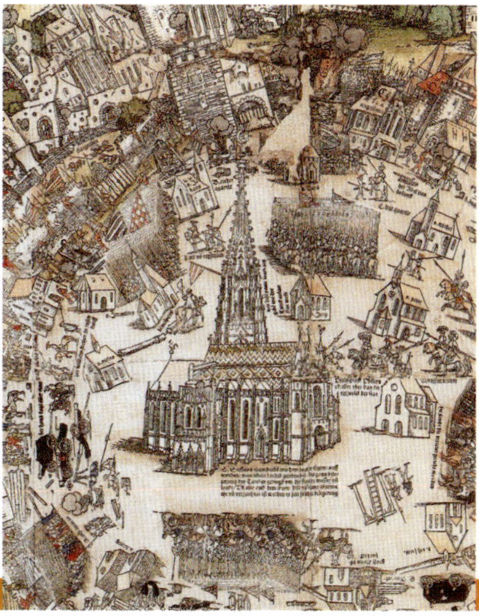

6
Ein Opfer konfessioneller Intoleranz: der Wiedertäufer Balthasar Hubmaier (nach 1480–1528) wurde am 10. März 1528 in Erdberg öffentlich verbrannt.

7
Wien zur Zeit der Ersten Türkenbelagerung. Ausschnitt aus der *Rundansicht des Niklas Meldeman*. Kolorierter Holzschnitt, 1530.

Luthers Lehre als »ketzerisch« gebrandmarkt hatten. Keine Gnade vor seinen Augen fand vier Jahre später daher auch der angesehene Gelehrte und bedeutende Prediger Dr. Balthasar Hubmaier. Nachdem man Hubmaier auf der Burg Kreuzenstein festgehalten, grausam gefoltert und ebenfalls vergeblich zum Widerruf aufgefordert hatte, wurde er am 10. März 1528 auf der Gänseweide in Erdberg verbrannt, seine Frau ertränkte man im Donaukanal.

Zu recht erkannte Ferdinand die Gefahr, die von lutherischen Büchern und Flugschriften ausging; die gesamte Wiener Buchproduktion wurde daher ab 1528/29 von einer Zensurkommission der Universität überwacht; 1543 verbot Ferdinand den Druck protestantischer Bücher generell; wurde ein Buchdrucker dieses Vergehens überführt, so drohte ihm der Tod durch Ertränken. Trotz dieser scharfen Restriktionen gewann die Lehre Luthers unaufhaltsam an Boden – in Adelskreisen ebenso wie in den ärmeren Bevölkerungsschichten.

DIE ERSTE TÜRKENBELAGERUNG

Inzwischen wuchs die Gefahr für Ferdinands Herrschaft nicht nur mehr von innen – jenseits der Ostgrenze überstürzten sich die Ereignisse und sollten bald auch die Erblande und Wien in ihren Strudel ziehen: 1520 hatte Süleiman II., der Prächtige (1495–1566), den Thron der osmanischen Sultane bestiegen, und unter seiner energischen Führung begann eine neue große Offensive der türkischen Heere auf dem Balkan. Bereits 1521 eroberte Süleiman Belgrad, 1526 setzte er zum Sturm auf das Königreich Ungarn an, das zu diesem Zeitpunkt von heftigen Fehden zwischen dem »nationalen« ungarischen Adel und der habsburgfreundlichen Hofpartei zerrissen wurde. Mit einem zahlenmäßig weit unterlegenen Heer mußte König Ludwig II. am 29. August 1526 in der Nähe der südungarischen Stadt Mohács den Kampf aufnehmen; seine Truppen wurden jedoch bald zersprengt, er selbst ertrank auf der Flucht in einem Hochwasser führenden Bach. Damit waren die Erbverträge von 1515, in die Ferdinand 1521 durch

8

9

10

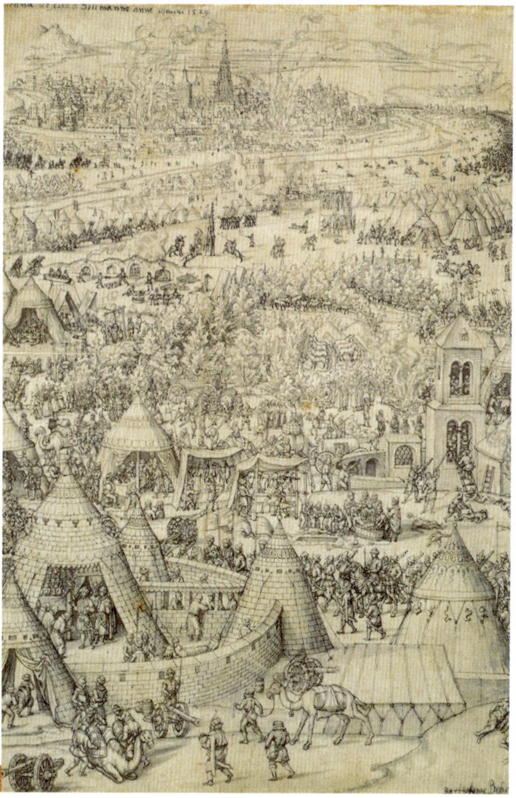

8 und **9**
Türkische Soldaten aus der Zeit der Ersten Türkenbelagerung. Fliegende Blätter des Nürnberger Buchdruckers Hans Guldenmundt, 1529.

10
Feldlager der Türken vor Wien von Süden gesehen. Lavierte Federzeichnung von Barthel Beham, 1529.

seine Heirat mit Anna, der Schwester Ludwigs II., eingetreten war, plötzlich aktuell geworden. Zunächst gelang es Ferdinand jedoch nur zum Teil, seine Ansprüche durchzusetzen: Während ihm die böhmische Krone rasch zufiel, wehrte sich die starke »nationale« ungarische Adelspartei gegen einen habsburgischen Träger der Stephanskrone und wählte Johann Zapolya *(János Szapolyai)*, den Woiwoden von Siebenbürgen, unter dem Namen Johann I. zum König. Johann Zapolya wurde zum erbitterten Gegner Ferdinands und scheute schließlich auch nicht davor zurück, sich mit Süleiman dem Prächtigen gegen Habsburg zu verbünden – 1529 sollte der entscheidende Schlag gegen Wien gelingen.

Ferdinands Diplomaten konnten den Krieg der Hohen Pforte gegen die Erblande trotz verzweifelter Bemühungen nicht mehr verhindern, und im Mai 1529 setzte sich von Konstantinopel aus ein gewaltiges Heer gegen Nordwesten in Bewegung. Mitte Juli erreichte es Belgrad, am 11. September wurde Ofen *(Buda)* erobert. Die herannahende tödliche Gefahr blieb der Wiener Bevölkerung nicht verborgen; wer konnte, flüchtete mit Kind und Kegel, so auch zahlreiche Mitglieder des Rats; Erzherzog Ferdinand wartete die Entwicklung der Dinge ab.

Die Verteidigung der Stadt übernahm Graf Niklas Salm, der oberste Feldhauptmann Ferdinands, dem neben angeworbenen Söldnern auch ein Aufgebot der Bürgerwehr zur Verfügung stand; knapp vor Beginn der Belagerung rückten noch Reichstruppen in Wien ein, das nunmehr von etwa

10.000 Mann verteidigt wurde. Geblieben waren auch Bürgermeister Wolfgang Treu und der Stadtrichter Paul Pernfueß, die für die Versorgung der Besatzung verantwortlich waren. Da die Vorstädte nicht zu halten gewesen wären und die Belagerer begünstigt hätten, ließ sie Graf Niklas Salm niederbrennen; an der mittelalterlichen Stadtmauer konnten nur mehr höchst notdürftige Ausbesserungsarbeiten vorgenommen werden; von Vorteil war, daß man genügend Lebensmittel und Munition für eine längere Belagerung besaß.

Am 21. September 1529 fanden erste Gefechte mit der türkischen Vorhut statt; in den folgenden Tagen schloß das Heer Süleimans den Belagerungsring rund um die Stadt, die am 27. September endgültig vom Umland abgeschnitten war. Etwa 150.000 Mann zählte das türkische Heer, Süleiman selbst und Ibrahim Pascha, sein oberster Militär, führten die Operationen, die sich auf den Abschnitt beim Kärntnertor konzentrierten, den man durch Unterminierung sturmreif zu machen suchte. Die Belagerten wehrten sich mit Gegenminen, so gut es ging, dennoch gelang es den türkischen Mineuren, große Breschen in die Mauern zu schlagen. Nach knapp zwei Wochen, am 9. Oktober, erfolgte der erste Sturmangriff der Türken, der jedoch abgeschlagen werden konnte, ebenso der zweite und dritte in den folgenden Tagen. Als Nachteil für die türkischen Belagerer erwies sich nun das beinahe vollständige Fehlen von schwerer Artillerie, nach dem langen Feldzug waren die Truppen zudem schon abgekämpft und die Disziplin nicht mehr die allerbeste.

Für 14. Oktober befahl Süleiman einen neuen Angriff mit gesamter Macht, doch mit letzter Kraft, im verzweifelten Kampf Mann gegen Mann, konnten die Verteidiger noch einmal das Feld behaupten – es war dies bereits die Entscheidung, denn schon gegen Abend des 14. Oktober begann der Rückzug Süleimans; die Gründe dafür sind bis heute unklar, möglicherweise befürchtete er durch den herannahenden Winter ein Zusammenbrechen der Versorgung.

An eine unmittelbare Verfolgung des abziehenden Feindes war nicht zu denken; angesichts der vorgerückten Jahreszeit, mußte auch das Entsatzheer unter dem Befehl von Pfalzgraf Friedrich bei Rhein, das am 20. Oktober in Wien eintraf, darauf verzichten. Da die militärische Macht des Sultans ungebrochen war, blieb die Gefahr eines neuerlichen türkischen Angriffs aufrecht.

Die Auswirkungen der Belagerung waren katastrophal: Von den Vorstädten und Dörfern des Umlands waren nur mehr verkohlte Ruinen geblieben, die Weinberge der Stadt, der Stolz ihrer Bürgerschaft, lagen verwüstet; die gefürchteten türkischen Streifscharen *(Akindschi)* hatten zahlreiche Menschen getötet oder in die Sklaverei verschleppt. Wichtige Erkenntnisse, die man bei dieser ersten Kraftprobe mit den Türken gewonnen hatte, wurden danach befolgt; so verzichtete man etwa auch auf einen Wiederaufbau der Vorstadthäuser unmittelbar vor den Festungsmauern, um freies Schußfeld gegen etwaige Angreifer zu haben – unter den Gebäuden, die nicht mehr wiederaufgebaut wurden, befand sich u. a. auch das alte Bürgerspital vor dem Kärntnertor. Ab 1531 wurden Befestigungsanlagen nach dem Muster moderner italienischer Stadtfestungen errichtet; der Ausbau der

Mauern, die nun flankierende Vorwerke sowie vorgeschobene Außenwerke (Ravelins) erhielten, dauerte bis 1566. Im Zuge dieser Arbeiten erfolgte 1547 durch den Nürnberger Kartographen und Geometer Augustin Hirschvogel auch die erste kartographische Vermessung Wiens mit trigonometrischen Geräten.

Wie wichtig diese Maßnahmen waren, zeigte sich 1532, als Süleiman der Prächtige erneut einen Vorstoß gegen die österreichischen Erblande anordnete, sein Heer jedoch vor der ungarischen Festung Köszeg *(Güns)* so lange aufgehalten wurde, daß der Weitermarsch in den Wiener Raum zu spät erfolgte. Ein 86.000 Mann starkes Reichsheer unter Kaiser Karl V. verhinderte eine Wiederholung der Katastrophe von 1529 – angesichts des starken Feindes wenden sich die türkischen Truppen nur 16 Kilometer vor den Stadtmauern zum Rückzug; auch diesmal leidet das Umland Wiens unter den Verwüstungen durch die Akindschi.

Kaum hatte sich Wien einigermaßen von den Zerstörungen der ersten Türkenbelagerung erholt, so traf im Sommer 1541 neuerlich ein schwerer Schlag die Stadt: Eine Pestepidemie brach aus und raffte – so die zeitgenössischen Quellen – bis Februar 1542 ein Drittel der Bevölkerung dahin. Noch immer gab es kaum eine Rettung für die an der Seuche erkrankten Menschen, die nunmehr in eigenen Pestlazaretten zusammengefaßt wurden; eines davon war 1540 in der verödeten Siedlung St. Johann an der Als im heutigen Hernals (17. Bezirk) eingerichtet worden. Ebenfalls 1540 hatte man das Amt eines »Magister sanitatis« geschaffen, der für die Bekämpfung von Seuchen zuständig sein sollte – aufgrund der verzweifelten gesundheitspolitischen Lage fand sich jedoch jahrelang niemand für dieses schwere Amt; ungehemmt wütete die Pest in der Stadt. Als späte Folge der Epidemie von 1541/42 erließ Ferdinand 1551 eine Infektionsverordnung, die das Ausbreiten von Seuchen verhindern sollte; u. a. sah diese eine Kontrolle einreisender Fremder an den Stadttoren vor sowie Meldepflicht im Falle einer Ansteckung.

Insgesamt gesehen, veränderten die ersten Jahrzehnte der Herrschaft Ferdinands den Charakter Wiens entscheidend: Aus der spätmittelalterlichen Bürgerstadt wurde eine von Mauern starrende Festungsresidenz, der Sitz aller wichtigen Zentralbehörden des Reiches und des Herrscherhofes; nicht mehr die Bürger der Stadt bestimmten ihre Entwicklung, sondern der Souverän und sein Hofstaat sowie die Beamten. Damit trat Wien auch endgültig in einen klaren Gegensatz zu den bürgerlichen Handelsstädten des Heiligen Römischen Reiches, die sich weiter nach außen öffneten. Dennoch behielt Wien sein kosmopolitisches Gepräge, ja im Gefolge Ferdinands kamen mit Spaniern und Niederländern neue Nationalitäten nach Wien; nach seinem Herrschaftsantritt in Böhmen und Ungarn wurde Wien auch für die Vertreter dieser Länder zum wichtigsten Reiseziel; in seinem *Lobspruch der Hochlöblichen weitberümten Khünigklichen Stat Wienn in Osterreich* erwähnte der aus deutschen Landen »zugereiste« Dichter und Musiker Wolfgang Schmeltzl, ein wahrer Hans Sachs der Donaumetropole, bewundernd die zahlreichen Sprachen, die hier zu hören wären: Deutsch,

Latein, Französisch, Italienisch, Spanisch, Hebräisch, Griechisch, Ungarisch, Türkisch, Tschechisch, Kroatisch, Niederländisch, Serbisch, Polnisch … es ist das kaiserliche Wien, das Zentrum des habsburgischen Vielvölkerreichs, das in der Ferdinandeischen Zeit seine Traditionen begründet.

DIE GEGENREFORMATION BEGINNT

Die Schwächung der Stadt durch die erste Türkenbelagerung hatte die Ausbreitung des Protestantismus eher begünstigt, da Klöster und Orden vielfach mit schweren Verlusten zu ringen hatten und kaum Kraft für die Abwehr der lutherischen Lehre aufbringen konnten. Ferdinand, seit 1531 römisch-deutscher König und keineswegs gewillt, diese Entwicklung tatenlos hinzunehmen, rief daher Hilfe von außen herbei: Im Mai 1551 trafen 13 Jesuitenpatres – die *Societas Jesu* war 1534 von Ignatius von Loyola gegründet worden – in Wien ein, denen dann 1554 das ehemalige Karmeliterkloster Am Hof als Sitz zugewiesen wurde. 1552 kam mit Petrus Canisius (1521–1597) die Galionsfigur der jesuitischen Gegenoffensive nach Wien, der durch seine mitreißenden Predigten und populär gehaltenen Handbücher zur katholischen Glaubenslehre (*Catechismus maior*, 1555; *Catechismus minimus*, 1556; *Catechismus minor*, 1558) tatsächlich erfolgreich gegen die bis dahin konkurrenzlosen lutherischen Prädikanten auftrat. Dennoch: die Katholiken waren um die Mitte des 16. Jahrhunderts innerhalb der Wiener Bevölkerung bereits weit in der Minderheit; folgt man den Schätzungen für die zweite Hälfte des Jahrhunderts, so waren damals bis zu 80 Prozent der Einwohner Protestanten.

Nicht nur die Lutherischen, auch die Juden – in Krisenzeiten immer willkommene »Sündenböcke« – rückten ins Visier Ferdinands: 1551 erließ er ein sogenanntes »Judenpatent«, das den jüdischen Bewohnern der Stadt das diskriminierende Tragen eines Ringes aus gelbem Tuch an ihrer

11
Kaiser Ferdinand I. (1503–1564). Unter seiner Herrschaft wurden in Wien neue zentrale Verwaltungsbehörden gegründet – die Stadt verwandelte sich zur Kaiserstadt.

Kleidung befahl; bereits 1528 war ihnen die Ausübung eines Gewerbes sowie der Besitz von Grundstücken in der Stadt verboten worden – Maßnahmen, die die antisemitische Grundhaltung der Bevölkerung bestätigten und eine radikale Ausgrenzung der jüdischen Einwohner festschrieben. Neuerlich wurde die Ausweisung aller Juden aus Wien überlegt, ein entsprechender Befehl wurde 1554 jedoch nicht in die Tat umgesetzt.

War Ferdinand I., der 1556 seinem Bruder Karl V. auf dem römisch-deutschen Kaiserthron folgte und in konfessionellen Belangen ganz den jesuitischen Beratern des Hofes verpflichtet war, für seine kompromißlose Haltung gegenüber den Lutheranern bekannt, so galt sein Sohn, Erzherzog Maximilian, als tolerant; man munkelte, daß er sogar mehr als nur Sympathie für die Sache Luthers empfinde. Diese Haltung blieb Ferdinand, aber auch den katholischen Verwandten in Spanien nicht verborgen, und mit Mißtrauen verfolgte man jeden seiner Schritte. Ein besonderes Spektakel bot Maximilian den Wienern 1552 beim Einzug mit seiner Braut Maria von Spanien: Im Troß des Brautpaars wurde auch ein Elefant mitgeführt, in Wien damals das erste Tier seiner Art. Maximilian, der schon in seiner Jugend eine Vorliebe für fremdländische Tiere gezeigt und neben dem kaiserlichen Jagdschloß Ebersdorf einen Privatzoo angelegt hatte, befahl, auch den Elefanten dorthin zu bringen, wo er allerdings bald verendete. Aus den Knochen eines Vorderfußes ließ sich Bürgermeister Sebastian Hutstocker einen »Elfenbeinstuhl« anfertigen, der heute im Stift Kremsmünster zu sehen ist. Unweit des Ebersdorfer Jagdschlosses begannen 1569 die Bauarbeiten für eine neue, riesige Schloßanlage, in der Maximilian u. a. seine großen naturkundlichen Sammlungen und seine Menagerie unterbrachte. Der Bau des Schlosses, dessen weitläufige Gartenanlagen im Stile der Renaissance dem Betrachter Vielfalt und Schönheit der Natur nahebringen sollten, wurde erst unter Kaiser Rudolf II. abgeschlossen, der jedoch die Leidenschaft seines Vaters für Tier- und Pflanzenwelt nicht teilte und bald das Interesse an der Anlage verlor. Ständig auf der Suche nach gut geeigneten Plätzen für seine Wildgehege, hatte Maximilian II. schon 1559 das Gebiet des späteren Schlosses Schönbrunn erworben und hier einen Fasangarten anlegen lassen; ab 1560 war auf seinen Wunsch hin auch der Prater zu einem Wildgehege umfunktioniert und das Lusthaus errichtet worden. Die Leidenschaft des Kaisers für Botanik führte schließlich dazu, daß er 1573 den berühmten französischen Gelehrten Charles de l'Ecluse (*Carolus Clusius*, 1526–1609) als Hofbotaniker engagierte. Clusius brachte Roßkastanie, Tulpe und Erdäpfel nach Wien; sein Landsmann, der Orientreisende Ghiselain de Busbecque, den Flieder.

Der Abschluß des Augsburger Religionsfriedens 1555 schuf mit der Formel »cuius regio eius religio« eine sehr weitgehende Vollmacht für die Landesfürsten, die nun über die Konfession ihrer Untertanen nach eigenem Wunsch verfügen konnten. 1564 starb Kaiser Ferdinand I., und alle Hoffnungen der Protestanten richteten sich jetzt auf seinen Nachfolger, doch Maximilian II. wurde diesen bei weitem

12
Kaiser Maximilian II. (1527–1576). Mosaik nach einem Gemälde von Anthonis Mor.

13
Die Gegenreformation in Wien: Predigt des päpstlichen Nuntius Cornelius Musso in der Augustinerkirche am 15. Juli 1560. Gemälde von Jakob Seisenegger, 1561.

nicht gerecht. Zwar betrieb er eine Politik, die den Dialog zwischen Katholiken und Protestanten förderte, doch in der Sache blieb er der habsburgischen Linie treu: 1568 erließ er eine sogenannte »Religionskonzession«, die nur den protestantischen Adeligen die Ausübung ihres Glaubens innerhalb ihrer Güter erlaubte; Wien war wie andere Städte auch landesfürstliches Kammergut, und daher mußten die Gläubigen wohl oder übel die katholische Konfession ihres Landesherrn mittragen. Da einige Adelige in den umliegenden Ortschaften es gestatteten, daß Städter an ihren evangelischen Gottesdiensten teilnahmen, kam es jeden Sonntag zum »Auslaufen« vieler Lutheraner aus Wien – gemeinsam zog man hinaus aufs Land – zur Kirche im Schloß der Herrschaft Hernals oder später vor allem nach Inzersdorf –, um dort die Sonntagsmesse zu feiern. Maximilian tolerierte den evangelischen Gottesdienst zwar auch in der Landhauskapelle, doch schon bald nach seinem Tod, 1578, wurde von seinem Sohn und Nachfolger Rudolf II. die Kapelle geschlossen, zu radikal hatte der lutheranische Prediger Josua Opitz hier für konfessionelle Agitation gesorgt. 1580 ließ Rudolf auch den Buchladen im Landhaus sperren, von dem aus die Schriften Luthers und seiner Schüler vertrieben wurden.

Auf den Spuren der Renaissance in Wien

Stallburg (1, Reitschulgasse 2, Habsburgergasse11, Stallburggasse 5), erbaut für Erzherzog Maximilian, den späteren Kaiser Maximilian II., mit bemerkenswertem Arkadenhof.

Hofburg: Schweizer Tor (1552/53) und Amalientrakt.

Schloß Neugebäude (11, Simmeringer Hauptstraße 337), errichtet 1568–1575 von Pietro Ferrabosco, erweitert unter Kaiser Rudolf II.

Niederösterreichisches Landhaus (1, Herrengasse 13, Minoritenplatz 7): Großer Saal, Verordnetenratsstube, Landhausbrunnen (Baumeister Hans Saphoy).

Kaiserliches Zeughaus, auch »Oberes Arsenal« genannt (1, Renngasse 5–9, Wipplingerstraße 27–31).

Bürgerhaus in der Bäckerstraße 7.

14
Der innere Burgplatz mit Blick auf die Amalienburg. Gemälde von Samuel van Hoogstraten, 1652.

Obwohl kein Fanatiker in religiösen Dingen, verschärfte Rudolf II. die gegenreformatorischen Maßnahmen, bei denen es längst nur mehr an der Oberfläche um die Wahrheit oder Unwahrheit von Glaubensmeinungen ging – tatsächlich spitzte sich zwischen dem Kaiser und den protestantischen Ständen ein Machtkampf zu, in dem der Landesherr versuchte, die Position der Stände entscheidend zu schwächen. Bereits 1577 hatte Rudolf jeden öffentlichen protestantischen Gottesdienst sowie den Besuch protestantischer Schulen verboten; auch die Tätigkeit lutherischer Prediger in privatem Rahmen wurde nun unter Androhung von Strafen verfolgt; die Seelsorger mußten die Stadt verlassen. Selbst protestantische Hofbeamte, Kaufleute und Ratsmitglieder wurden ausgewiesen; ab 1585 erhielten nur mehr jene Antragsteller das Bürgerrecht zugesprochen, die sich mit der vom Landesfürsten vorgegebenen Konfession – dem Katholizismus – einverstanden erklärten. Zwei wichtige Helfer standen Rudolf in diesem kompromißlosen Ringen zur Seite: sein Bruder Erzherzog Ernst (1553–1595), der Statthalter von Österreich unter und ob der Enns, berühmt für seine Unbeugsamkeit, und Melchior Klesl (1553–1630), der Dompropst von St. Stephan und Kanzler der Universität. Klesl, Sohn eines Wiener Bäckers, im protestantischen Glauben aufgewachsen und durch einen Jesuiten »bekehrt«, setzte bald seine ganze Energie in die Gegenreformation: Der Lehrkörper der Universität durfte nur mehr aus katholischen Professoren bestehen, die Erlangung der Doktorwürde wurde ebenfalls an das katholische Glaubensbekenntnis gebunden. 1602 wurde Melchior Klesl Bischof von Wien, 1615 Kardinal. Noch bedeutender als die kirchliche war jedoch seine politische Karriere: 1599 wurde er Kanzler von Erzherzog Matthias, dem Bruder Rudolfs, der 1595 Erzherzog Ernst als Statthalter von Österreich ob und unter der Enns gefolgt war und immer mehr zum erklärten Rivalen des Kaisers wurde; 1606 erkannten die jüngeren Brüder Matthias als Oberhaupt der Familie an. Als rechte Hand des gutmütigen Matthias, der ganz unter seinen Einfluß geriet, wurde Klesl bald zum mächtigsten Mann im Reich und führte – wenn auch inoffiziell – nach dem Tod Rudolfs 1612 die Regierungsgeschäfte. Die Rekatholisierung Wiens blieb

15
Allegorie auf die Türkensiege Rudolfs II. Gemälde von Bartholomäus Spranger, um 1606.

16
Kaiser Matthias, der erste Herrscher, der in der Kapuzinergruft bestattet wurde. Gemälde von Lucas von Valckenborch, um 1580.

eines seiner Hauptanliegen, und so begann er nach der Jahrhundertwende mit einer gewaltigen »Klosteroffensive« die Protestanten weiter zurückzudrängen. Klesl rief neue Orden wie die Franziskaner, Kapuziner, Barnabiten und Unbeschuhten Augustiner nach Wien, und zahlreiche Klöster wurden vor allem in den Vorstädten neu gegründet.

Gegen Ende des 16. Jahrhunderts verstärkte sich neuerlich die Türkengefahr. 1592 erklärte die Hohe Pforte dem Kaiser den Krieg, wieder wuchs die Angst vor einem Einfall türkischer Truppen. Als daher 1594 der kaiserliche Feldoberst Graf Ferdinand von Hardegg die Festung Raab *(Győr)* an ein weit überlegenes osmanisches Heer übergibt, reagiert man in Wien mit großer Hysterie. Ferdinand von Hardegg, der nur unnötiges Blutvergießen vermeiden wollte, wird des Hochverrats bezichtigt und zusammen mit dem Festungsbaumeister Nikolaus Perlin am 16. Juni 1595 in Wien enthauptet. Die Furcht vor einer Türkeninvasion ist jedoch unbegründet, im Gegenteil: 1598 kann Raab von kaiserlichen Truppen zurückerobert werden, und 1606 erfolgte der Friedensschluß von Zsitvatorok; an den Kräfteverhältnissen änderte sich kaum etwas, immerhin aber anerkannte die Hohe Pforte den Kaiser nunmehr als gleichrangig.

Zu diesem Zeitpunkt hatte Rudolf II. den »Bruderzwist im Hause Habsburg« schon verloren; eingesponnen in Alchimie und Astrologie, ganz seinen Kunstsammlungen auf dem Prager Hradschin verpflichtet, sieht er tatenlos zu, wie Matthias und die jüngeren Brüder ihm Land für Land entreißen: 1608 Österreich, Ungarn und Mähren; 1611, ein Jahr vor seinem Tod, schließlich auch das Königreich Böhmen. Am 14. Juli 1608 hielt Matthias seinen triumphalen Einzug in Wien, auf der Taborstraße errichtete die Wiener Bürgerschaft für ihn eine Triumphpforte und bereitete ihm einen prachtvollen Empfang. Matthias, beraten von Melchior Klesl, schien in der Folge durchaus kompromißbereit: 1609 bestätigte er den protestantischen Adeligen in der sogenannten »Kapitulationsresolution« die von Maximilian II. gewährten Rechte; das »Auslaufen« nach Hernals und andere Ortschaften wurde auch den Wiener Bürgern wieder erlaubt. Klesl versuchte also einen vernünftigen Kurs des Ausgleichs zu steuern, doch die Fronten zwischen protestantischem und katholischem Lager begannen sich zu verhärten; bedrohliche militärische Bündnisse – die katholische Liga und die protestantische Union – entstanden, und vor allem in Böhmen, wo sich die Stände nach dem Tod Rudolfs um ihre im »Majestätsbrief« zugesicherte Religionsfreiheit betrogen fühlten, spitzte sich die Lage dramatisch zu: Am 23. Mai 1618 warfen böhmische Adelige zwei kaiserliche Beamte aus einem Fenster des Hradschin – das Signal zum Aufstand der böhmischen und mährischen Stände, deren Heer sich im Frühsommer 1619 mit aufständischen ungarischen Truppen vereinigt und unter Führung des Grafen Heinrich Matthias von Thurn gegen Wien marschiert.

17
Die Truppenbewegungen und Kämpfe in Böhmen und Mähren zu Beginn des Dreißigjährigen Krieges 1618/19.

WIEN IM ZEITALTER DES DREISSIGJÄHRIGEN KRIEGES

Inzwischen überstürzten sich auch in Wien die Ereignisse: Am 20. März 1619 starb Kaiser Matthias; da er kinderlos geblieben war, ging die Erbfolge auf die steirische (innerösterreichische) Linie der Habsburger über; Kaiser wurde der Regent von Innerösterreich, Ferdinand II. (1578–1637), ein überzeugter Anhänger der Gegenreformation. Bereits im Juli 1618 war die Machtposition Melchior Klesls, dessen Friedenskurs von den Kriegstreibern am Wiener Hof nicht akzeptiert wurde, zusammengebrochen: Der Kardinal, im Februar 1618 zu St. Stephan noch groß gefeiert, wird verhaftet, nach Tirol gebracht und dort festgehalten; erst 1627 kann er sein Amt als Bischof von Wien wieder ausüben.

Anfang Juni 1619 spitzte sich die Lage weiter zu: Bürgermeister Daniel Moser (1570–1639), neben Klesl einer der Väter der »Klosteroffensive«, verteidigte zwar nachdrücklich die Position des Kaisers, zahlreiche protestantische Bürger sahen aber nun den Augenblick gekommen, mit ihren Forderungen wieder in die Offensive gehen zu können. Während die Truppen des Grafen Thurn bereits die Vorstädte erreicht hatten und Wien allmählich einschlossen, versuchten die protestantischen Führer der Stände in der Stadt selbst die Gelegenheit beim Schopf zu ergreifen. Die bedrängte Lage Ferdinands II. ausnützend, drang am 11. Juni 1619 eine Abordnung evangelischer Adeliger unter Füh-

Marschbewegungen der Kaiserlichen
1618
1619
1619/20

Marschbewegungen der Böhmischen Aufständischen
1618
1619
1619/20

Orte und Zentren antihabsburgischer Aufstände

Aufmarschräume

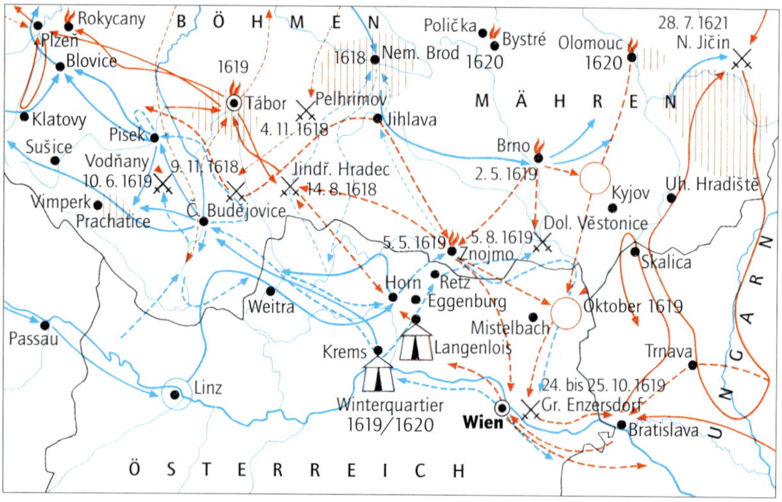

18
Graf Johann Septimius Jörger. Die Familie der Jörger baute die Herrschaft Hernals zu einem Zentrum des Luthertums aus.

rung des Freiherrn Andreas von Thonrädl in die Hofburg ein und erzwang sich Zutritt beim Kaiser – ultimativ verlangten die Ständevertreter einen Verzichtfrieden mit Böhmen und weitgehende Freiheiten für ihre Religionsausübung. Diese »Sturmpetition« brachte Ferdinand II. in eine äußerst mißliche Lage, aus der ihn im letzten Moment ein im Burghof eintreffendes Regiment kaisertreuer Kürassiere des Grafen von Dampierre rettete, dem Daniel Moser das Fischertor geöffnet hatte. Die protestantischen Herren mußten unverrichteter Dinge die Hofburg räumen, und auch das Heer des Grafen Thurn brach die Belagerung ab.

Im Spätherbst 1619 drohte durch den Vormarsch des Fürsten von Siebenbürgen, Gábor (Gabriel) Bethlen, der vom protestantischen Adel Böhmens und Mährens um Unterstützung gebeten worden war, noch einmal ernste Gefahr für Ferdinands Residenz, doch der Angriff eines katholischen polnischen Heeres in den Rücken Gábor Bethlens zwang diesen schließlich zum Rückzug – für Ferdinand bot sich nun die Chance, selbst die Initiative in die Hand zu nehmen: Der Abschluß eines Waffenstillstands mit Bethlen isolierte die böhmischen »Rebellen«, die nun von kaiserlichen Truppen unter Boucquoy und dem Heer der katholischen Liga, befehligt von Johann Tserklaes Freiherrn von Tilly, gemeinsam angegriffen und in der Schlacht am Weißen Berg *(Bíla hora)* am 8. November 1620 vernichtend geschlagen wurden. Mit der Niederlage ihrer böhmischen Glaubensbrüder war auch das Schicksal der österreichischen Protestanten besiegelt – kompromißlos diktierte Ferdinand die Zerschlagung der Gemeinden. In Wien wurde nun das »Auslaufen« endgültig verboten; wer sich nicht zur katholischen Kirche bekennen wollte, wurde zur Auswanderung gezwungen – ein gutes Geschäft, mußte doch jeder Emigrant 10 Prozent seines Vermögens als Steuer (»Abfahrtsgeld«) abliefern. Familien wie jene der Jörger in Hernals, deren Schloß ein Refugium des Protestantismus gewesen war, wurden geächtet, ihr Besitz fiel an das Wiener Domkapitel.

Rasch eroberte die Gegenreformation jenes Terrain zurück, das man im Laufe des 16. Jahrhunderts an den Protestantismus verloren hatte. Katholische Rituale wie Bittgänge und Umzüge, bestimmen nun wieder das Bild der Stadt mit; 1622 befiehlt Ferdinand II. die alljährliche Teilnahme des kaiserlichen Hofstaats an der Fronleichnamsprozession; der Zuzug von Ordensgemeinschaften hält an, und in einem wahren Bauboom werden zahlreiche Kirchen errichtet, darunter jene der Barmherzigen Brüder (1622) und der Karmeliter (1623) in der Leopoldstadt, der Paulaner auf der Wieden (1627) oder der Jesuiten (Universitätskirche, Baubeginn 1627). Fertiggestellt wird 1632 die Kirche der Kapuziner am Neuen Markt, der auf Wunsch des verstorbenen Kaisers Matthias auch eine neue Gruft für die kaiserliche Familie angeschlossen worden ist: die Kapuzinergruft. Als erste Mitglieder des habsburgischen Herrscherhauses finden hier 1633 Matthias und seine Gattin Anna, die Stifterin der Kapuzinerkirche, ihre Ruhestätte. Bedingt durch das Begräbniszeremoniell der Habsburger, das eine Mehrfachbestattung vorsah, wurden jedoch nur Teile des Leichnams in der Kapuzinergruft beigesetzt – das Herz kam extra in ein Silbergefäß in die 1637 angelegte »Herzgruft« in der Augustinerkirche; die Eingeweide wurden entfernt und getrennt bestattet.

Die Schlachtensiege Tillys und des kaiserlichen Generalissimus Albrecht von Wallenstein in Norddeutschland 1626/27 verleiteten Ferdinand II. 1629 zum berüchtigten »Restitutionsedikt«, ein Dekret, das nicht mehr und nicht weniger verlangte als die Rekatholisierung aller seit 1552 an die Protestanten übergegangenen Kirchengüter. Es war dies ein schwerer politischer Fehler, der das Blutvergießen perpetuieren sollte, denn aufgrund des energischen Widerstands der evangelischen Landesfürsten kam es zwar nie zur Durchführung des Edikts, aber es trug wesentlich dazu bei, die Fronten zwischen den gegnerischen Mächten weiter zu verhärten; Gustav Adolf, der König von Schweden, nahm das Restitutionsedikt zum Anlaß, in den Krieg einzutreten.

Obwohl vom Wüten des Krieges nicht direkt betroffen, verschärfte sich die wirtschaftliche Lage Wiens nach 1620. Hatte bereits der lange Türkenkrieg Rudolfs II. hohe Steuern notwendig gemacht, so erhöhte sich der Finanzbedarf Ferdinands für die kaiserlichen Heere, deren Operationsgebiet bald weit über Böhmen hinausreichte, dramatisch; die Rechnung dafür zahlten nicht zuletzt die Wiener Bürger – und die Juden. Jetzt, wo Barkapital gefragt war, erinnerte man sich plötzlich wieder dieser diskriminierten und verfolgten Nationalität. 1625 erhielten die Juden Handels- und Gewerbefreiheit zugesprochen; als neues Ghetto wies man ihnen ein Gelände am Unteren Werd zu; der Aufenthalt in der Stadt war ihnen tagsüber erlaubt, des Nachts jedoch verboten. Das jüdische Ghetto zählte einige Jahrzehnte später etwa 120 Häuser, bald entfaltete sich ein reiches kulturelles Leben.

In der Not »erfanden« Ferdinands II. Beamte auch neue Geldquellen, wie 1623 das sogenannte »Einstandsprivileg«, für das die Wiener immerhin 50.000 Gulden aufbringen mußten – im Gegenzug sicherte dieses »Privileg« die Monopolstellung der Katholiken als Haus- und Grundbesitzer, denn: nur Katholiken konnten Bürger sein, und nur Bürgern war es gestattet, Häuser oder Grund zu erwerben – eine

19

20

Die Habsburgerkaiser im Dreißigjährigen Krieg:

19
Ferdinand II. (1578–1637) mit einem Hofzwerg. Gemälde von Joseph Heintz dem Älteren, 1604.

20
Ferdinand III. (1608–1657). Gemälde von Frans Luycx, um 1637/38.

brutal-zynische Vorgangsweise, die sich nicht einmal mehr die Mühe machte, den Zusammenhang von politischer Macht und profaner Geldgier, von Glaubensbekenntnis und persönlichem Vorteil zu verschleiern.

Inzwischen blühte das schmutzige Geschäft mit den von Ferdinand beschlagnahmten Gütern – ein vom Kaiser privilegiertes Münzkonsortium, dem u. a. auch Albrecht von Wallenstein, der spätere Herzog von Friedland und Heerführer Ferdinands, angehörte, prägte Geld in vier- bis zehnfach verschlechtertem Wert und kaufte damit die konfiszierten Güter auf. Die »Auswechsler«, die dieses »schlechte« Geld in Umlauf brachten, waren als »Kipper und Wipper« berüchtigt; daher sprach man auch von »Kippermünzen«. Aufgrund der durch diese Betrügereien enorm gestiegenen Geldmenge sah man sich 1623 gezwungen, eine radikale Geldentwertung vorzunehmen: Der Kurs der Kippermünzen wurde auf weniger als ein Siebentel des alten Wertes gedrückt, eine Maßnahme, die vor allem die armen Bevölkerungsschichten schwer traf.

Auch im Bereich des Handwerks griff Ferdinand durch: Den Zünften und Zechen wurde 1623 geboten, nur mehr katholische Meister und Gesellen in ihren Reihen zu dulden – eine Bestimmung, die viele Handwerksbetriebe zusätzlich belastete. Zwar gab es nach wie vor die alten Zünfte; doch auch hier zeichnete sich seit längerem immer stärker eine Aufweichung der überkommenen Ordnung ab: Die große Nachfrage des kaiserlichen Hofes an verschiedensten Gütern hatte dazu geführt, daß jene Handwerker, die für den Hof arbeiteten und nicht einer Zunft angehörten, als »Hofbefreite« ihr Handwerk ausüben durften; mit der Zeit erhielten allerdings auch Handwerker »Hofbefreiungen«, die kaum mehr für den Hof arbeiteten; dazu kam, daß auch Angehörige der Wiener Stadtguardia und Militärhandwerker ihre Dienste anboten und »störten« oder »pfuschten« – eine Situation, die unweigerlich zu sozialen Spannungen führen mußte.

1637 starb Kaiser Ferdinand II., Nachfolger am Kaiserthron wurde sein Sohn Ferdinand III., der bei den Jesuiten eine ausgezeichnete Erziehung genossen hatte und durch seine musikalischen und literarischen Interessen von sich reden machte – u. a. komponierte er Messen und Hymnen; 1649 wurde seine in italienischer Sprache verfaßte Szenenfolge *Drama musicum* in Wien aufgeführt.

Ferdinand III., der ein erbitterter Gegner des 1634 ermordeten Wallenstein gewesen war, erkannte bald, daß ohne Konzessionen an das protestantische Lager ein dauerhafter Friede nicht möglich sein würde. Seine Versuche, mit Frankreich oder Schweden zu einem Sonderfrieden zu gelangen, scheiterten jedoch, und so geriet Wien doch noch in Gefahr, in das Kampfgeschehen des Dreißigjährigen Krieges hineingezogen zu werden. Im März 1645 fiel ein schwedisches Heer unter dem Grafen Lennart Torstenson im nördlichen Niederösterreich ein und drang in der Folge plündernd und marodierend Richtung Wien vor. In der Stadt brach Panik aus, zahlreiche Adelige und wohlhabende Bürger flüchteten nach Süden; nachdem die Schweden Kreuzenstein und Korneuburg genommen hatten, verließ auch der Kaiser die Stadt. Am 10. April 1645 besetzte Torstenson die »Wolfsschanze«, einen Brückenkopf am linken Donauufer, zog jedoch einige Tage später wieder nach Norden ab, da die erhoffte Verstärkung durch ungarische Truppen ausgeblieben war. Die Wolfsschanze wurde von den Kaiserlichen zurückerobert, Ende August 1645 aber noch einmal von Torstenson besetzt. Doch auch diesmal bleibt es bei der Bedrohung – Anfang Oktober ziehen sich die Schweden in ihre Winterquartiere zurück. Im Jahr darauf wendet sich das Kriegsglück, die kaiserlichen Truppen befreien Wald- und Weinviertel von den schwedischen Besatzungstruppen.

Nach jahrelangen, ungemein langwierigen Verhandlungen fand der Dreißigjährige Krieg im Friedensschluß von Münster und Osnabrück 1648 ein Ende; es sollte ein »christlicher, allgemeiner, immerwährender Friede« sein, »vertrauensvolle Nachbarschaft« wollte man pflegen – wie immer ging die nüchterne Politik des Tages über diese Idealvorstellungen schnell hinweg. Immerhin: Das Zeitalter der europäischen Religionskriege war endgültig vorbei.

Was die österreichischen Erblande betraf, so erreichten Ferdinands Unterhändler ihr vorgegebenes Ziel: Die Landeshoheit des Kaisers blieb gewahrt; weiterhin bestimmte er in diesen Gebieten die Konfession seiner Untertanen, allerdings wurden Schutzbedingungen für Andersgläubige, wie Auswanderungsrecht etc., definiert; die Maßnahmen Ferdinands II. der Jahre nach 1620 blieben aufrecht, die Stimmen der in dieser Zeit Vertriebenen wurden jedoch nicht mehr gehört. Die habsburgischen Länder des Heiligen Römischen Reiches, das sich in diesem Krieg selbst an den Rand des Untergangs manövriert hatte, blieben katholisch; es begann sich jene kulturelle Trennlinie abzuzeichnen, die dann im 18. Jahrhundert bereits zur vollen Ausprägung gefunden hatte: der protestantische, wirtschaftlich fortschrittliche, »kapitalistische« Norden gegen den katholischen, barock-feudalen, wirtschaftlich eher rückständigen Süden.

21
Allegorie auf Kaiser Leopold I. von Gerard Hoet, um 1672/73. Der Kaiser erscheint hier als siegreicher Herkules, zu seiner Linken die Tugenden Fides, Spes, Caritas, Iustitia, Constantia, Prudentia und Mansuetudo; rechts die Kriegsgöttin Bellona mit gefangenen Türken.

OPERNPRUNK, JUDENVERFOLGUNG UND PEST

Die beiden ersten Jahrzehnte nach dem Westfälischen Frieden waren geprägt von Frieden und Stabilität; auch wenn die kaiserlichen Truppen in fernen Landen, wie 1655–1660 in Polen gegen die Schweden, wieder kämpften – in Wien war davon kaum etwas zu spüren; hier gefiel sich der kaiserliche Hof in immer aufwendigeren Festen; Unsummen flossen vor allem in die verschwenderisch ausgestatteten Opernaufführungen. Zum Höhepunkt wurden dabei die Veranstaltungen 1666/67 im Rahmen der Hochzeit Kaiser Leopolds I. mit der spanischen Infantin Margarita Teresa. Kaiser Leopold I. (1640–1705), der ursprünglich Geistlicher hätte werden sollen und 1657 nur durch den frühen Tod seines älteren Bruders, Ferdinands IV., die Nachfolge seines Vaters angetreten hatte, war nicht nur ein großer Musikliebhaber, sondern komponierte auch selbst mit großer Leidenschaft. Bei seiner Hochzeit durften daher die schönen Künste nicht fehlen; erstes spektakuläres Ereignis ist am 24. Jänner 1667 die Aufführung des Roßballetts *Der Wettstreit von Luft und Wasser*, bei dem Leopold selbst mitwirkt und gewaltige Maschinerien zum Einsatz kommen. Übertroffen wird das Roßballett jedoch im Juli 1667 von der Aufführung der Oper *Il Pomo d'Oro* (Der Goldene Apfel) von Marc'Antonio Cesti und Johann Heinrich Schmelzer von Ehrenruff; auch Leopold I. hat eine Szene komponiert. Beeindruckend war vor allem die Pracht der Kostüme und Kulissen, ein Werk des ungeheuer produktiven Theaterarchitekten und Bühnenbildners Lodovico Burnacini (1636–1707).

Im krassen Gegensatz zu dieser Freude an »unerhörten Festivitäten« stand eine Entwicklung, die noch einmal Haß und Neid in der Stadt breiten Raum gab: Gedrängt durch seine judenfeindlich eingestellte Frau Margarita Teresa, die eine Fehlgeburt erlitten hatte, und eine allgemeine Stimmungsmache gegen die jüdische Bevölkerung – besonders hervor tat sich in diesem Zusammenhang der damalige Bischof von Wiener Neustadt und spätere Kardinal Leopold Kollonitsch (1631–1707), der eine Art Kreuzzug gegen die

Juden forderte –, setzte Leopold I. 1669 eine Untersuchungskommission ein, die schließlich ein vernichtendes Gutachten ausstellte: Die Juden würden den einzelnen Schichten der Bevölkerung nur Schaden bringen. Als sich Bürgermeister und die Stadträte erbötig machten, das jährliche Schutzgeld der jüdischen Gemeinde von 10.000 Gulden selbst zu bezahlen, wenn nur die Juden vertrieben würden, war Leopold geneigt, dem Ansinnen stattzugeben. Am 19. Juni 1669 beschloß der Geheime Rat die Ausweisung aller Juden ohne Ausnahme bis zum 25. Juli 1670 bzw. für die Landjuden in Österreich unter der Enns bis Ostern 1671. Das freigewordene Ghetto, die Judenstadt, wurde zum Teil von »christlichen« Wienern in Besitz genommen und zu Ehren des Monarchen in »Leopoldstadt« umbenannt. Der wirtschaftliche Schaden, den die Stadt durch diese Maßnahme erlitt, war enorm; zwar durften sich bereits 1675 wieder jüdische Familien in Wien niederlassen, eine neue jüdische Gemeinde konnte sich jedoch erst im 19. Jahrhundert konstituieren.

Um die Einfuhr von Luxusgütern aus dem Ausland, vor allem von teuren Textilien, einzuschränken, erließ Leopold I. 1671 eine neue Kleiderordnung, die genau vorschrieb, wie jeder Stand gekleidet zu sein hatte. Die »Leopoldinische Kleiderordnung« definierte fünf Rangklassen, von denen der Hochadel und die kaiserliche Familie natürlich ausgenommen waren: von den hohen Beamten und Akademikern bis zu den Bauern und Taglöhnern. Die Bürger waren in der 3. Rangklasse eingestuft; Hofbedienstete standen über ihnen.

Als 1678 erste Meldungen über Pestfälle in Ungarn eintrafen, ordnete man verstärkte Kontrollen und Vorsichtsmaßnahmen an, doch dies war bereits zu spät: Anfang 1679 erkranken in den Vorstädten die ersten Menschen an der Seuche; die Bemühungen des Arzts Dr. Paul Sorbait um eine »Pestordnung« sind vergeblich – der Schwarze Tod greift unbarmherzig um sich. Im Juli 1679 verläßt Leopold I. mit seiner Familie Wien und übersiedelt ins pestfreie Prag,

22
Der Arzt Paul Sorbait (1624–1691). Wegen seiner Verdienste bei der Bekämpfung der Pest wurde er 1679 zum Generalinquisitor in Pestangelegenheiten ernannt. Stich von Cornelis Meyssen nach einer Zeichnung von Jakob Toorenvliet, 1669.

der Adel und wohlhabende Bürger folgen ihm – zum Sterben verurteilt sind wieder einmal die Armen; im September erreicht die Epidemie ihren Höhepunkt, insgesamt erliegen ihr ca. 10.000 Menschen, wobei die zeitgenössischen Angaben zur Opferzahl wesentlich höher liegen. Aufgrund des Massensterbens wurden die Toten mit Kalk übergossen und in Pestgruben, die vor den Stadtmauern ausgehoben wurden, bestattet. In eine dieser Pestgruben soll sich der Legende nach auch der betrunkene »Liebe Augustin« verirrt haben, ein Wiener Straßensänger und Sackpfeifer, der später mit dem Lied »Oh du lieber Augustin« in Verbindung gebracht wurde.

Konjunktur hatte zur Pestzeit der wortgewaltige Augustiner-Barfüßer Abraham a Sancta Clara (eigentl. Johann Ulrich Megerle, 1644–1709), der in bewährter Manier die Seuche als Strafe für Unmoral und Sittenlosigkeit hinstellte. Berühmt wurde seine Predigtschrift *Merck's Wien!* (1680), in der er diese fragwürdige »Interpretation« rhetorisch brillant vertritt.

Wortspiele des Schreckens

In der Herrengassen hat der Tod geherrscht. In der Singer-Straßen hat der Tod vielen ein Requiem gesungen. Auf dem Kohlmarkt hat der Tod nichts als schwarze Trauerkleider verursacht. Auf dem Graben tat der Tod nichts als eingraben. Auf der Freyung waren wenige befreit vor dem Tod ...

Abraham a Sancta Clara, Merck's Wien!

DIE ZWEITE TÜRKENBELAGERUNG

Während des Dreißigjährigen Krieges hatte in den ungarischen Grenzgebieten zum Osmanischen Reich – sieht man von lokalen kleinen Konflikten ab – Ruhe geherrscht; innere Schwierigkeiten sowie Kämpfe gegen Rußland und Persien hatten die Hohe Pforte von einem neuen Eroberungskrieg gegen die Habsburger abgehalten. Dies änderte sich 1656 mit dem Amtsantritt des aus Albanien stammenden Großwesirs Mehmed Köprülü, der in wenigen Jahren die Finanzen sanierte und die Schlagkraft des Heeres, vor allem der Janitschareneinheiten, wiederherstellte. Sein Sohn Ahmed Köprülü, der ihm 1661 als Großwesir folgte, setzte die Reformarbeit fort und scheute auch nicht vor einer Offensive in Ungarn zurück. Zum Anlaß wurde der Zankapfel Siebenbürgen, dessen Fürst Georg II. Rákóczi seinen Lehensverpflichtungen gegenüber dem Sultan nicht mehr nachkommen wollte. 1660 stieß ein türkisches Heer nach Siebenbürgen vor; Rákóczi starb an den Folgen einer im Kampf erlittenen Verwundung; das Engagement Leopolds I. in der Nachfolgefrage führte schließlich 1663 zur Kriegserklärung der Hohen Pforte gegen den Kaiser. Der Angriff der türkischen Hauptmacht konnte von dem kaiserlichen Feldherrn Raimund Montecuccoli abgewendet werden: Am 1. August 1664 feierte er bei Mogersdorf an der Raab einen großen Sieg gegen die Türken; politische Vorteile wurden daraus jedoch im Frieden von Eisenburg *(Vasvár)* von Leopold I. keine gezogen, ja, man trat sogar die Festungen Großwardein und Neuhäusel an die Türken ab – man wollte eine Eskalation des Konflikts mit der Hohen Pforte vermeiden.

23
Die Entsatzschlacht Wiens. Gemälde von Frans Geffels.

Diese Haltung der habsburgischen Diplomatie stieß bei den ungarischen Magnaten, deren Land schutzlos türkischen Streifscharen ausgeliefert war, auf erbitterte Ablehnung, und in dieser verzweifelten Lage beschloß eine Gruppe höchster Würdenträger den Widerstand gegen den Wiener Hof. Die führenden Männer dieser »Magnatenverschwörung« waren der Palatin von Ungarn, Ferenc Wesselényi, der Erzbischof von Esztergom, György Lippay, der Hofrichter Ferenc Nádasdy, der Banus von Kroatien, Péter Zrínyi, dessen Schwager Ferenc Frangepán, der Fürst von Siebenbürgen, Franz I. Rákóczi, und der steirische Adelige Hans Erasmus von Tattenbach. Nachdem man zunächst vergeblich im habsburgfeindlichen Ausland um Unterstützung geworben hatte, wagte man 1670 den bewaffneten Aufstand gegen Leopold I., scheiterte jedoch kläglich; am 30. April 1671 wurde Ferenc Nádasdy in der Bürgerstube des Wiener Rathauses enthauptet, Zrínyi und Frangepán starben in Wiener Neustadt unter dem Schwert, Hans von Tattenbach in Graz. Für zahlreiche weitere Adelige endeten die Hochverratsprozesse mit Kerkerstrafen und Beschlagnahmung ihrer Güter, doch damit war der »Rache« des Wiener Hofs noch nicht Genüge getan: Man nahm diese Verschwörung des Hochadels zum willkommenen Anlaß, um die Autonomie Ungarns, die Wien schon immer ein Dorn im Auge gewesen war, endgültig zu zerschlagen. Mit Caspar Ampringen, Großmeister des Deutschen Ritterordens, wurde 1673 ein landfremder Reichsverweser installiert; kaiserliche Truppen begannen die ungarische Landbevölkerung mit weit überhöhten Steuerforderungen und Versorgungspflichten zu drangsalieren; mit Waffengewalt schloß man protestantische Schulen und Kirchen und vertrieb die Prediger; zahlreiche Geistliche wurden von Sondergerichten zum Tode verurteilt, vom Kaiser aber schließlich »begnadigt« und als Galeerensklaven verkauft.

Die grausame Willkürherrschaft Leopolds I. in Ungarn, die nicht zuletzt von enormer politischer Kurzsichtigkeit zeugte – verlor man doch damit den wichtigsten natürlichen Verbündeten gegen die Türken –, blieb nicht ohne Gegenreaktion: Tausende von Vertriebenen und Flüchtlingen schlossen sich zu militärischen Formationen, den »Kuruzzen« (= Kreuzfahrern), zusammen; an ihre Spitze trat der Graf Imre Thököly, ein erbitterter Habsburg-Hasser. Der Kampf gegen die kaiserlichen Truppen, »Labanczen« (= Fußgeher) genannt, begann 1678; bis 1680 konnte in einem grausam geführten Krieg ganz Oberungarn »befreit« werden. Leopold I. geriet nun zunehmend in Schwierigkeiten: Im Westen unterstützte Frankreichs »Sonnenkönig« Ludwig XIV. durch seine Angriffe gegen Reichsgebiet Thökölys Vormarsch; ein Reichstag in Sopron 1681, auf dem man die ungarische Verfassung wieder in Kraft setzte und weitgehend Glaubensfreiheit zubilligte, kam bereits zu spät – Thököly zog seinen gefährlichsten Trumpf, die guten Beziehungen zu den Türken, die der ehrgeizige Feldherr nun geschickt zu nützen wußte. 1682 wurde Thököly auf Betreiben des Sultans zum König von Ungarn ausgerufen; 1683 hatten seine Bemühungen, die Hohe Pforte zum Krieg gegen den Kaiser zu bewegen, tatsächlich Erfolg. Großwesir Kara Mustafa, der Schwager Ahmed Köprülüs und seit 1676 im Amt, brach Ende März 1683 mit einem riesigen Heer zum Krieg gegen die »Ungläubigen« im Nordwesten auf; vergeblich hatte die kaiserliche Diplomatie dies im letzten Augenblick zu verhindern gesucht.

Hektisch begann man in Wien mit den Rüstungen zum Verteidigungskrieg; den wichtigsten Rückhalt gab ein am 31. März 1683 mit dem Polenkönig Jan Sobieski geschlossener Bündnisvertrag; Hilfsgelder kamen u. a. von Papst Innozenz XI., aus Spanien, Portugal und Savoyen; einige deutsche Länder, wie Bayern und Sachsen, stellten Hilfstruppen in Aussicht; zum Oberbefehlshaber des kaiserlichen Heeres wurde der Schwager Leopolds, Herzog Karl von Lothringen, bestellt.

24
Der Oberbefehlshaber des türkischen Heeres: Großwesir Kara Mustafa Pascha. Gemälde eines unbekannten Künstlers, 1696.

Urprünglicher Plan des Herzogs war es, die Festungen Gran *(Esztergom)* und Neuhäusel zu erobern, doch der Vormarsch Kara Mustafas erfolgte mit großem Schwung; seine Vorhutabteilungen umgingen die zahlenmäßig weit unterlegene Armee Karls, so daß sich die kaiserlichen Truppen hinter die Raab und schließlich auf das nördliche Donauufer zurückziehen mußten. Immer deutlicher wurde auch das Kriegsziel des Großwesirs: Wien, der »Goldene Apfel«, sollte direkt angegriffen werden.

Die Verteidigungsanlagen der Stadt waren in einem weit besseren Zustand als 1529 und wurden mit großer Anstrengung weiter verstärkt; als besonderer Vorteil sollte sich die ausgezeichnete Festungsartillerie von über 300 Geschützen erweisen, die der türkischen Feuerkraft überlegen war. Das Kommando über die Besatzung von etwa 16.000 Mann führte Ernst Rüdiger Graf von Starhemberg; unterstützt wurde er von Feldzeugmeister Graf Kaspar Zdenko-Kaplir und dem umsichtigen Bürgermeister Andreas Liebenberg. Als am 7. Juli immer neue Meldungen von türkischen Vorstößen ins Wiener Umland eintrafen, brach in der Stadt Panik aus; am Abend dieses Tages flohen Leopold I. und mit ihm der gesamte Hofstaat nach Linz; Tausende von Einwohnern folgten seinem Beispiel.

Wie schon 1529 wurden auch diesmal die Vorstädte den Erfordernissen einer sinnvollen Verteidigung geopfert und am Morgen des 13. Juli auf Befehl Starhembergs und des Herzogs von Lothringen in Brand gesteckt. Zur gleichen Zeit erreichte Kara Mustafa mit der Hauptmacht seines Heeres, das eine Gesamtstärke von etwa 250.000 Mann aufgewiesen haben dürfte, bereits Schloß Neugebäude; am 14. Juli bezogen die Belagerungstruppen ihre Stellungen und begannen mit dem Anlegen von Laufgräben zur Überwindung des von den Verteidigern gut einsehbaren Glacis; Kara Mustafa wählte als Standort für sein Hauptquartier die Schmelz und befahl unverzüglich den Angriff auf die Stadt.

25
Titelkupfer und Titelblatt aus Abraham a Sancta Claras »Auf, auf ihr Christen!« (Wien 1683).

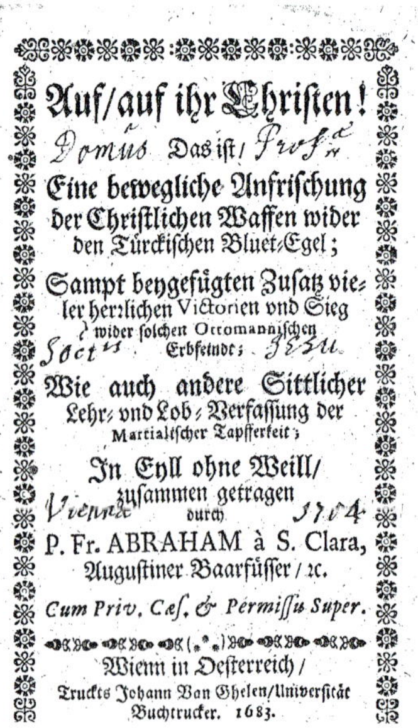

Auf/auf ihr Christen!
Das ist/
Eine bewegliche Anfrischung der Christlichen Waffen wider den Türckischen Bluet-Egel;
Sampt beygefügten Zusatz vieler herrlichen Victorien und Sieg wider solchen Ottomannischen Erbfeindt;
Wie auch andere Sittlicher Lehr- und Lob-Verfassung der Martialischer Tapfferkeit;
In Eyll ohne Weill/ zusammen getragen durch
P. Fr. ABRAHAM à S. Clara, Augustiner Baarfüsser/ rc.
Cum Priv. Cæs. & Permissu Super.
Wienn in Oesterreich/ Truckts Johann Van Ghelen/ Universität Buchtrucker. 1683.

26
Wien im Juli 1683, knapp vor Beginn der Zweiten Türkenbelagerung, von Westen gesehen. Kupferstich von Folbert van Alten-Allen, 1686. Wenige Tage später hatten sich die Vorstädte bereits in eine Ruinenlandschaft verwandelt.

Am 16. Juli gelang es den Türken, die Leopoldstadt zu besetzen und Wien damit auch von der Donauseite her zu umschließen; in der Folge konzentrierten die Belagerer ihre Angriffe auf den Abschnitt zwischen Burgtor und Schottentor, der jedoch – wenn auch unter hohen Verlusten – erfolgreich verteidigt werden konnte. Am 20. Juli begannen die Türken mit dem Minenkrieg, der sie unterirdisch Schritt für Schritt näher an die Basteien heranführte; die Verteidiger antworteten mit Gegenminen. Einige vorgeschobene Stellungen wie die Kontereskarpe mußten Anfang August aufgegeben werden; nach der Sprengung zweier Minen unter dem Burgravelin konnten sich die Janitscharen in diesem Abschnitt bis zum Stadtgraben vorkämpfen und hier festsetzen – der Kampf um Wien trat in seine entscheidende Phase.

Die Kampfkraft der Verteidiger litt ab Ende Juli unter einer Ruhr-Epidemie; immer deutlicher wurde die Notwendigkeit, rasch das Entsatzheer Karls von Lothringen heranzuführen. Als Boten zum Herzog bewährten sich in der Nacht vom 13. zum 14. August der Armenier Georg Franz Kolschitzky und sein Diener; fälschlicherweise wurde Kolschitzky später zum Begründer des ersten Wiener Kaffeehauses stilisiert.

Da die Vorbereitungen zum Entsatz Wiens nur langsam vorangingen, kam es zu einem dramatischen Wettlauf mit der Zeit: Am 14. August verließ Polenkönig Jan Sobieski mit seinem Heer Krakau *(Kraków)*, allmählich trafen Hilfstruppen aus dem Reich, vor allem Sachsen, Franken und Bayern, im Lager Karls ein. Am 3. September hielten die Kommandanten der Entsatztruppen Kriegsrat in Stetteldorf, zu gleicher Zeit mußte Starhemberg den Burgravelin endgültig räumen; am 9. September starb Bürgermeister Andreas Liebenberg an der Ruhr, am 10. September gelang es den Türken, die Löwelbastei durch Minensprengung schwer zu beschädigen – der Fall Wiens schien nahe.

Doch nun ergriff das Entsatzheer endlich die Initiative. Dem Schlachtplan Karls von Lothringen folgend, bezog die alliierte Armee, etwa 65.000 Mann stark, am 11. September ihre Ausgangsstellungen auf den Höhen des Wienerwalds; um 5 Uhr früh begann der Angriff gegen die osmanischen Stellungen, die nur unzureichend befestigt waren – Kara Mustafa hatte die Gefahr grob unterschätzt und mußte zusehen, wie polnische Panzerreiter, die Elitetruppe Polens, und kaiserliche Kavallerie die Front seiner Truppen aufrollten; nach erbittert geführtem Kampf wandten sich am Abend die Türken zur Flucht, mit ihnen der Großwesir, unter Preisgabe seines Prunkzelts und aller Schätze – die Beute der Alliierten war riesig, unter zahlreichen anderen Gütern und Waffen fielen ihnen auch 180 türkische Kanonen in die Hände, aus denen später Kaiser Joseph I. die »Pummerin« gießen lassen sollte.

Nach 62 Tagen blutiger Kämpfe war die Belagerung zu Ende; die Katastrophe des osmanischen Heeres vor Wien, die Kara Mustafa verantworten mußte und die ihm schließlich auch das Leben kostete – auf Befehl des Sultans wurde er am 25. Dezember 1683 in Belgrad hingerichtet –, markierte einen entscheidenden Wendepunkt im Verhältnis Habsburgerreich–Hohe Pforte: Die kaiserlichen Armeen befanden sich von diesem Zeitpunkt an in der Offensive, Schritt für Schritt konnte der türkische Machtbereich eingeschränkt werden.

Vorderhand stritten sich jedoch die Akteure des 12. September um den Siegeslorbeer, den vor allem Jan Sobieski mit einem feierlichen Einzug in die Stadt und einem Gottesdienst in der Augustinerkirche am 13. September für sich reklamierte – ein Verhalten, das von Herzog Karl und seinen Befehlshabern mit scheelen Augen angesehen wurde; für sie galt es, auf Leopolds Ankunft zu warten. Am 14. September traf der Monarch in seiner Hauptstadt ein; daß er vor den Türken bis nach Passau ausgewichen war, hinderte die Vertreter der Stadt nicht daran, ihn feierlich zu begrüßen. Zu einem peinlichen Zusammentreffen Leopolds mit Jan Sobieski kam es einen Tag später, am 15. September: Der Habsburger, durch Sobieskis selbstherrliches Auftreten nach dem glorreichen Sieg verärgert, ignorierte dabei Sobieskis Sohn Jakób – ein Fehler, den die stolzen Polen Leopold nie verzeihen sollten.

Während sich die Kämpfe mit den Türken immer weiter nach Osten verlagerten und in rascher Folge weite Gebiete auf dem Balkan und in Ungarn erobert werden konnten, ging man in Wien daran, die verwüstete Stadt wiederaufzubauen – größer und schöner als je zuvor.

27
Apotheose Kaiser Leopolds I. als Türkensieger. Kupferstich, nach 1683.

BAROCKSTADT WIEN

1

Die Niederlage der Osmanen in der Entsatzschlacht am 12. September schuf für die kaiserliche Residenzstadt neue Voraussetzungen: Aus der in Grenznähe liegenden Festung Wien, die durch türkische Vorstöße immer wieder bedroht worden war, entstand aus Schutt und Asche eine glanzvolle barocke Metropole; weitab von ihr tobten nun die Kämpfe, die bald neue Helden gebären sollten – an ihrer Spitze den vielleicht größten Heerführer der österreichischen Geschichte, den Prinzen Eugen von Savoyen. Der 1663 in Paris geborene Eugen war 1683 an die Donau gekommen und kämpfte bereits in der Schlacht um Wien; er bewies Tapferkeit und Umsicht und rückte 1697 auf Vorschlag des Hofkriegsratspräsidenten Ernst Rüdiger von Starhemberg zum Oberbefehlshaber der kaiserlichen Armee in Ungarn auf; noch im gleichen Jahr erfocht er für seinen Monarchen nahe der Ortschaft Zenta einen großen Sieg über die Türken – Prinz Eugen wurde für das Haus Österreich zum Garanten jener militärischer Triumphe, die den Aufstieg des Habsburgerreichs zur Großmacht begleiteten. Im Frieden von Karlowitz 1699 fielen Slawonien, Ungarn und Siebenbürgen an Leopold I.; Wien erhielt damit im Osten und Südosten ein riesiges neues Vorland, unerreichbar war die Stadt nunmehr für osmanische Heere. Allein die ungeschickte Politik des Wiener Hofes brachte es zuwege, daß auch in dieser Epoche des Triumphs Gefahren drohten, die Wien 1704 zum Bau einer neuen Befestigungsanlage, des Linienwalls, zwangen. Wieder war es das brutale Vorgehen Leopolds in Ungarn, das Widerstand provozierte: Nach der Rückeroberung der ungarischen Gebiete plünderte das kaiserliche Militär das Land aus; mit dem Geld, das man den ungarischen Bauern abnahm, finanzierte man die Türkenkriege im Südosten; Militärgerichte sprachen gegen zahlreiche ungarische Adelige Todesurteile aus und konfiszierten deren Güter; zahlreiche katholische Mönchsorden begannen in den protestantischen ungarischen Dörfern zu »missionieren«; die Ausübung des evangelischen Glaubens wurde verboten. An die Spitze der verbitterten ungarischen Bauern trat Franz II. Rákóczi, ein Enkel des 1671 in Wiener Neustadt enthaupteten Péter Zrínyi, der einige Jahre hindurch auch in Wien gelebt hatte und in dieser Zeit durchaus kaisertreu gewesen war. Rákóczi, der 1701 durch Flucht aus dem Gefängnis in Wiener Neustadt dem Schicksal seines Großvaters nur knapp entrann, verbündete sich mit Ludwig XIV. und begann 1703 den Kampf gegen die Habsburger. Seinem Bauernheer schlossen sich bald auch Adelige und Stadtbürger an – aus der Bauernrebellion

1
Blick vom Oberen Belvedere auf Wien. Gemälde von Bernardo Bellotto, genannt Canaletto, um 1759/61.

wurde ein nationaler Freiheitskampf. Von habsburgischer Seite wurden Rákóczis Truppen jedoch nur als »Kuruzzen«, als plündernde wilde Streifscharen, wahrgenommen.

Zu Beginn des Jahres 1704, inzwischen tobte schon der große Krieg der Habsburger um das spanische Erbe, überschritt Rákóczi die österreichische Grenze; am 13. März erreichte eine Vorausabteilung der Kuruzzen St. Marx – eine Bedrohung Wiens war nunmehr unmittelbar gegeben, und auf Anraten des Prinzen Eugen befahl Leopold I. daher den Bau des Linienwalls, der am 26. April 1704 begonnen und am 11. Juli aufgrund von Geldmangel vorerst eingestellt wurde; immerhin wies die Anlage – in der Trasse der modernen Gürtelstraße ist ihr Verlauf heute noch dokumentiert – eine Länge von 13,5 km und eine Höhe von 3,5 m auf. Und der Wall bewährte sich tatsächlich: Am 11. Juni konnte am Linienwall ein ungarischer Angriff abgewiesen werden – es sollte allerdings das einzige Mal sein, daß dem Linienwall militärische Bedeutung zukam. 1705 verlegte man die Mautämter an die »Linie«, ab 1893 wurde das Bollwerk aus der Barockzeit völlig eingeebnet. Rákóczi geriet mit seinen »Kuruzzen« bald in die Defensive, da die erhoffte Unterstützung des Auslands weitgehend ausblieb. 1711 streckten sie endgültig die Waffen, Rákóczi flüchtete ins Exil in die Türkei († 1735); seine Güter wurden an Angehörige böhmischer und österreichischer Familien verteilt.

Nur allmählich konnten die verheerenden Spuren der Türkenbelagerung beseitigt werden; am gravierendsten erwies sich dabei der hohe Bevölkerungsverlust; die Gewährung von Steuerfreijahren sollte verstärkt Neuansiedler nach Wien locken. Völlig neu aufgebaut werden mußten die zerstörten Vorstädte, wobei sich die Möglichkeit ergab, planmäßig ganze Ensembles im barocken Stil anzulegen. Beispielhaft gelang dies vor der Kirche Maria Treu in der Josefstadt und vor der Servitenkirche in der Roßau; neue Siedlungen wuchsen heran, unter ihnen oberhalb von St. Ulrich der wegen seiner zwielichtigen Vergnügungsangebote bald berüchtigte Spittelberg; mit den Siedlungen am Alten Lerchenfeld und am Althangrund schoben sich die Vorstädte weiter ins Umland hinein. 1698 wurde von Leopold I. der Burgfriedensbereich Wiens genau bestimmt, und innerhalb dieses Bereichs versuchte nun die Stadt Wien, fremde Grundherren durch Kaufangebote für deren Liegenschaften aus der Stadt zu drängen – gezielt arbeitete man so auf eine Vereinheitlichung des Stadtgebiets hin.

Eine fieberhafte Bautätigkeit in der Stadt und den Vorstädten setzte ein, vor allem die mächtigen, im Gefolge des Dreißigjährigen Krieges zu riesigen Reichtümern gelangten Adelsfamilien im Umkreis des Wiener Hofs ließen sich prachtvolle Paläste errichten, aber auch das Kaiserhaus wollte hier nicht nachstehen: 1688 entwarf der Stararchitekt dieser Zeit, Johann Bernhard Fischer von Erlach (1656–1723), für Leopold I. seinen monumentalen Plan zum Bau des Schlosses Schönbrunn, das nach dem Vorbild von Versailles zu einer glanzvollen Demonstration absoluter Herrschermacht werden sollte. 1695 begann man mit dem Bau einer – offenbar aus finanziellen Gründen – vereinfachten Variante; 1700 war der Mitteltrakt des Schlosses im Rohbau

2
Das kaiserliche Lustschloß Schönbrunn, Hofseite. Gemälde von Bernardo Bellotto, 1759/61. Die Szene auf dem Schloßhof zeigt die Ankunft des Grafen Kinsky mit der Nachricht vom Sieg bei Kunersdorf (12. August 1759).

fertiggestellt; nach dem Tod von Kaiser Joseph I. im Jahre 1711 ließ dessen Nachfolger Karl VI. die Bauarbeiten einstellen, erst die Umbauten 1744–1749 unter der Leitung von Maria Theresias Hofarchitekten Nikolaus Pacassi verwandelten das unvollendet gebliebene Gebäude zur eindrucksvollen kaiserlichen Residenz, die nun sowohl den Erfordernissen der Repräsentation als auch den Wohnbedürfnissen der Herrscherfamilie gleichermaßen entsprach.

Barockpaläste in Wien

(mit Jahr des Baubeginns)

1685 Palais Lobkowitz (1, Lobkowitzplatz 2), ursprünglich erbaut von Giovanni Pietro Tencala für den kaiserlichen Oberstallmeister Sigmund Graf Dietrichstein.

1690 Palais Harrach (1, Freyung 3), Umbau durch Domenico Martinelli.

1691 Gartenpalais Liechtenstein (9, Fürstengasse 2), erbaut von Domenico Martinelli.

1694 Stadtpalais Liechtenstein (1, Bankgasse 9), erbaut von Antonio Riva nach Plänen von Domenico Martinelli.

1695 Stadtpalais des Prinzen Eugen (1, Himmelpfortgasse 8), erbaut von Johann Bernhard Fischer von Erlach.

1697 Palais Schwarzenberg (3, Rennweg 2), erbaut von Johann Lukas von Hildebrandt.

1699 Palais Batthyány-Schönborn (1, Renngasse 4), erbaut von Johann Bernhard Fischer von Erlach.

1705 Palais Starhemberg-Schönborn (4, Rainergasse 11), erbaut von Johann Lukas von Hildebrandt.

1706 Gartenpalais Schönborn (8, Laudongasse 15-19), erbaut von Johann Lukas von Hildebrandt.

1708 Böhmische Hofkanzlei (1, Wipplingerstraße 7/Judenplatz 11), erbaut von Johann Bernhard Fischer von Erlach.

um 1710 Palais Auersperg (8, Auerspergstraße 1), erbaut nach einem Entwurf von Johann Lukas von Hildebrandt für den Reichsgrafen Ferdinand Karl von Weltz.

um 1710 Palais Trautson (7, Museumstraße 7), erbaut von Johann Bernhard Fischer von Erlach.

1713 Palais Daun-Kinsky (1, Freyung 4), erbaut von Johann Lukas von Hildebrandt.

1720 Hofbibliothek (1, Josefsplatz), erbaut von Johann Bernhard und Joseph Emanuel Fischer von Erlach.

um 1720 Palais Bartolotti-Partenfeld (1, Graben 11), erbaut von Franz Jänggl nach Plänen von Johann Lukas von Hildebrandt.

3
Das Gartenpalais Liechtenstein, Gartenansicht. Gemälde von Bernardo Bellotto, 1759/60.

Prinz Eugen war nach dem Kaiser der mächtigste Mann des Reiches, nicht nur ein genialer Schlachtenlenker und Diplomat, sondern auch ein Kunstsammler und Kunstmäzen mit außerordentlichen Kenntnissen – ein Mann von seiner Bedeutung war zu besonderer Repräsentation verpflichtet; mit dem Bau des Belvederes (3, Prinz-Eugen-Straße 27) in den Jahren 1721 bis 1723, der seinem persönlichen Lieblingsarchitekten Johann Lukas von Hildebrandt anvertraut wurde, schuf er sich ein faszinierendes architektonisches Denkmal, das durch eine weitläufige barocke Gartenanlage mit kleinen Teichen und Brunnen und das langgestreckte, bereits 1714–1716 entstandene Untere Belvedere (3, Rennweg 6) harmonisch ergänzt wurde und den Vergleich mit Schönbrunn nicht zu scheuen brauchte.

Bedeutende Leistungen gelangen den Architekten des Barock aber auch im Bereich sakraler Baukunst, kongenial unterstützt von den großen Meistern der Altarbild- und Freskomalerei. Ein erstes barockes Gesamtkunstwerk entstand ab 1702 mit dem Neubau der aus dem 11. Jahrhundert stammenden Peterskirche (1, Petersplatz), der von Gabriele Montani begonnen und von Johann Lukas von Hildebrandt fertiggestellt wurde; das eindrucksvolle Kuppelfresko über dem charakteristischen barocken Zentralraum schuf Johann Michael Rottmayr (1654–1730), Antonio Galli-Bibiena und Johann Georg Schmidt gestalteten die Chorkuppel. Die vielleicht schönsten barocken Deckenfresken Wiens schuf – allerdings erst ein halbes Jahrhundert später – Franz Anton Maulbertsch (1724–1796) in der Piaristenkirche (8, Jodok-Fink-Platz), die vielleicht nach Plänen von Johann Lukas von Hildebrandt 1716 zu bauen begonnen wurde.

Der monumentalste barocke Kirchenbau Wiens entstand jedoch vor den Mauern der Stadt, jenseits des Wienflusses: die Karlskirche, geweiht dem Pestheiligen Karl Borromäus. Die Vorgeschichte dieses gewaltigen Gotteshauses ist verbunden mit dem letzten verheerenden Auftreten der Pest in Wien. Trotz strenger Quarantänemaßnahmen brach die gefürchtete Seuche, die 1712 in Ungarn eingeschleppt worden war, zu Beginn des Jahres 1713 auch in Wien aus und erreichte hier im Spätsommer 1713 ihren Höhepunkt – 8644 Menschen starben, nur etwa 10 Prozent der Infizierten überlebten die Krankheit. Unter dem Eindruck der allgemeinen

Verzweiflung und Hilflosigkeit angesichts des Schwarzen Todes gelobte Kaiser Karl VI. am 22. Oktober 1713 während eines Bittgottesdiensts im Stephansdom öffentlich die Errichtung einer Kirche zu Ehren seines Namenspatrons. Am 4. Februar 1716 erfolgte die Grundsteinlegung; als Architekt war Johann Bernhard Fischer von Erlach verpflichtet worden, dem es gelang, in dem grandiosen Zentralbau, dessen Kuppel eine Höhe von 72 m aufweist, den universellen Anspruch einer triumphierenden Kirche und das imperiale Programm des Habsburgerreichs zur beeindruckenden Synthese zu bringen. Die Spiralreliefs an den beiden flankierenden Triumphsäulen, die der Trajanssäule in Rom nachempfunden sind und Szenen aus dem Leben des heiligen Karl darstellen, stammen von Johann Christoph Mader; die Fresken im Innenraum von Johann Michael Rottmayr, Martin Altomonte und Daniel Gran, die Plastiken von Lorenzo Mattielli und Giovanni Stanetti. Nach dem Tod Johann Bernhard Fischer von Erlachs 1723 wurde das Werk, ein »Kompendium barocken Bau- und Symboldenkens« (H. Sedlmayr), von seinem Sohn Joseph Emanuel fortgeführt und 1739 vollendet.

Neben den großartigen Adelspalästen und prunkvollen Kirchen wuchsen – vor allem in den Vorstädten – zahlreiche neue Bürgerhäuser empor, die zunächst in ihren Fassaden noch die Paläste des Adels zu kopieren versuchten, später aber immer mehr auf einen reduzierten Dekor und klassizistische Elemente setzten. Die barocken Bürgerhäuser der Vorstadt und der Vororte waren meist einstöckig; der Hausbesitzer wohnte im ersten Stock, im Parterre fanden Handwerks- und Gewerbebetriebe oder auch schon kleine Manufakturbetriebe eine Unterkunft. Das Bürgerhaus in der Vorstadt St. Ulrich (7, St.-Ulrichs-Platz 2) oder das Töpfelhaus in Penzing (14, Penzinger Straße 34) geben heute noch einen guten Eindruck urbaner bürgerlicher Bauweise im Barock; in der Innenstadt repräsentieren das Märkleinsche Haus (1, Am Hof 7), das Urbanihaus (1, Am Hof 12), das Hildebrandthaus (1, Sonnenfelgasse 3) oder das Große Michaelerhaus (1, Kohlmarkt 11) – mehrere Jahre hindurch Wohnstätte Joseph Haydns – Höhepunkte dieses baukünstlerischen Empfindens.

Doch Glanz und Prunk, Luxus und ausschweifender Konsum der reichen Oberschicht bildeten nur die eine Seite der Medaille: Hatten vor der Zweiten Türkenbelagerung etwa 80.000 Menschen in Wien gelebt, so stieg die Einwohnerzahl in den folgenden Jahrzehnten rasch an und hatte sich bis zum Ende der Regierungszeit Karls VI. (1740) bereits verdoppelt, und 1754, im Jahr der ersten Volkszählung, lebten in Wien exakt 175.403 Menschen – Ursache dafür war vor allem eine enorme Sogwirkung des kaiserlichen Hofes und der Adelsgesellschaft in seinem Umkreis, die Tausende von Bediensteten und Arbeitskräften in die Residenzstadt zog. Manche Wirtschaftsbereiche wurden geradezu von ausländischen Spezialisten dominiert, wie zum Beispiel die Bauwirtschaft, in der italienische Meister und Gesellen bei den Auftraggebern der Großbauten besonders gefragt waren. Für die Mehrzahl der Bevölkerung bedeutete dieses ständige Wachstum, daß der Wohnraum zu einem äußerst knappen Gut wurde; man lebte zusammengedrängt in Klein- und Kleinstwohnungen, unter Verzicht auf jeglichen Komfort und konfrontiert mit mangelnder Hygiene. Noch immer gab es keine zentrale Wasserversorgung, das Wasser aus den Hausbrunnen drohte bei starken Regenfällen immer wieder durch Sickerwasser aus den Senkgruben verseucht zu werden. Cholerafälle waren deshalb keine Seltenheit, und die Pestepidemien der Jahre 1679 und 1713 wurden durch diese Mängel begünstigt.

ERSTE ANFÄNGE VON INDUSTRIE

Mit der Durchsetzung merkantilistischer Wirtschaftspolitik, wie sie von den Theoretikern Johann Joachim Becher (1635–1682) und dessen Schwager Philipp Wilhelm von Hörnigk (1640–1714) vertreten wurde *(Österreich über alles, wann es nur will)*, wurde Wien Schauplatz für erste Fabriksgründungen im wirtschaftlich – zieht man einen Vergleich zu den westeuropäischen Staaten – rückständigen Habsburgerreich. Johann Joachim Becher selbst gründete 1674 ein »Kayserliches Kunst- und Werckhaus« auf dem Tabor, das sich mit der Produktion von Farben und Chemikalien beschäftigte, daneben aber auch eine Apotheke sowie eine Seidenband- und Wollmanufaktur umfaßte. Das Unternehmen, der erste Versuch eines frühkapitalistischen Großbetriebs in Wien, geriet bald in wirtschaftliche Schwierigkeiten; die Anlagen fielen 1683 dem Türkensturm zum Opfer.

Erst gegen Ende des 17. Jahrhunderts folgten weitere Betriebsgründungen, vor allem auf dem Gebiet der Seidenverarbeitung, der damals besondere Bedeutung zukam. Begünstigt wurden sie bald durch die Wirtschaftspolitik Kaiser Josephs I., der den Unternehmern durch sogenannte »privilegia privativa« erhebliche Vorteile, wie Steuerfreiheit und staatliche Zuschüsse, in Aussicht stellte. Nach dem Ende des Spanischen Erbfolgekrieges wurde in Wien das »Haupt-Commercien-Collegium« installiert, in den einzelnen Ländern unterstützten »Commercien-Kollegien« die Bemühungen der Behörden um einen Wirtschaftaufschwung. All diese Maßnahmen schufen ein Klima, das nun zu zahlreichen Fabriksgründungen in Wien führte: Zum bedeutendsten Industriezweig wurde die Seidenindustrie, Spinnereien und Webereien entstanden, aber auch eine erste Maschinen- und Instrumentenfabrik, und 1718 wurde in der Roßau von einem gewissen Claudius Innocentius Du Paquier die erste Porzellanmanufaktur Wiens gegründet – ein Unternehmen, das bis heute Bestand hat und dessen Produkt, das »Augarten-Porzellan«, zu einem weltweit angesehenen Markenartikel wurde.

Angefeindet wurden diese Manufakturen von ihren natürlichen Gegnern, den Zünften, die zu Recht um ihre durch Jahrhunderte bewahrten Privilegien und ihre Märkte fürchteten. Die Arbeitskräfte der Betriebe wurden diskriminiert und galten im Sinne der alten Zunftordnungen nicht als »gut« – Reaktionen, denen von staatlicher Seite mit entsprechenden »Mahnungen« gegengesteuert werden mußte. In der Regierungszeit Maria Theresias sollten dann die aus dem Geist des Merkantilismus gewachsenen Manufakturen ihre Blütezeit erleben.

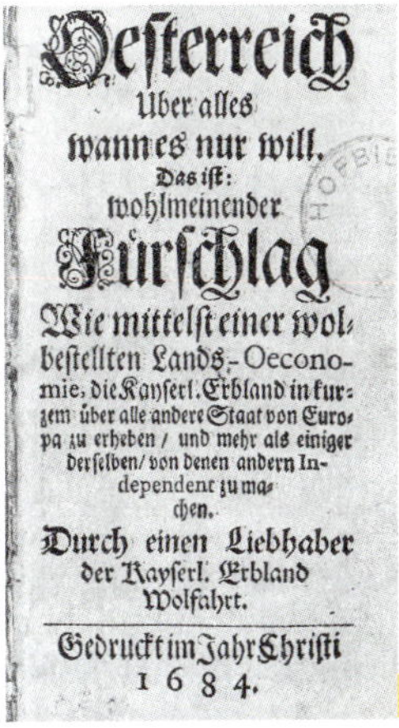
Oesterreich
Uber alles
wann es nur will.
Das ist:
wohlmeinender
Fürschlag
Wie mittelst einer wol-
bestellten Lands-Oecono-
mie, die Kayserl. Erbland in kur-
zem über alle andere Staat von Euro-
pa zu erheben / und mehr als einiger
derselben / von denen andern In-
dependent zu ma-
chen.
Durch einen Liebhaber
der Kayserl. Erbland
Wolfahrt.
Gedruckt im Jahr Christi
1684.

4

5

4
Titelblatt von Philipp Wilhelm von Hörnigks bahnbrechendem Buch »Österreich über alles wann es nur will«, das im Habsburgerreich die Diskussion über merkantilistische Wirtschaftspolitik eröffnete.

5
Prinz Eugen von Savoyen. Gemälde von einem unbekannten Künstler.

VOM ABSOLUTEN ZUM AUFGEKLÄRTEN ABSOLUTISMUS

Am 5. Mai 1705 starb Kaiser Leopold I., der beinahe ein halbes Jahrhundert lang die Geschicke der habsburgischen Länder gesteuert hatte, nicht immer mit glücklicher Hand, aber letztlich doch erfolgreich – zumindest aus der Sicht der Dynastie: Die absolutistische Herrschaft der Familie war gefestigter denn je, die Türkengefahr endgültig gebannt und der große Krieg um das spanische Erbe, den Leopold 1701 nach dem Tod Karls II., des letzten spanischen Habsburgers, gegen Frankreich begonnen hatte, verlief zunächst verheißungsvoll: Prinz Eugen bewies auf dem italienischen Kriegsschauplatz einmal mehr sein Genie; 1704 siegten er und der Herzog von Marlborough in der blutigen Schlacht von Hochstädt über ein zahlenmäßig überlegenes französisch-bayerisches Heer; Bayern wurde von kaiserlichen Truppen besetzt.

Leopolds ältester Sohn und Nachfolger, Joseph I. (1678–1711), ein aufgeschlossener und dabei ungemein ehrgeiziger Herrscher, mußte jedoch schnell erkennen, daß diese Anfangserfolge bei weitem keine Entscheidung über die Vormachtstellung in Europa gebracht hatten. Zähe rang Frankreichs Sonnenkönig Ludwig XIV. für die Sache der Bourbonen, und mit der Fortdauer des Krieges verbesserten sich die französischen Karten, vor allem als sich nach 1711 die Seemächte wieder der Sache Frankreichs zuneigten. Der permanente Kriegszustand verlangte auch der Wiener Bevölkerung erhebliche Opfer ab, die Lebensmittel wurden knapp und stiegen im Preis; riesige Summen Geldes wurden für die Finanzierung des Krieges benötigt; eine Schlüsselrolle als Heereslieferant und Geldgeber spielte hierbei der »Hofjude« (oder auch »Hoffaktor«) Samuel Oppenheimer (um 1635–1703), auf dessen Kredite der Kaiser weitgehend angewiesen war. Als Oppenheimer, vom Prinzen Eugen als »Retter aus Türkennot« gefeiert und dennoch immer wieder antisemitischen Anfeindungen ausgesetzt, 1703 starb, bedeutete dies den Bankrott seines Hauses und in der Folge auch den Bankrott des Staatshaushalts. In dieser schwierigen Situation verfiel die Hofkammer 1703 auf die Idee, eine »Banco del Giro« (»Zettelbank«) zu errichten, die die Gläubiger des Staates durch die Ausgabe von Banco-Obligationen zufriedenstellen sollte. Das Projekt scheiterte jedoch, und so folgte 1706 die Gründung der »Wiener Stadt-Banco«, mit der erstmals die Finanzkraft der Stadt Wien für die Liquidität der Staatskasse genützt wurde. Da die Bevölkerung der »Stadt-Banco« wesentlich mehr Vertrauen entgegenbrachte als dem »Banco del Giro« und ihr Geld hier anlegte, konnte sich diese tatsächlich über Wasser halten; bis zur Schaffung der Nationalbank 1816 agierte die Wiener Stadtbank auch als Notenbank.

Den Aufbruch in ein neues Zeitalter des Geschäftemachens mit Geld markierte nicht zuletzt auch noch ein anderes Ereignis: 1707 unterzeichnete Joseph I. das Gründungspatent für ein »Versatz- und Fragamt«, das der Bevölkerung die Möglichkeit bot, Wertgegenstände zu verpfänden und kurzfristig entsprechende Darlehen aufzunehmen. Als maximale Darlehensdauer wurde der Zeitraum von einem Jahr und sechs Wochen festgelegt. Das »Versatz- und Fragamt« übersiedelte 1788 in das aufgelassene Dorotheerkloster, und daher bürgerte sich für diese Institution bald der Name »Dorotheum« ein.

Im April 1711 starb Joseph I., dessen energischer Regierungsstil viele Hoffnungen geweckt hatte, an den Blattern; sein jüngerer Bruder Karl VI. folgte ihm auf den Thron – eine Konstellation, die bei den mit Österreich verbündeten Seemächten England und Holland auf entschiedene Ablehnung stieß, mußte man doch – da Karl nach wie vor seine Ansprüche auf die spanische Krone geltend machte – eine Vereinigung der österreichischen Länder mit dem spanischen Weltreich befürchten. Das Interesse der Seemächte an einer Fortführung des Kampfes gegen Frankreich erlahmte, und so kam es – nachdem die Verbündeten des Kaisers bereits 1713 den Frieden von Utrecht geschlossen hatten – zum Friedensschluß von Rastatt (1714), in dem Karl Gebiete in Italien und die südlichen Niederlande gewann, aber endgültig auf die spanische Krone verzichten mußte. Ein zweites quälendes Problem hatte Karl bereits 1713 gelöst: Da er selbst ohne männliche Nachkommen geblieben war, sprach er im April 1713 in einer feierlichen Erklärung die »Pragmatische Sanktion« aus – unteilbar und untrennbar sollten die habsburgischen Länder bleiben und die Thronfolge auch für seine weiblichen Nachkommen möglich sein.

In der Folge galten Karls politische Anstrengungen vor allem der Annahme der Pragmatischen Sanktion durch die entsprechenden Gremien des In- und Auslands; um Wien und seine Probleme kümmerte er sich kaum. Inzwischen stiegen hier die sozialen Spannungen dramatisch an: Das Aufblühen der Manufakturen und die ständig wachsende Zahl von »Hofbefreiten« ließ die ökonomische Situation der in den Zünften organisierten Meister immer schlechter werden, die nun ihrerseits auf Rekompensation der Verluste drängten und die Gesellen unter Druck zu setzen begannen. 1715 kam es zu einem ersten Streik der Schuhmachergesellen in Wien und in den folgenden Jahren immer wieder zu Unruhen; ein kaiserliches Patent vom 20. Juli 1722, das den Gesellen im Falle von Zusammenrottungen mit schweren Strafen drohte, verschärfte den Konflikt. Ende Oktober 1722 eskalierten die Spannungen in einem Aufstand der Schuhmachergesellen, der von Stadtwache und Militär blutig niedergeschlagen wurde: Sieben Handwerker werden in den Unruhen erschossen; zwei Schustergesellen am Hohen Markt gehenkt (31. Oktober 1722). Keinesfalls gewillt ist man am Hof Karls VI., über die Ursachen dieser dramatischen sozialen Konflikte nachzudenken – die einzige Konsequenz aus den tragischen Vorfällen der »Schuhknechtsrevolte«: Die Freiheiten der Gesellen, vor allem die Wanderfreiheit, werden weiter eingeschränkt, die Bildung von »Vereinen« wird streng verboten. Ein besonderer Dorn im Auge sind dem absolutistischen Staat die Zünfte, deren Selbständigkeit in der »allgemeinen Zunft- und Handwerksordnung« des Jahres 1732 ebenfalls weiter untergraben wird.

Das 18. Jahrhundert ist schließlich jenes Zeitalter, in dem absolutistischer Herrscher und die allmächtige Kirche noch einmal die Disziplinierung der Untertanen in großem Stil versuchen: So verbietet Karl VI. 1723 in Wien das »Fensterln«, jenes Vergnügen verliebter junger Männer, das heute fälschlicherweise als typisch ländlicher Brauch angesehen wird. War dieses Verbot noch die eher harmlose Marotte Karls und seiner kirchlichen Berater, so wurde die sogenannte »Keuschheitskommission« seiner Tochter Maria Theresia tatsächlich zu einem öffentlichen Ärgernis. 1752 per Erlaß der Regentin ins Leben gerufen, war es Aufgabe dieser Hofkommission, das Verhalten von Männern und Frauen in der Öffentlichkeit auf Sittenwidrigkeit hin zu kontrollieren – ein Auftrag, der in der Praxis zu zahlreichen peinlichen Auftritten führte und von Gästen aus dem Ausland – berühmt

6
Kaiser Karl VI. vor der Karlskirche. Zeichnung von einem unbekannten Künstler.

7
Das Kärntnertortheater, erbaut 1709, um 1750.

wurde der von Casanova in seinen Memoiren *Geschichte meines Lebens* geschilderte Vorfall – heftig kritisiert wurde.

Weniger rigoros stand man dem Stegreiftheater gegenüber, das durch den aus Graz stammenden ehemaligen Zahnarzt Josef Anton Stranitzky (1676–1727) und der von ihm kreierten Figur des »Hanswurst« Popularität erlangte. Stranitzkys in einer Bretterbude am Neuen Markt seit 1706 vorgeführte Spiele um den Hanswurst, die vom Publikum geradezu gestürmt wurden, lebten von ihrer derben Komik und geistreichem Wortwitz, als Vorlage diente ihm meist eine der tiefernsten barocken Prunk- und Zauberopern; Stranitzky, ab 1709 auch Pächter des Kärntnertortheaters, wurde mit diesen vergnüglichen Stegreifpossen zum Begründer des Altwiener Volkstheaters; nach seinem Tod führten Gottfried Prehauser und Joseph von Kurz-Bernardon sowie Johann La Roche, der Schöpfer des »Kasperls«, diese Tradition erfolgreich fort.

Zum bedeutendsten Operndichter Wiens in der Barockzeit wurde Metastasio (1698–1782, eigentlich Pietro Antonio Trapassi), dessen insgesamt 27 Opernlibretti – meist basierend auf Motiven der griechischen und römischen Mythologie – den modischen Geschmack des Wiener Hofs hervorragend trafen.

MARIA THERESIAS WEG ZUM ZENTRALSTAAT

Am 20. Oktober 1740 erlag Kaiser Karl VI. in der Neuen Favorita, dem heutigen Theresianum (4, Favoritenstraße 15), einer schweren Krankheit; immerhin hatte die Habsburgermonarchie unter seiner Herrschaft mit den Gebietsgewinnen des Friedens von Passarowitz 1718 ihre größte räumliche Ausdehnung seit der Abspaltung der spanischen Linie erlebt; ein unglücklich verlaufener Türkenkrieg in den Jahren 1737–1739 führte jedoch wieder zu Gebietsverlusten; die kaiserliche Armee hatte bereits viel vom Schwung aus den Tagen des Prinzen Eugen, der 1736 verstorben war, verloren. Diese militärische Schwäche blieb den Nachbarn nicht verborgen, und als die 23jährige Maria Theresia im Oktober 1740 die Nachfolge ihres Vaters antrat, sahen sie ihre Stunde gekommen. Als gefährlichster Gegner der jungen Regentin erwies sich König Friedrich II. von Preußen, der einige Monate vor Maria Theresia den Thron der Hohenzollern bestiegen hatte und, gestützt auf fragwürdige Rechtsansprüche aus dem 17. Jahrhundert, noch im Dezember 1740 den Krieg um das wirtschaftlich hoch entwickelte Schlesien begann. Die ersten österreichischen Niederlagen gegen Preußen ermutigten 1741 auch Bayern, Sachsen, Spanien und schließlich auch Frankreich zum Angriff auf die Habsburgermonarchie; in der Annahme eines leichten Sieges hatte man die Beute bereits vorsorglich untereinander aufgeteilt. Unmittelbar am bedrohlichsten für Wien erwies sich der Feldzug des bayerischen Kurfürsten Karl Albert, der – verstärkt durch französische Kontingente – 1741 mit seinem Heer gegen die österreichische Hauptstadt vordrang, an der Traisen jedoch abdrehte und nach Böhmen zog. In dieser schwierigen Lage tat Maria Theresia das einzig Richtige: Nach der Krönung zur Königin von Ungarn sicherte sie sich die Unterstützung des ungarischen Reichstags, der Hilfstruppen bereitstellte, und versuchte die Allianz der Feinde auf diplomatischem Weg zu sprengen.

Die große Katastrophe konnte so zwar abgewendet werden, aber mit Karl Albert von Bayern als Karl VII. wurde erstmals seit 1438 ein Nicht-Habsburger zum Kaiser gewählt, und Schlesien ging im Frieden von Berlin (28. Juli 1742) vorerst einmal verloren. Und noch immer gab es für Maria Theresia keine Atempause: Der Krieg gegen Bayern und Franzosen ging weiter, Böhmen konnte zurückerobert werden, und eine österreichische Armee drang bis an den Rhein vor, ehe Friedrich II. erneut im Norden zum Kampf antrat (Zweiter Schlesischer Krieg 1744/45). Allmählich stabilisierte sich die Lage; Maria Theresias Gemahl, Franz Stephan von Lothringen, wurde nach dem überraschenden Tod Karls VII. im Oktober 1745 zum römisch-deutschen Kaiser gewählt; Bündnisse mit Rußland und England trugen dazu bei, daß die militärischen Kräfteverhältnisse sich ausgeglichener gestalteten und die Operationen auf den einzelnen Kriegsschauplätzen sich festfuhren. Der Friede von Aachen im Oktober 1748 beendete das knapp achtjährige Ringen Maria Theresias um ihr Erbe, in dem sie sich unerwartet gut behauptet hatte – Schlesien allerdings blieb eine Beute Friedrichs II.

Am Wiener Hof war man jedoch keinesfalls gewillt, diesen schmerzlichen Verlust so ohne weiteres hinzunehmen – sorgfältig bereitete man sich auf die Revanche gegen Preußen vor, und nunmehr zeigte sich eine der größten Stärken Maria Theresias: Sie verstand es, hervorragend geeignete Männer als Berater und Helfer zu gewinnen, allen voran den Grafen (ab 1763 Fürsten) Wenzel Anton von Kaunitz-Rietberg (1711–1794), der zur zentralen Figur der österreichischen Politik wurde. Kaunitz, der seine Karriere 1742 als Gesandter in Turin begonnen und die Verhandlungen in Aachen geführt hatte, war dann einige Jahre hindurch als Gesandter in Paris tätig, ehe er 1753 zum Staatskanzler ernannt wurde. Klar erkannte er in Preußen den neuen

Hauptfeind Österreichs in Mitteleuropa und plädierte daher für eine Umkehr der Bündnisse: Nur mit Frankreich an der Seite könne man Friedrich II. in die Knie zwingen. Nach jahrelangen diplomatischen Bemühungen gelang es Kaunitz schließlich 1756, mit Frankreich ein Defensivbündnis zu schließen – die Habsburgermonarchie war für den entscheidenden Waffengang gegen Preußen gerüstet.

Kaunitz zur Seite stand der aus Schlesien stammende Verwaltungsfachmann Graf Friedrich Wilhelm von Haugwitz (1702–1765), der mit seinen Reformvorschlägen den tiefgreifenden Wandel der Habsburgermonarchie zu einem absolutistisch regierten Zentralstaat einleitete: Mit dem »Directorium in publicis et cameralibus« schuf er eine neue oberste Behörde für die politische und Finanzverwaltung der Monarchie (ohne Ungarn); durch die Gründung einer Obersten Justizstelle wurden Verwaltung und Justiz konsequent voneinander getrennt; 1760 verselbständigte sich die Finanzverwaltung in der Hofrechenkammer; die innenpolitische Verantwortung für das Reich Maria Theresias oblag nunmehr der »k. k. vereinigten böhmisch-österreichischen Hofkanzlei«. 1760/61 kam es schließlich zur Gründung des Staatsrats, jener beratenden Körperschaft, die allen Hofstellen übergeordnet war – hier fielen von nun an die eigentlichen Entscheidungen; die Effizienz der Staatsverwaltung hatte mit diesen Reformen bedeutend gewonnen.

Maria Theresia und ihre Ratgeber bereiteten den Krieg vor, doch wieder war es Friedrich II., der die Initiative ergriff: Aufgescheucht durch die Kriegsvorbereitungen seiner Gegner Österreich und Rußland, ging er 1756 zum Angriff über – es begann das blutige Ringen des Siebenjährigen Krieges (1756–1763), das nach wechselvollem Verlauf – zweimal konnte kurzfristig von österreichischen Truppen sogar Berlin besetzt werden – und Hunderttausenden von Opfern keine Veränderung brachte. Im Frieden von Hubertusburg (15. Februar 1763) wurde der Status quo von 1756 bestätigt: Schlesien blieb bei Preußen.

Während die Armeen Maria Theresias an den Fronten im Norden, Westen und Süden die Existenz des Staats verteidigten, blieb Wien die glanzvolle Barockstadt, großartige Kulisse für die Entfaltung imperialer Macht. 1743 befiehlt Maria Theresia, die die Neue Favorita nicht mehr betreten will, den Umbau von Schloß Schönbrunn, der 1749 durch ihren Günstling Nikolaus Pacassi vollendet wird. Das Schloß, durch Pacassis Änderungen und vor allem in der Innenausstattung bereits dem Rokoko verpflichtet, wird zum Inbegriff maria-theresianischer Lebensfreude; hier feiert die Herrscherin im Kreis ihrer großen Familie – sie gebiert ihrem Gatten 16 Kinder, von denen drei früh sterben – fröhliche Familienfeste und elegante Bälle; weitere beliebte Schauplätze für die verschwenderischen Feste des Hofes sind die Winterreitschule und der Redoutensaal in der Hofburg oder auch das Belvedere, die ehemalige Sommerresidenz des Prinzen Eugen. Im Schönbrunner Schloßtheater, das von Johann Ferdinand Hetzendorf von Hohenberg errichtet und 1747 eröffnet wird, nimmt die kaiserliche Familie regen Anteil an den Aufführungen; die Kinder des Kaiserpaars treten selbst in den verschiedensten Rollen auf.

8
Maria Theresia mit ihrem Gemahl Franz I. und dem Kronprinzen Joseph. Gemälde von einem unbekannten Künstler.

Mit dem Tod Franz Stephans am 18. August 1765 fand die Freude Maria Theresias an dem festlich-fröhlichen Treiben ein jähes Ende; ihr ältester Sohn und »Mitregent«, Kaiser Joseph II. (1741–1790), stand oberflächlichen Vergnügungen wie Ballveranstaltungen von vornherein ablehnend gegenüber; sehr viel ernster nahm er allerdings die Angelegenheiten des Theaters, wie er 1776 mit dem Entschluß bewies, das »Nationaltheater nächst der Burg« – das als »Burgtheater« zu einer der bedeutendsten Bühnen des deutschen Sprachraums werden sollte – unter seine persönliche kaiserliche Obhut zu nehmen. Das Gebäude selbst, ursprünglich das »Ballhaus nächst der Burg«, war mit Erlaubnis von Maria Theresia bereits 1741 in ein Theater umgewandelt und 1752 der Hofverwaltung unterstellt worden. Da die Direktoren der Bühne allesamt in finanzielle Schwierigkeiten gerieten, mußte Joseph schließlich einspringen – als Gegenleistung wollte er ein Theater, das zum Forum der Aufklärung und der deutschen Nation werden sollte.

Was die Stadt selbst betraf, so zielten die Reformen Maria Theresias auch hier auf größtmögliche Effizienz im Hinblick auf die Leistungsfähigkeit des Geamtstaats, die wirtschaftliche Bedeutung der Metropole war ja unbestritten. Um die Produktivität der Wiener Wirtschaft besser steuern zu können, unterschied man ab 1754 zwei Arten von Gewerbe- und Handwerksbetrieben: »Polizeigewerbe«, die vor allem für den Bedarf der Stadt produzierten, und »Kommerzgewerbe«, deren Produkte hauptsächlich für den Export hergestellt wurden. Zum Kommerzgewerbe rechnete man alle frühindustriellen Unternehmen, wie etwa die Seidenmanufakturen.

Das Bevölkerungswachstum hielt weiter an; die »Seelenkonsignation« von 1754 – eine erste Volkszählung – ergab 175.403 Einwohner innerhalb des Linienwalls; im »Conskriptionspatent« von 1770 wurde neben einer »Seelenbeschreibung« auch die Numerierung der Häuser mit »Conskriptionsnummern« angeordnet – unmittelbarer Zweck dieser Maßnahme war es, die Aushebung von Rekruten zu erleichtern; schnell erkannte man jedoch auch ihre allgemeinen verwaltungstechnischen Vorteile. 1772 zählten die Beamten Marias Theresias bereits 192.971 Einwohner für Wien.

9
Regelmäßige Liniendienste werden eingerichtet: Abfahrt der Postkutsche bei der Augartenbrücke.

Mit 1. März 1772 trat eine Neuerung in Kraft, die einen ersten großen Fortschritt im Sinne moderner Kommunikation brachte: Die »Kleine Post« oder »Stadtpost« nahm innerhalb der Linien ihren Betrieb auf; bis 1785 war sie im Privatbesitz, dann wurde sie von Joseph II. dem k. k. Obersthofpostamt unterstellt. Bekannt wird der neue Postdienst als »Klapperpost«: Da es noch keine Briefkästen gibt, müssen die Briefträger ihr Kommen durch Klappern bemerkbar machen. Die Zentrale der »Kleinen Post« befand sich in der Wollzeile (1. Bezirk).

Auch der regelmäßige Transport von Passagieren durch die Post geht auf Maria Theresia zurück: In einer Weisung aus dem Jahre 1749 befahl sie den Einsatz von »Postdiligencen« zur »Verführung« von Reisenden; die revolutionäre Vision der energischen jungen Regentin: Auf den wichtigsten Verbindungsrouten des Reichs sollten regelmäßig Postkutschen mit Personenbeförderung verkehren. Als erste Teilstrecke wurde am 1. Juli 1749 die Verbindung Wien–Prag eröffnet; die Fahrzeit betrug damals an die 40 Stunden, als Tarif für diese Reise standen immerhin 13 Gulden 20 Kreuzer pro Person zu Buche. Der Erfolg dieser Pioniertat zog die rasche Errichtung von weiteren »Fahrpost«-Verbindungen nach sich: Diligencen verkehrten auch bald nach Linz, Passau, Triest, Troppau und Breslau – Wien wurde zum Mittelpunkt eines Verkehrsnetzes, das aufgrund der steigenden Mobilität der wohlhabenden Schichten stetig im Wachsen begriffen war.

Zu den Beratern Maria Theresias, deren Einfluß bedeutende Neuerungen mit sich brachte, zählte auch der aus Leiden gebürtige Mediziner Gerard van Swieten (1700–1772), der 1745 von Franz Stephan als Leibarzt für die Regentin an den Hof berufen wurde. Auf van Swietens Betreiben hin führt man an der Universität Wien Reformen durch, eine deutliche Verbesserung der Studienqualität, besonders im Bereich der medizinischen Fakultät, wird erreicht. Er wird so zum Begründer der Wiener Medizinischen Schule, der in seinem Fach als Physiologe und Pathologe Außergewöhnliches leistet und u. a. an der Entwicklung der Blatternimpfung beteiligt ist, aber ebenso nachdrücklich für Verbesserungen im Gesundheitswesen und in der Wohlfahrtspflege eintritt. Er wird Direktor der Hofbibliothek, die durch Errichtung eines Lesesaals erstmals einem größeren Leserkreis zugänglich wird, und Lei-

10
Der wichtigste Berater Maria Theresias: Staatskanzler Wenzel Anton Reichsfürst von Kaunitz-Rietberg (1711–1794). Schabblatt von Johann Peter Pichler nach einem Gemälde von Johann Baptist Lampi.

11
Der Leibarzt Maria Theresias und Begründer der älteren Wiener Medizinischen Schule: Gerard van Swieten (1700–1772).

12
Wegbereiter der Aufklärung in Österreich: Josef Freiherr von Sonnenfels (1733–1817). Schabblatt von Johann Jacobé nach einem Gemälde von Franz Messmer.

ter der Studien- und Bücherzensur-Hofkommission; sein Gedankengut, das dem Geist der Aufklärung verpflichtet ist, wirkt nicht zuletzt in der großen Reform des Schulwesens nach, mit der die 1760 geschaffene »Studienhofcommission« betraut ist.

Unmittelbar beauftragt mit der Ausarbeitung einer Schulordnung wurde der Geistliche Johann Ignaz von Felbiger (1724–1788), dessen »Allgemeine Schulordnung für die deutschen Normal-, Haupt- und Trivialschulen in sämtlichen Kayserlich-königlichen Erblanden« am 6. Dezember 1774 per Erlaß in Kraft trat und eine Revolutionierung des Erziehungswesens auslöste. Erstmals wurde in Klassen unterrichtet; drei Typen von Schulen waren vorgesehen: die zweiklassige Trivialschule in kleinen Städten und Märkten, die dreiklassige Hauptschule in größeren Städten und die vierklassige Normalschule in den Hauptorten jeder Provinz. Die erste Normalschule Wiens wurde 1771 im Churhaus zu St. Stephan eröffnet; Direktor des Instituts, dem bald weitreichende Vorbildwirkung zukam, war mit Joseph Meßmer ein weiterer bedeutender Schulreformer. Mit der Aufhebung des Jesuitenordens im September 1773 erfuhr auch das Gymnasialwesen eine Neuorientierung – das Gymnasium der Piaristen gewann an Bedeutung.

Einer der hervorragendsten Geister im Kreise um Maria Theresia war der Jurist und Staatswissenschaftler Freiherr Joseph von Sonnenfels (1732–1817), der bereits als 31jähriger Professor an der Universität Wien wurde und sich in seinen zutiefst der Aufklärung verpflichteten Schriften vor allem zwei Themen widmete: der Reform des Theaters (Verbot des Stegreifspiels) und der Abschaffung der Folter. Sonnenfels, der auch Mitglied des Staatsrats wurde, drang mit letzterer Forderung bei der Herrscherin lange nicht durch; erst 1776 wurde die Folter als Mittel zur Erzwingung einer Aussage abgeschafft. Die Strafgerichtsordnung von 1768 *(Nemesis Theresiana)* hatte die Folter durchaus noch als legitimes Instrument der Justizbehörden gesehen; auch die darin festgelegten, zum Teil sehr harten Strafsätze entsprachen nicht mehr dem Profil einer Gesellschaft, die sich längst im Aufbruch in Richtung bürgerliche Moderne befand.

Gerade in Fragen wie jenen des Strafrechts offenbarte sich das Dilemma Maria Theresias: So ungemein fortschrittlich sie in allen Belangen einer effizienten Staatsverwaltung sein konnte, so blieb sie persönlich doch einem barocken Katholizismus verhaftet, der nicht selten an Bigotterie grenzte und unerfreuliche habsburgische Haltungen weiter tradierte. Das galt auch für ihre Politik gegenüber den Juden. 1764 erließ sie eine Judenordnung, die noch einmal die bekannten Diskriminierungen aufgreift: Nur der Hausvater darf verheiratet sein, alle Vierteljahre ist Meldung über den Personenstand zu machen; Juden dürfen nicht in den Vorstädten wohnen und müssen den »Judenbart« tragen; an Sonn- und Feiertagen dürfen sie nicht vor 12 Uhr das Haus verlassen – sehr wohl aber dürfen sie zahlen, »Toleranzgeld«, auf das die Staatskassa nach wie vor sehr erpicht ist, und es schadet auch nicht, wenn der eine oder andere Jude Fabriken gründet und so den Wohlstand der christlichen Stadt hebt. Maria Theresia sah die Juden aus utilitaristischer Sicht, die Maximen der Aufklärung, die alle Menschen als Brüder und die Religionen als gleichberechtigt ansieht, blieben ihr fremd.

Als oberste Repräsentantin einer Feudalgesellschaft, in der die Förderung der Kunst zur selbstverständlichen Usance wurde, nahm sie regen Anteil am künstlerischen Leben der Zeit und setzte dafür auch erhebliche Geldmittel ein. Der Wiener Hof rückte insbesondere im Bereich des Musikschaffens immer mehr in den Mittelpunkt; Komponisten wie Christoph Willibald Gluck (1714–1787) und der Hofkomponist Georg Christoph Wagenseil (1715–1777), wie Joseph Haydn (1732–1809), Carl Ditters v. Dittersdorf (1739–1799) und Wolfgang Amadeus Mozart (1756–1791) erweiterten den hochbarocken Musikstil durch formale und harmonische Neuerungen; bestehende Gattungen, wie das Menuett, wurden umgeformt; Innovationen, wie das Streichquartett, eroberten die Konzertsäle. Zur oft erzählten Anekdote wurde Maria Theresias erste Begegnung mit dem sechsjährigen »Wunderkind« Mozart im Oktober 1762; die rührende Geschichte vom »Wolferl« auf dem Schoß der Herrscherin kann jedoch nicht darüber hinwegtäuschen, daß Mozart während seines zweiten Wien-Aufenthalts 1767/69 bei Hof nicht mehr reüssieren konnte; erst nach dem Tod Maria Theresias begann die Zeit seiner großen Wiener Erfolge.

Am 29. November 1780 starb Maria Theresia an den Folgen einer schweren Erkältung; Joseph II., seit 1765 bereits Mitregent und mit seiner Mutter durchaus nicht immer einer Meinung, wurde Alleinherrscher und ging unverzüglich daran, seine großen Visionen vom Staat der Zukunft zu verwirklichen.

WIEN IM JOSEPHINISCHEN STAAT

Zu Lebzeiten seiner Mutter konnte Joseph II. nur eingeschränkt Einfluß auf politische Entscheidungen nehmen; weitgehende Handlungsfreiheit besaß er allerdings in den wichtigen Bereichen Militär und Außenpolitik, und so kam es auch, daß er in der ersten Teilung Polens 1772 gegen den Willen Maria Theresias die Annexion südpolnischer Gebiete durchsetzte, die als »Königreich Galizien und Lodomerien« dem Habsburgerreich angeschlossen wurden. Weitere Gebietsgewinne folgten: 1775 wurde die Bukowina kampflos von der Hohen Pforte an Österreich abgetreten, 1779 erwarb man von Bayern das Innviertel – gedacht als »Ent-

13
Kaiser Joseph II. (1741–1790) in grüner Dragoneruniform. Gemälde von Joseph Hickel.

14
Maria Josefa (1739–1767), die 2. Gemahlin Kaiser Josephs II., starb an den Blattern.

15
Maria Theresia in der Witwentracht. Stich von Jacques Louis Cathelin nach einem Gemälde von Josef Ducreux.

schädigung« für im bayerischen Erbfolgekrieg dieses Jahres (»Kartoffelkrieg«) geltend gemachte Erbansprüche. Mit dem Tod Maria Theresias und dem Aufstieg zum Alleinherrscher richtete sich Josephs Augenmerk ganz auf sein großes Reformprogramm. Als leidenschaftlicher Verfechter eines aufgeklärten Absolutismus verstand er sich als erster Diener seines Volks; konsequent unter dem Zeichen der Vernunft geplante Lösungen für anstehende Probleme sollten allen Untertanen Glück und Zufriedenheit bringen. Um ihre Meinung gefragt wurden diese allerdings nicht, und auch auf ihre Mitwirkung an der Staatsreform wurde verzichtet – Joseph II. regierte selbstherrlich und autoritär, was dazu beitrug, daß so manch sinnvolle Maßnahme des Josephinismus von der Bevölkerung einfach aus mangelndem Verständnis abgelehnt wurde.

Dennoch: Die Reformen Josephs II., in vielem eine Fortführung der maria-theresianischen Politik, prägten Staat und Gesellschaft in einzigartiger Weise, vor allem die »Intellektuellen« der Habsburgermonarchie blieben josephinischem Gedankengut bis tief ins 19. Jahrhundert, ja bis zum Ende der Monarchie verpflichtet. Auch wenn die Neuerungen autoritativ verordnet wurden, schuf Joseph doch erstmals die Möglichkeit zu einem breiten öffentlichen Diskurs darüber: 1781 verkündete er eine fast uneingeschränkte Pressefreiheit, was blitzschnell zu einer wahren Flut von Broschüren aller Art, von Pamphleten und Traktaten pro und kontra die Reformen führte. Diese naturgemäß vor allem in Wien erscheinenden Schriften bildeten ein Forum der Diskussion, wie man es bisher im Reich der Habsburger nicht gekannt hatte; daran änderte auch die Tatsache nichts, daß Joseph gleichzeitig die Kontrollinstanz für das Schrifttum, die Zensur, bestätigte.

Gegenstand der Kritik wurden vor allem Josephs kirchenpolitische Maßnahmen, die mit dem Erlaß des Toleranzpatents am 13. Oktober 1781 einen ersten Höhepunkt erreichten: Lutheraner, Kalvinisten und Griechisch-Orthodoxe wurde bürgerliche Gleichheit mit den Katholiken gewährt, und sie erhielten das Recht auf freie Religionsausübung – der über 250 Jahre währende Kampf zwischen den christlichen Konfessionen in Österreich war damit endgültig zu Ende. Im Jänner 1782 ließ Joseph ein Toleranzpatent für die Juden folgen, das zwar viele diskriminierende Bestimmungen – so etwa die längst anachronistische Kleiderordnung – aufhob, aber noch keine bürgerliche Gleichstellung brachte. Während man von jüdischer Seite darüber enttäuscht war, fanden sich auch antisemitische Stimmen, die vor zuviel Toleranz gegenüber den Juden warnten.

Zu einem wahren Paukenschlag wurde jedoch das kaiserliche Dekret vom 12. Jänner 1782, in dem Joseph eine Reihe beschaulicher Orden auflöste und ihre Klöster aufhob; entscheidendes Kriterium war das der Nützlichkeit: Wer sich nicht dem Unterricht in Schulen, der Krankenbetreuung und der praktischen Seelsorge widmete, hatte in Josephs Augen keinen unmittelbaren »Wert« für den Staat. In Wien wurden elf Männer- und sieben Frauenklöster aufgelassen, darunter das Kamaldulenserkloster auf dem Kahlenberg, das Augustiner-Chorherrenstift St. Dorothea und drei Klöster der Karmeliterinnen. Das Vermögen der Klöster wurde einem »Religionsfonds« zugeführt; die Gebäude versuchte man sinnvoll für die Allgemeinheit zu nützen.

Hand in Hand mit dieser spektakulären Aktion, die von einer »Geistlichen Hofkommission« durchgeführt wurde, gingen weitere Reformen im Bereich der Kirche. So wurden in Wien zahlreiche neue Pfarren gegründet, um eine bessere seelsorgerliche Betreuung zu gewährleisten; 1783 kündigte man schließlich dem Bistum Passau die uralten Bistumsrechte. Auf Unverständnis stießen vor allem neue Vorschriften zu den Details des kirchlichen Lebens: So limitierte man die Zahl der Altarkerzen und verbot das Schmücken von Heiligenfiguren; das in der Barockzeit überaus populär gewordene Wallfahrts- und Prozessionswesen wurde stark eingeschränkt, und selbst vor den Toten machte Josephs Reformeifer nicht halt: Statt Särgen wollte er ihnen nur mehr Säcke zugestehen – der einhellige Widerstand der Bevölkerung, die ihre geliebte »schöne Leich'« nicht missen wollte, zwang ihn allerdings bald zur Rücknahme dieser Bestimmung.

Die Radikalität von Josephs Programm alarmierte auch den Papst in Rom: Pius VI. sah sich genötigt, zu persönlichen Gesprächen mit dem Kaiser nach Wien zu kommen; einen Monat lang, vom 22. März bis 22. April 1782, hielt er sich hier auf und versuchte Joseph von seinem kirchenpolitischen Kurs abzubringen – vergeblich, in den wesentlichen Punkten blieb das Oberhaupt des Heiligen Römischen Reichs bei seinen Entscheidungen.

Ihrem Wesen nach zielten die Reformen Josephs auf eine weitere Zentralisierung der Verwaltung und größtmögliche Effizienz, ein Grundsatz, der 1783 auch zur Reform der Wiener Stadtverwaltung führte. Nach langen Verhandlungen, bei denen Bürgermeister Josef Georg Hörl maßgeblich beteiligt war, wurde in der »Magistratsreform« folgendes festgelegt: Der Magistrat gliederte sich in drei Senate. Dem politisch-ökonomischen Senat *(Senatus in publico-politicis et oeconomicis)* oblag die Administration und Finanzgebarung der Stadt, geleitet wurde er vom Bürgermeister, der seinerseits vom »Äußeren Rat«, einem Kollegium verdienter Bürger, gewählt wurde. Die ehemaligen Stadtgerichtsfunktionen wurden nun den beiden anderen Senaten zugeteilt: dem Strafgerichtssenat *(Senatus in judicialibus criminalibus)* und dem Zivilgerichtssenat *(Senatus in judicialibus civilibus)*, die jeweils von den beiden Vizebürgermeistern geleitet wurden.

16
Wien im Todesjahr Maria Theresias: Blick auf die Stadt mit der Schlagbrücke im Vordergrund. Radierung von Johann Andreas Ziegler, 1780.

Der »Magistrat der kaiserlichen Residenzstadt Wien«, wie die Stadtverwaltung nun hieß, wurde jedoch nicht demokratisch vom Volk gewählt, sondern war de facto ein Organ des Herrschers, da jeder, der in den Magistrat gewählt werden wollte, eine staatliche Zulassung benötigte. Damit war ein weiterer Schritt in Richtung »Entpolitisierung« der Stadtverwaltung getan; der Bürgermeister war zu einem »Beamten« des Kaisers geworden.

Unbestritten Großes leistete Joseph II. auf den Gebieten der Strafgesetzgebung, der Sozialgesetzgebung und der Gesundheitsfürsorge: So hob er 1781 die Leibeigenschaft auf und 1787 die Todesstrafe; »Robotpatente« regelten das Ausmaß der Leistungen für die Grundherrschaft neu. Das von Leopold I. gegründete Großarmenhaus in der Alser Straße wird auf seinen Beschluß hin zum Allgemeinen Krankenhaus, dem modernsten Spital der Zeit, umgebaut und im August 1784 feierlich eröffnet; mit der Errichtung des »Narrenturms« wird erstmals auch für die Behandlung von Geisteskranken eine eigene Krankenhausabteilung geschaffen. Eine wichtige Maßnahme betrifft auch die Friedhöfe Wiens: Alle Friedhöfe innerhalb der Stadtmauern werden aufgelassen; dafür schafft man fünf Kommunalfriedhöfe: den St. Marxer Friedhof, den Matzleinsdorfer Friedhof (heute Waldmüller-Park), den Hundsturmer Friedhof, den Schmelzer Friedhof und den Währinger Friedhof (heute Währinger Park).

Mit der Öffnung des Praters, der bis dahin kaiserliches Jagdgebiet war, und des Augartens für die Bevölkerung schuf Joseph II. nicht zuletzt wichtige Erholungsgebiete für die Wiener Bevölkerung, die bis heute ihre Bedeutung behalten haben.

Zahlreiche Anekdoten ranken sich um die »Volksnähe« Josephs II., der sich nicht scheute, sich inkognito unter das Volk zu mischen, und dabei manches Abenteuer erlebte; legendär wurde die Episode vom Hinauswurf des Kaisers aus dem »Weißen Löwen«, einem der berüchtigten Lokale am Spittelberg (7, Gutenberggasse 13). Zum verklärten Topos der Kaiserporträts wurden auch die Begegnungen mit Bauersleuten, denen der Monarch unerkannt zur Hand geht – all dies trug dazu bei, daß Joseph II. schon bald nach seinem Tod am 20. Februar 1790 als »Volkskaiser« in die österreichische Geschichtsschreibung einging.

DIE GROSSE KRISE UND DIE REAKTION

1

Während man in Wien auf das Eintreffen von Josephs Nachfolger, seinen jüngeren Bruder Leopold II. (1747–1792), den Großherzog von Toskana, wartete und sich im 1788 neugegründeten Theater in der Josefstadt oder in Emanuel Schikaneders Freihaustheater amüsierte, verfolgten politisch Hellhörige mit Spannung die Nachrichten aus Paris. Die Ereignisse der Französischen Revolution hatten für alle europäischen Höfe neue Voraussetzungen geschaffen: Allein die Existenz der Französischen Republik zeigte, daß es tatsächlich eine Alternative zu den alten Monarchien gab, daß eine neue Gesellschaftsordnung ohne die Machtkoppelung absolutistischer Herrscher–Kirche möglich und praktizierbar war.

Kaiser Leopold II. verstand es jedoch geschickt, die angespannte Situation im Inneren zu entschärfen, indem er einen Teil der radikalen Reformen – insbesondere der Zentralisierungsmaßnahmen – Josephs wieder zurücknahm; gleichzeitig versuchte er die außenpolitische Lage Österreichs zu stabilisieren, da die Entwicklung im revolutionären Frankreich immer deutlicher den Krieg erwarten ließ. Anfang 1792 wurden in Paris König Ludwig XVI. und Marie Antoinette, Leopolds Schwester, gefangengesetzt; die Girondisten in der französischen Nationalversammlung drängten zum Angriff gegen die alten Monarchien. Leopold II. erlebte den Beginn des Kampfs im Frühjahr 1792 nicht mehr – völlig unerwartet starb er am 1. März 1792; sein ältester Sohn Franz II. (1768–1835), ein überzeugter Gegner der Revolution, folgte ihm als Herrscher.

DIE »JAKOBINERVERSCHWÖRUNG«

Die Koalitionsmächte – Österreich, Preußen und in der Folge auch England, Spanien und Holland – erwarteten sich einen leichten Sieg gegen die Revolutionsarmeen, sahen sich jedoch bald mit dem Phänomen konfrontiert, daß die französischen Truppen ungeahnten Kampfwillen zeigten und im militärischen Genie Napoleon Bonapartes, der 1796 in Oberitalien das Kommando übernahm, einen charismatischen Führer fanden, dem die Verbündeten nichts entgegenzusetzen hatten.

Das Gedankengut der »Jakobiner« blieb indessen auch in Wien nicht unbeachtet; in »Klubs« und Zirkeln wurde von den Intellektuellen das Ge-

2

3

1
Erzherzog Karl mit seinem Stab in der Schlacht bei Aspern am 21./22. Mai 1809. Gemälde von Johann Peter Krafft, 1820.

2
Kaiser Leopold II. (1747–1792) als Großherzog der Toskana. Anonymes, zeitgenössisches Porträtgemälde.

3
Jakobinerverschwörung in Wien: Die Hinrichtung von Franz Hebenstreit am 8. Jänner 1795. Zeitgenössisches Flugblatt.

schehen in Paris diskutiert. Obwohl dabei auch so manche Pläne für einen Umsturz zur Demokratie erörtert werden, bleibt alles sehr harmlos und theoretisch – nicht jedoch für die Polizei von Kaiser Franz, die in der Nacht zum 24. Juli 1794 eine Reihe von Verhaftungen vornimmt und von der Aufdeckung einer »Jakobinerverschwörung« spricht. Unter den Festgenommenen sind angesehene Bürger, so der Magistratsrat Joseph Prandstätter, der »Platzoberleutnant« Franz Hebenstreit und der Freiherr Andreas von Riedel, einst Lehrer Leopolds II., der sich als Autor eines Aufrufs an alle Deutschen zu einem antiaristokratischen Freiheitsbund besonders verdächtig macht. Franz II. würde die »Verschwörer« gerne hinrichten lassen, doch seit dem neuen Strafgesetzbuch Josephs II. ist die Todesstrafe nur mehr bei standgerichtlichen Verfahren möglich – ein Schicksal, das Franz Hebenstreit trifft: Als Soldat wird er von einem Militärgericht zum Tode verurteilt und am 8. Jänner 1795 vor dem Schottentor gehenkt; zum Teil werden drakonische Kerkerstrafen gegen die übrigen »Mitverschwörer« ausgesprochen. Zugleich verschärfte Franz II. die Überwachung und Kontrolle seiner Untertanen: Die josephinische Pressefreiheit gehörte der Vergangenheit an, eine rigide »General-Zensurverordnung« erstickte jedes freie politische Wort; »geheime Gesellschaften«, wie die Freimaurer, die unter Maria Theresia und Joseph II. eine Blütezeit erlebt hatten, werden strengstens verboten. Und um das Entstehen von proletarisch-revolutionären Massen in Wien zu verhindern, verbietet der mißtrauische und überängstliche Kaiser sogar die Ansiedelung von Fabriken auf Wiener Stadtgebiet.

Inzwischen folgte auf den Kriegsschauplätzen Niederlage auf Niederlage, und als Napoleon im April 1797 in der Steiermark einrückte, schien auch Wien gefährdet. Zur Verteidigung der Stadt war das Volk, das ansonsten nur schweigend gehorchen durfte, nun willkommen: Der Aufruf zur freiwilligen Meldung für ein »Wiener Aufgebot« wird von immerhin 8500 patriotisch gestimmten Männern wahrgenommen, die jedoch nach dem Vorfrieden von Leoben ohne jede Feindberührung heimkehren dürfen.

Das letzte Jahr des 18. Jahrhunderts, in dem Wien zur glanzvollen Metropole eines Großreichs herangewachen war, brachte wiederum Krieg gegen Frankreich. Nach anfänglichen Erfolgen ergriff bald wieder Napoleon, inzwischen zum ersten Konsul aufgestiegen, die Initiative und fügte der österreichischen Armee bei Marengo am 14. Juni 1800 eine schwere Niederlage zu; die hohen Ausgaben für Krieg und Rüstung trieben den Staat zusehends in Finanznöte, der daraufhin im Sommer 1800 mit der Ausgabe von neuen Bankozetteln reagierte. Das Volumen dieses Papiergelds konnte nur kurz unter Kontrolle gehalten werden, dann wurde ungehemmt gedruckt. Bis 1811 stieg der Nominalwert der im Umlauf befindlichen Bankozettel auf über eine Milliarde Gulden, tatsächlich betrug jedoch ihr Kurswert nur mehr ein Zwölftel davon – ein Staatsbankrott war die unvermeidliche Folge.

Für die Wiener Bevölkerung äußerte sich die Wirtschaftskrise vor allem in ständigen Lebensmittelteuerungen, was im Juli 1805 zu Unruhen in der Stadt, dem sogenannten »Bäcker-Rummel« führte: Nach der Plünderung einer Bäckerei auf der Wieden brechen Kämpfe aus, bei denen auch reguläres Militär eingesetzt wird. Es gibt 10 Tote und Hunderte Verwundete, und für einige Zeit wird das Standrecht verhängt. Da Not und Elend der untersten Schichten in den folgenden Jahren immer größer werden, kommt es weiterhin zu Plünderungen. Nicht zuletzt bewirkte der rapide Verfall der Währung auch ein Ansteigen der Wohnungsmieten um bis zu 100 Prozent, was eine dramatische Wohnungsnot auslöste.

In Paris hatte sich inzwischen Napoleon selbst zum »Kaiser der Franzosen« gekrönt, ein Akt, der Franz II. und seine Berater dazu bewog, auch für das Haus Habsburg eine derartige Kaiserwürde, unabhängig von der römisch-deutschen Kaiserwürde, zu schaffen. Mit dem Patent vom 7. Dezember 1804 nannte sich Franz II. jetzt »Kaiser von Österreich«, in diesem neu geschaffenen Amt war er allerdings Franz I. 1806 legte er die Krone des Heiligen Römischen Reiches endgültig nieder, gleichzeitig verkündete er dessen Auflösung.

4

Kaiser Franz II. (1768–1835) im Krönungsornat der deutschen Kaiser. Gemälde von L. Streitenfeld, 1874.

5

Erzherzog Carl, der Sieger von Aspern (1771–1847). Stahlstich von Carl Mayer nach einem Bildnis aus dem Jahre 1795, um 1845.

6

Der große Gegenspieler Erzherzog Karls: Napoleon Bonaparte.

7
Der Einzug von Kaiser Franz I. in Wien nach dem Pariser Frieden 1814. Gemälde von Johann Peter Krafft, vor 1828.

Die schwere Wirtschaftskrise in der Stadt führte dazu, daß man die Wechselfälle des Kriegs eher gleichgültig zur Kenntnis nahm, selbst als Napoleon am 13. November 1805 Wien beinahe kampflos eroberte, gab es keinerlei patriotisches Erwachen seiner Bürgerschaft. Im Gegenteil: Napoleon genoß durchaus auch Sympathien, verkörperte er doch für viele noch den Geist der Französischen Revolution. Andere wiederum, wie Ludwig van Beethoven, der seine 3. Symphonie *(Eroica)* dem Korsen gewidmet, die Widmung nach dessen Kaiserkrönung aber gestrichen hatte, erkannten die Machtbesessenheit Napoleons und wandten sich ab.

Seinen Wiener Aufenthalt im Spätherbst 1805 nützte Napoleon zur Vorbereitung und Durchführung der Operationen im Norden, die am 2. Dezember 1805 in der »Dreikaiserschlacht« von Austerlitz *(Slavkov)* ihren blutigen Höhepunkt fanden – die Armeen von Franz I. und dem russischen Zaren Alexander I. wurden schwer geschlagen; der Friede von Preßburg *(Bratislava)* brachte große Gebietsverluste in Italien und auf dem Balkan. Nach einem Treffen mit seinem Gegenspieler Erzherzog Carl in Schönbrunn verließ Napoleon am 28. Dezember 1805 Wien, in einer Proklamation bedankte er sich bei den Wienern für ihr »gutes Betragen«; zwei Wochen später zogen auch seine Truppen ab.

Die wenig ruhmvollen Niederlagen gegen Napoleon bewirkten nun endlich ein Umdenken in der österreichischen Regierung, in der vor allem der neue Außenminister, Graf Johann Philipp Stadion, einen energischen Kurs einschlug; man erkannte, daß eine allgemeine Erneuerung notwendig war und der Krieg gegen Frankreich vor allem zu einer Sache des Volkes gemacht werden mußte. Das Heer wurde von Erzherzog Carl reformiert und durch neue Truppenkörper verstärkt; in einer publizistischen Propagandaoffensive versuchte man die öffentliche Meinung für einen neuen Waffengang gegen Napoleon zu gewinnen. Im Frühjahr 1809 glaubte man diesen wagen zu können, blieb allerdings auf sich allein gestellt, und so wiederholte sich noch einmal die Situation von 1805: Nach nächtlichem Artilleriebeschuß kapituliert Wien bereits am 13. Mai 1809; etwa 80.000 Mann stark ist die Besatzungstruppe, die nun ihr drückendes Regiment in der Stadt beginnt. Napoleon bezieht ein zweites Mal in Schönbrunn Quartier; Kaiser Franz I. flieht ein zweites Mal. Wieder entscheidet sich der Feldzug nördlich der Donau, und diesmal erleidet Napoleons Nimbus der Unbesiegbarkeit erstmals einen Kratzer: Erzherzog Carl siegt am 21./22. Mai in der Schlacht bei Aspern, kann aber seine Vorteile in der Folge nicht ausnützen und unterliegt in der entscheidenden Schlacht bei Wagram (5./6. Juli 1809); der Krieg ist wiederum verloren, im Frieden von Schönbrunn, geschlossen am 14. Oktober 1809, wird Österreich zu weiteren Gebietsabtretungen gezwungen. Aufregung gab es zwei Tage zuvor, als der 17jährige, aus Erfurt stammende Kaufmannssohn Friedrich Staps ein Messerattentat auf Napoleon verüben will, dabei jedoch entdeckt und am 16. Oktober hingerichtet wird. Am gleichen Tag verläßt der große Korse Wien; die französischen Einheiten, denen nun wesentlich mehr Ablehnung und Widerstand entgegenschlug als 1805, ziehen am 20. November ab, sprengen vorher jedoch noch Teile der Stadtbefestigung.

DER WIENER KONGRESS

Die Niederlage von 1809 hatte gelehrt, daß die Habsburgermonarchie allein gegen Napoleon verloren war; verstärkt versuchte man nunmehr mit diplomatischen Mitteln seine Interessen zu wahren, und hier hatte Franz I. mit dem Grafen (ab 1813 Fürsten) Clemens Wenzel Lothar Metternich (1773–1859) einen Mann gefunden, der auf dem internationalen Parkett außergewöhnliches Geschick und Fingerspitzengefühl bewies. Im Oktober 1809 ernannte er Metternich zum Außenminister; ein erster Schachzug des neuen Ressortleiters bestand in der Vermittlung der Heirat von Erzherzogin Marie Louise, einer Tochter von Franz I., mit Napoleon, der durch diese Verbindung mit einer der ältesten und mächtigsten Dynastien Europas seine Legitimität zu verbessern suchte. Die Hochzeit per procurationem fand am 11. März 1810 in der Augustinerkirche statt; Napoleon wurde von Erzherzog Carl vertreten. Ein Jahr später, im März 1811, gebar Marie Louise ihrem Gatten einen Sohn, Napoleon Franz, den späteren Herzog von Reichstadt (1811–1832).

Durch diese »Familienbande« dem Korsen verbunden, unterstützte man Napoleons militärische Unternehmungen gegen Rußland; nach der Katastrophe von 1812 wartete Metternich – scharf kritisiert von Preußen und Rußland – die Entwicklung zunächst noch ab; erst im August 1813 erklärte auch Österreich Frankreich wiederum den Krieg. Nach dem Sieg in der »Völkerschlacht« von Leipzig (16.–18. Oktober 1813) zeichnete sich das Ende der Napoleonischen Herrschaft ab; 1814 trugen die verbündeten Heere den Krieg nach Frankreich, am 31. März 1814 zogen sie in Paris ein, am 4. April dankte Napoleon ab und ging auf die Insel Elba ins Exil. Zum Schauplatz der nun anstehenden umfassenden Verhandlungen über die Neuordnung Europas wurde Wien bestimmt – auch das ein Erfolg der Politik Metternichs.

Fürst Metternich war auch Vorsitzender der Diplomatenkonferenz des Kongresses, der am 18. September 1814 mit einer gemeinsamen Sitzung der Großmächte eröffnet wurde und bis 9. Juni 1815 dauern sollte. Der »jämmerliche

8
Der »Kutscher Europas« und Symbolfigur der Reaktion: Staatskanzler Clemens Lothar Wenzel Fürst Metternich (1773-1859). Gemälde von Thomas Lawrence.

9
Der Wiener Kongreß. Kupferstich von Jean Baptiste Isabey und Jean Godefroy, 1819.

Handel mit Ländern und Menschen« (Erzherzog Johann), der Europa in Atem hielt, bedeutete für die Wiener, daß sie zwar Zaungäste waren an rauschenden Festen der Herrschenden, tatsächlich aber hatte der Kongreß für die Bevölkerung eher negative Begleiterscheinungen: Die Mietpreise stiegen drastisch, ebenso die Preise für Nahrungsmittel; die politische Entmündigung des Magistrats blieb bestehen. Die Stadt trug so die Last für ein Spektakel mit, in dem sich die alte Feudalgesellschaft Europas, die Hocharistokratie und ihre Trabanten, noch einmal als herrschende Gruppe inszenieren konnte; der Kongreß wuchs zum Bollwerk gegen das revolutionäre Gedankengut von 1789, gegen Menschenrechte und Demokratie, aber auch gegen den Nationalismus, der in den Kriegen gegen Napoleon eine bis dahin unbekannte Brisanz und Aktualität erhalten hatte.

Auf den Spuren des Biedermeiers

Kornhäuselturm (1, Seitenstettengasse 2, Judengasse 14, Fleischmarkt 1 b): Wohnhaus und Atelier des Architekten Josef Kornhäusel.
Hauptmünzamt (3, Am Heumarkt 1, Rechte Bahngasse 2): erbaut 1835-1838 von Paul Sprenger als zentrale Münzwerkstätte der Habsburgermonarchie.
Haus der Israelitischen Kultusgemeinde (1, Seitenstettengasse 2-4): errichtet 1825/26 nach Plänen von Josef Kornhäusel, 1963 renoviert; die einzige erhaltene Synagoge Wiens.
Palais Metternich (3, Rennweg 27): 1815 als »Villa Metternich« errichtet, 1835-1837 von Peter Nobile erweitert (demoliert), 1846-1848 Errichtung eines »Wintergartens« durch Johann Romano und August Schwendenwein, der seit 1908 Sitz der italienischen Botschaft ist.
Coburgpalais (1, Seilerstätte 1-3): errichtet 1843-1847 nach einem Entwurf von Karl Schleps für Herzog Ferdinand v. Sachsen-Coburg-Kohary.
Villa Wertheimstein (19, Döblinger Hauptstraße 96): erbaut 1834/35 von Alois Pichl für den Großindustriellen Rudolf von Arthaber, der sie 1867 an Leopold R. v. Wertheimstein verkaufte. Bauernfeld-Zimmer, Saar-Zimmer, Bezirksmuseum Döbling.
Geymüller-Schlößl (18, Khevenhüllerstraße 2): erbaut für den Bankier Johann Jakob Geymüller (1760-1834), wertvolles Biedermeierinterieur.

Die Flucht Napoleons von Elba Anfang März 1815 und sein verzweifelter Versuch, die Macht noch einmal an sich zu reißen, beschleunigten schließlich die Arbeit der Diplomaten, denn noch vor der entscheidenden Niederlage des Korsen bei Waterloo (18. Juni 1815) konnte am 9. Juni 1815 der Kongreß mit der Unterzeichnung der Schlußakte vollendet werden: Das machtpolitische Gleichgewicht in Europa war zwar wiederhergestellt, die wahren Interessen des Volkes hatte man negiert und nicht erkannt, daß sich bereits eine Gesellschaft herausformte, die von bürgerlichem Selbstbewußtsein getragen war, deren enorme wirtschaftliche und soziale Dynamik die alte Ordnung hinwegfegen würde. Im September 1815 schloß sich Österreich – wieder war Metternich federführend – mit Preußen und Rußland zur einem Friedensbund zusammen, der »Heiligen Allianz«, der später beinahe alle anderen Staaten Europas beitraten – es war dies das großangelegte Defensivbündnis der restaurativen Kräfte des Ancien régime gegen eine bald mit Macht andrängende neue Welt.

IM VORMÄRZ

Ziel Metternichs, des Baumeisters der Restauration, war es, jede revolutionäre Regung zu unterdrücken, was ihm zwar nicht in Europa (Aufstand der Griechen 1821–1829), in den habsburgischen Ländern aber sehr wohl gelang. 1821 wurde er zum Staatskanzler ernannt und als solcher zur verhaßten Galionsfigur der Reaktion.

Die Jahre nach dem Kongreß waren in Wien von den Auswirkungen des Staatsbankrotts von 1811 geprägt. Der Tiefpunkt der Depression wurde 1817 erreicht, als zahlreiche Betriebe ihre Produktion einschränken mußten oder überhaupt in Konkurs gingen; Entlassungen und damit verbunden eine bis dahin nie gesehene Massenarbeitslosigkeit waren die Folge; Tausende von Menschen sahen sich gezwungen, mit Betteln ihr Leben zu fristen, und »belagerten« die Straßen und Plätze der Residenzstadt; die Prostitution blühte. Aber auch für jene Menschen, die Arbeit hatten, war das Leben nicht einfach: Die Löhne lagen meist knapp am Existenzminimum, eine wöchentliche Arbeitszeit von bis über 90 Stunden (!) zehrte an den Kräften und erlaubte kaum Regeneration.

Das solcherart unablässig in einem harten Existenzkampf stehende Industrieproletariat, abschätzig als »Pöbel« bezeichnet, kristallisierte sich nun immer deutlicher als »vierter Stand« heraus, der zusehends auch als Bedrohung für die Besitzenden empfunden wurde. Gerade in dieser »untersten« Bevölkerungsschicht war auch der Anteil der Nicht-Wiener sehr hoch, die aus allen Provinzen der Monarchie in die Hauptstadt zogen, um hier Arbeit und Unterhalt zu finden. Von der Jahrhundertwende bis 1835 stieg die Bevölkerung Wiens um 40 Prozent auf beinahe 330.000 Einwohner; die Zahl der Fremden explodierte dagegen geradezu: Zählte man 1820 noch 13.852 Nicht-Wiener, so waren es 1840 bereits 136.166. Motor dieser Entwicklung war die industrielle Revolution, die nun allmählich ihre Dynamik auch in der Habsburgermonarchie zu entfalten begann. Vor allem der in den dreißiger Jahren intensiv einsetzende Eisenbahnbau bewirkte für Wien eine enorme Beschleunigung des strukturellen Wandels, Produktionsumfang und Beschäftigungszahl steigerten sich in erhöhtem Tempo; als bedeutender neuer Wirtschaftszweig entwickelte sich die moderne Maschinen- und Verkehrsmittelindustrie; einen ungeheuren Aufschwung nahm die Metallverarbeitung.

Die industrielle Revolution

am Beispiel feststehender Dampfmaschinen in Wien
(ohne Lokomotiven und Schiffsmaschinen)

	Anzahl	PS
1841	38	439
1851	100	956
1862	223	2.507
1875	719	7.437

Quelle: Statistische Tafeln 1841, Dampfmaschinenstatistiken 1851, 1862, 1875; zit. nach Chaloupek, Eigner, Wagner, Wien. Wirtschaftsgeschichte, Teil 1: Industrie

Die Infrastruktur der Stadt hinkte dagegen entschieden nach; große Probleme gab es etwa mit der Wasserversorgung Wiens: Die »Albertinische Wasserleitung«, die Herzog Albert von Sachsen-Teschen 1804 hatte anlegen lassen und die von Hütteldorf bis in die Josefstadt führte, war zu wenig leistungsfähig und versorgte hauptsächlich den Südwesten der Stadt; erst 1835 ließ Kaiser Ferdinand I. mit der »Kaiser-Ferdinands-Wasserleitung«, die das Wasser dem Donaukanal entnahm, eine zentrale Wasserversorgungsanlage errichten (Fertigstellung 1846). Im argen lag auch das Gesundheitswesen, vor allem mangelte es an hygienischer Sorgfalt und entsprechenden Vorsorgemaßnahmen. Noch immer flossen die Abwässer der umliegenden Vorstädte in den Wienfluß und verseuchten so das Grundwasser. Erst die schreckliche Choleraepidemie der Jahre 1831/32, die an die 2000 Opfer forderte, war Anlaß, um mit dem Bau der »Cholerakanäle«, des rechten und linken Wienfluß-Sammelkanals, zu beginnen.

Ungelöst war weiterhin auch das Problem einer Donauregulierung; immer wieder sorgte die Naturgewalt des Stroms für verheerende Überschwemmungen, so im Februar 1830, als ein riesiger Eisstoß die Donau über ihre Ufer treten ließ und 74 Menschen in den eiskalten Fluten ums Leben kamen.

10
Das alte Hofburgtheater auf dem Michaelerplatz war das angesehenste Theater Wiens in der Zeit des Vormärz. Mit der Eröffnung des neuen Burgtheaters 1888 wurde es geschlossen und dann abgebrochen.

11
Das Theater an der Wien war 1825–1845 an Carl Carl verpachtet, dessen großer Star Johann Nestroy die Wiener als Autor und Schauspieler begeisterte.

Der Vormärz war – trotz einer reaktionären Staatsführung, die am liebsten jeden Gedanken und jedes Wort ihrer Untertanen der strengsten Kontrolle unterworfen hätte – die Zeit des großen Aufbruchs; es begann jene tiefreichende Mobilisierung der Gesellschaft, die für die Moderne zum zentralen Merkmal wurde. Symptomatisch dafür war etwa der einsetzende Ausflugsverkehr am Wochenende, die »Landpartie« kam groß in Mode, und wer etwas auf sich hielt, der bestieg am Sonntagmorgen beim Linienwall einen »Linienzeisel«, einen ungefederten Leiterwagen, und ließ sich für 10 Kreuzer hinaus in den Wienerwald kutschieren; ab 1817 konnte man dieses Vergnügen auch im modernen »Gesellschaftswagen« genießen, der immerhin schon den Luxus einer Federung aufwies. Wohlhabende Bürger ließen es nicht bei der Umgebung Wiens bewenden – man fuhr auf Sommerfrische ins Salzkammergut oder besuchte eines der mondänen Bäder Böhmens.

In der Stadt selbst nahmen Waren- und Personenzirkulation an Geschwindigkeit zu; 1824 verkehrten die ersten Pferdeomnibusse; die durch ihre geregelte Fahrzeiten bereits den Charakter eines modernen »Massenverkehrsmittels« aufwiesen. Die Hauptlast des Personentransports wurde jedoch noch immer von den Fiakern, zweispännigen numerierten Lohnwagen, getragen, die jetzt ihre große Blütezeit erlebten.

Auch der Reiseverkehr von und nach Wien intensivierte sich; der 1823 auf der Strecke nach Prag erstmals regulär eingesetzte »Eilwagen« brach alle Rekorde, die Reisezeiten nach Graz, Pest, Triest oder Karlsbad *(Karlový Vary)* konnten deutlich verkürzt werden; erstmals wurde auf den Hauptstrecken des Nachts durchgefahren; ein »Schaffner« oder »Kondukteur« sorgte für das Wohl der Fahrgäste.

Trotz dieser Verbesserungen war die Zeit der Postkutschen jedoch abgelaufen – der Dampflokomotive konnte man nichts mehr entgegensetzen. Am 4. März 1836 gewährte Kaiser Ferdinand I. die Erlaubnis zum Bau einer Lokomotivbahn, der »Kaiser-Ferdinands-Nordbahn«; am Dreikönigstag 1838 erfolgte die Eröffnung der ersten Dampfeisenbahnlinie Österreichs auf der Strecke Wien-Nordbahnhof–Deutsch-Wagram. 1839 fährt man mit der Eisenbahn bereits bis Brünn *(Brno)*, 1842 keuchen im Süden die ersten Lokomotiven bereits bis Gloggnitz; noch wartet jedoch der gefürchtete Semmering auf seine Eroberung.

Der Antrieb mittels Dampfmaschine brachte auch für die Schiffahrt auf der Donau eine neue revolutionäre Lösung.

Die beiden Engländer John Andrews und Joseph Pritchard initiierten 1829 die Gründung der »Ersten k. k. privilegierten Donau-Dampfschiffahrtsgesellschaft« *(DDSG)*; auf einem Holzstapel in Floridsdorf wurde das erste Dampfboot der Gesellschaft, ein Raddampfer, gebaut, der am 26. Juli 1830 als »Franz I.« vom Stapel lief und im September seine Jungfernfahrt nach Pest unternahm. In rascher Folge wurden weitere Dampfschiffe gebaut; 1837 konnte auch der Schiffsverkehr donauaufwärts in Angriff genommen werden – 1852 besaß die DDSG bereits die stolze Zahl von 71 Dampfschiffen.

EXKURS: DIE BEVÖLKERUNGSENTWICKLUNG WIENS

Eine kontinuierliche Besiedlung von Teilen des Wiener Stadtgebiets ist den archäologischen Befunden zufolge seit der Jungsteinzeit gegeben; bis in die La-Tène-Zeit waren es wohl nur dörfliche Gemeinschaften mit allenfalls einigen hundert Einwohnern, die hier lebten. Sollte ein keltisches *oppidum* im Gebiet des 3. Bezirks bestanden haben, so dürfte auch dies kaum über 1000 Einwohner gezählt haben. Mit der Errichtung des Legionslagers Vindobona durch die Römer begann eine erste Phase intensiver Bevölkerungskonzentration im Wiener Raum – vermutlich lebten zur Blütezeit des Lagers bzw. der Zivilstadt etwa 30.000 bis 40.000 Menschen hier. Die Aufgabe des Donaulimes und der Abzug der Römer Ende des 4. Jahrhunderts leiteten einen deutlichen Bevölkerungsrückgang ein; für die Hunnenzeit um die Mitte des 5. Jahrhunderts wird man mit einer teilweise verlassenen bzw. zerstörten Lagerstadt rechnen können, die Befestigungsanlagen waren jedoch noch intakt und boten den verbliebenen bzw. aus der Umgebung zugezogenen Einwohnern Schutz; ihre Zahl wird kaum über 1000 gestiegen sein. Diese »Restsiedlung« auf dem Boden des römischen Kastells überdauerte auch die Herrschaft der Awaren, und mit dem Beginn der bairischen Ostkolonisation im 9. Jahrhundert könnte die Einwohnerzahl allmählich wieder im Zunehmen begriffen gewesen sein. Nach dem Rückschlag durch die Ungarnherrschaft im 10. und 11. Jahrhundert brachte die Wahl Heinrichs II. Jasomirgott, in Wien seinen Hof zu errichten, die Wende: Das Machtzentrum der Babenbergerherzöge entwickelte sich zu einer ansehnlichen mittelalterlichen Stadt, deren Einwohnerzahl von ca. 12.000 in der zweiten Hälfte des 12. Jahrhunderts auf etwa 40.000 Menschen im 14. Jahrhundert anstieg. Einen gravierenden Einschnitt bedeutete die Pestepidemie von 1349, die, glaubt man den zur Übertreibung neigenden zeitgenössischen Quellen, kaum ein Drittel der Bevölkerung verschonte. Immerhin kann Enea Silvio Piccolomini, später als Papst Pius II. gefeiert, in einer Schätzung aus dem Jahre 1438 von »fünfzigtausend Kommunikanten« sprechen; realistischer ist es wohl, bis zum Ende des 15. Jahrhunderts und damit des Mittelalters ein langsames Ansteigen der Bevölkerung bis ca. 20.000 Einwohner anzunehmen.

1525 wütet ein Großbrand, dem 416 Häuser, ca. 40 % des gesamten Baubestands, zum Opfer fallen; 1541 meldet sich der Schwarze Tod zurück – die Quellen sprechen von einem Rückgang der Einwohnerzahl um ca. ein Drittel. Anno 1566 findet die erste genaue Häuserzählung in Wien statt: Es gibt 1065 Häuser, davon sogar 390 einstöckige. Trotz immer wiederkehrender Seuchen – das nächste große Pestjahr ist 1679 – steigt die Einwohnerzahl bis zum Ende des 17. Jahrhunderts weiter an; um 1700 hatte Wien bereits über 100.000 Einwohner und war damit die sechstgrößte Stadt Europas.

Die erste Volkszählung findet in Wien 1754 auf Wunsch von Maria Theresia statt; die »Seelenkonsignation« erfaßt zu diesem Zeitpunkt 175.000 Einwohner. Gegen Ende des 18. Jahrhunderts verstärkte sich die Zuwanderung, ein vorübergehender Rückschlag durch die Abwanderung zahlreicher Beamter nach 1806 (Ende des Heiligen Römischen Reiches) konnte durch die verstärkt einsetzende Industrialisierung und den Zuzug von Arbeitskräften schnell wettgemacht werden; nach der Stadterweiterung von 1850 hatte Wien 431.000 Einwohner.

In den folgenden Jahrzehnten stieg die Einwohnerzahl in enorm hohem Tempo weiter an, 1870 hatte sie sich bereits verdoppelt, 1880 zählte man auf dem Gebiet der Stadt Wien 1,163.000 Einwohner. Die Eingemeindung der Vororte 1890 brachte einen weiteren Bevölkerungsschub (1,43 Mio.); im Jahre 1900 beherbergte die Metropole des Habsburgerreichs exakt 1,674.957 Einwohner, von diesen waren 636.230 auch in Wien »heimatberechtigt«, 308.243 Wiener waren in Böhmen, 210.090 in Mähren, 190.244 in Niederösterreich, und immerhin 42.724 Menschen waren in Galizien heimatberechtigt. Den weitaus größten Anteil an der Bevölkerung stellte die Arbeiterschaft: Nicht weniger als 40,6 % (681.400) aller Wienerinnen und Wiener waren in den Industriebetrieben der Hauptstadt tätig, Handel und Verkehr beschäftigten 33,5 % (562.000), im öffentlichen Dienst bzw. beim Militär arbeiteten dagegen nur 8 % (134.600) der Einwohner, und gar nur 2,4 % (40.000) übten freie Berufe aus – Zahlen, die eindringlich demonstrieren: Das so oft zur Idylle verklärte Wien der Jahrhundertwende war tatsächlich eine Stadt der Arbeiter.

Auch nach der Jahrhundertwende hielt der Strom von Zuwanderern aus den Kronländern an, und 1910 erreichte die Einwohnerzahl Wiens schließlich ihren historischen Höchststand: 2,083 Millionen Menschen werden gezählt.

Die Verluste an den Fronten des Ersten Weltkriegs 1914–1918, Hunger und Seuchen ließen die Bevölkerungszahl zu Beginn der zwanziger Jahre wieder unter 2 Millionen sinken, in der Folge blieb sie aufgrund der angespannten wirtschaftlichen und politischen Situation bis zum »Anschluß« Österreichs an das »Dritte Reich« leicht rückläufig; die Emigration vieler jüdischer und politisch exponierter Bürger führte 1938/39 zu einem ersten empfindlichen Bevölkerungsrückgang auf 1,77 Millionen Menschen; die Greueltaten des NS-Regimes, vor allem der Massenmord an den Juden, und der Zweite Weltkrieg sollten bis 1945 Zehntausenden von Wienerinnen und Wienern das Leben kosten – 1951 ergab die erste Volkszählung nach Kriegsende 1,616.125 Millionen Einwohner. Eine geringe Geburtenrate und die stetige Abwanderung aus den »inneren« Bezirken führten trotz der letzten Stadterweiterung 1954 auf 414,95 km^2 dazu, daß bei der Volkszählung von 1981 mit

Döbling (12) und Heiligenstadt (13), in der Biedermeierzeit noch eigene Gemeinden vor den Toren Wiens, wuchsen durch die Bevölkerungsexplosion Wiens im 19. Jhdt. mit der Stadt zusammen. Aquarell von Thomas Ender, 1814 (oben) und Aquarell von Dionys Raulino, um 1821 (unten).

12

13

1,531.346 Millionen Einwohner der Tiefststand des 20. Jahrhunderts erreicht wurde.

Die Trendwende in dieser Entwicklung brachten zwei politische Ereignisse, die die Situation in Ost- und Südosteuropa von Grund auf veränderten: Das Aufsprengen des »Eisernen Vorhangs« und der Zerfall Jugoslawiens bewirkten eine verstärkte Zuwanderung aus den »Reformländern« bzw. ein Anschwellen des Flüchtlingsstroms aus den Kriegsgebieten am Balkan; dazu kam seit 1991 ein leichter Anstieg der Geburtenrate. 1993 wies Wien 1,642.391 Einwohner auf, davon waren 309.349 als »Ausländer« bzw. Konventionsflüchtlinge registriert – viele von ihnen sind inzwischen auch in die Wiener Arbeitswelt integriert und tragen ihren Teil zum Gedeihen der Stadt bei. Wieder einmal zeigte sich, daß die Phasen kontinuierlichen Wachstums und positiver Entwicklung der Bevölkerungsstruktur von den »Ausländern« im wesentlichen Maße mitgetragen werden.

KUNST UND KULTUR IM BIEDERMEIER

Im Krisenjahr 1817 wurde der aus Böhmen stammende Verwaltungsbeamte Josef Graf Sedlnitzky (1778–1855) zum Präsidenten der »Obersten Polizei- und Zensurhofstelle« ernannt, und damit begann der Aufstieg dieser Organisation zum geheimen Zentrum des Ungeists dieser Epoche. Die Zensurhofstelle entschied über das Erscheinen von Druckwerken und die Aufführung neuer Theaterstücke, sie war allgegenwärtig, kontrollierte Predigten und verfolgte den Bürger bis in den Tod: Selbst die Grabinschriften bedurften der Genehmigung durch diese gefürchtete Institution. Mit Sedlnitzky hatte Metternich ein ideales ausführendes Organ für seine Politik der Reaktion gefunden, den »Intellektuellen«

14
»Selbstbildnis in bergiger Waldlandschaft« nannte Ferdinand Georg Waldmüller (1793-1865), einer der bedeutendsten Biedermeierkünstler, dieses Ölgemälde.

15
Ferdinand Raimund (1790-1836). Lithographie von Josef Kriehuber, 1835.

16
Franz Grillparzer (1791-1872). Gemälde von Ferdinand Georg Waldmüller, 1844.

gab er damit einen »Aufpasser« an die Seite, der politische Opposition durch das gedruckte oder gesprochene Wort – etwa am Theater – praktisch unmöglich machte; was blieb, war ein Rückzug ins Private, die Abkehr vom öffentlichen Leben. Der politische Diskurs wanderte ab in die Salons wohlhabender Familien; der Freundeskreis, mit dem man hier regelmäßig verkehrte, wurde zum Forum, dem man seine Ideen und Werke präsentierte. Als wichtigster Treffpunkt der literarischen Welt Wiens galt der Salon Karoline Pichlers (1769–1843), zu deren Gästen der Romantiker Friedrich Schlegel und der große Orientalist Joseph Hammer-Purgstall zählten, später kamen aufstrebende junge Autoren wie der schwermütige Lyriker Nikolaus Lenau und Franz Grillparzer (1791–1872) hinzu. Für jeden Reisenden, der Wien besuchte und in der Welt der Kunst etwas galt oder gelten wollte, war ein Besuch bei der hochgebildeten und literarisch begabten Frau unumgänglich. Grillparzer, »eingefleischter Österreicher« und ab 1832 Direktor des Hofkammerarchivs, war auch Mitglied der 1819 von dem Dichter Ignaz Franz Castelli gegründeten literarischen Tischgesellschaft »Ludlamshöhle«, der zahlreiche bedeutende Literaten und Publizisten angehörten und die 1826 wegen »Staatsgefährdung« aufgelöst wurde. Die Beamten Sedlnitzkys, die völlig zu unrecht in der »Ludlamshöhle« eine verdächtige revolutionäre Vereinigung gewittert hatten, schreckten selbst nicht davor zurück, in der Wohnung Grillparzers eine Hausdurchsuchung zu veranstalten. Für den kaiserlichen Hof war der Dichter, der am Hofburgtheater große Erfolge feierte, dabei aber auch immer wieder in Konflikt mit der Zensurhofstelle geriet, damit als »Radikaler« abgestempelt – da half auch nichts, daß Grillparzer in Stücken wie *König Ottokars Glück und Ende* (1825) Habsburgtreue und glühenden Patriotismus bewies.

Trotz aller Zensurschikanen blühte vor allem das Theatergeschäft; die Illusion auf der Bühne lenkte für kurze Zeit von der Tristesse des Alltags ab und bot noch dazu beste Unterhaltung. Zu geradezu sensationellen Publikumsattraktionen entwickelten sich dabei die Zauberspiele von Ferdinand Raimund (1790–1836) und die Possen von Johann Nestroy (1801–1862). Auf unnachahmliche Weise wurden beide Autoren, die in ihren Stücken auch als Schauspieler auftraten, zu Vollendern des Altwiener Volkstheaters: Begeisterten Raimunds Stücke (*Der Alpenkönig und der Menschenfeind*, 1828) durch ihre gefühlsbetonte naive Phantasiehandlung, durch zarte Melancholie und menschliche Wärme,

17
Karoline Pichler (1769–1843), Schriftstellerin und Kritikerin, war viele Jahre hindurch Mittelpunkt der literarischen Salons in Wien. Stich von David Weihs.

18
Franz Schubert (1797–1828). Gemälde von Melegh Gabor, um 1830.

19
Johann Strauß Vater. Lithographie von Josef Kriehuber, 1835.

so brillierten Nestroys Lokalpossen und Parodien (*Der böse Geist Lumpazivagabundus*, 1833, *Der Talisman*, 1840) mit einem Feuerwerk an geistvoll-ironischen Pointen. Das Publikum lachte über seine Witze, seine Couplets und Monologe, ohne jedoch immer zu bemerken, daß Nestroy in seinen Stücken durchaus auch ernste Sozialkritik verankerte. In unübertroffener Weise verstand er es, die menschlichen Schwächen in der Sprache seiner Protagonisten sichtbar werden zu lassen, die satirische Wirkung durch beißenden Wortwitz zu verstärken.

Wer offene Kritik am reaktionären Regime Metternichs nicht missen wollte, las die politischen Gedichte der *Spaziergänge eines Wiener Poeten* von Anton Alexander Graf Auersperg (1806–1876), der unter dem Pseudonym Anastasius Grün auftrat, oder mußte auf Publikationen zurückgreifen, die heimlich aus dem Ausland nach Wien geschmuggelt wurden. Eine der schärfsten Streitschriften war das 1828 anonym erschienene Werk *Austria as it is: or, Sketches of Continental Courts* von Charles Sealsfield (1793–1864), der eigentlich Karl Postl hieß, aus Poppitz *(Popice)* bei Znaim stammte und sich 1823 dem Zwang eines Ordensgelübdes durch Flucht entzogen hatte.

Amusement und Genuß stellten in dieser Zeit, deren Kunst und Kultur mit dem Begriff »Biedermeier« gekennzeichnet werden, eine willkommene Fluchtmöglichkeit dar; ein wahrer »Vergnügungsboom« setzte ein; immer neue Tanzpaläste und Luxus-Etablissements wurden eröffnet; ob auf der legendären Rutschbahn des Tivoli in Meidling (1831), ob beim Dommayer in Hietzing (1833) oder in den eleganten Sträusselsälen in der Josefstadt (1834) – begeistert stürzte sich das Publikum in immer neue Sensationen; der Walzer wurde zum Tanz der Epoche, Komponisten und Kapellmeister wie Josef Lanner (1801–1843) und Johann Strauß Vater (1804–1849) waren ihre Stars.

Während die Orchester der Walzerkönige von Erfolg zu Erfolg eilen, neigt sich das Leben zweier musikalischer Genies dem Ende zu: Im März 1827 stirbt Ludwig van Beethoven, Vollender der Wiener Klassik und legendenumwobener Einzelgänger, dessen letztes großes Werk, die Neunte Symphonie in d-Moll, 1824 im Hofoperntheater am Kärntnertor seine Uraufführung erlebt hat. 15.000 Trauergäste begleiten den Sarg des Komponisten auf dem Weg zum Währinger Friedhof; die Grabrede, verfaßt von Franz Grillparzer, wird von Burgtheaterschauspieler Heinrich Anschütz verlesen. Unter den Trauernden ist auch ein dreißig-

20
Ludwig van Beethoven. Gemälde von Willibrord Mähler, 1804.

21
Blick auf die Löwelbastei. Gouache von Johann Tobias Raulino, um 1830.

jähriger Komponist aus der Vorstadt Lichtental, der durch seine harmonisch und formal eindrucksvoll gestalteten Meisterwerke bereits Aufsehen erregt hat: Franz Schubert. 1797 als Sohn eines mährischen Lehrers geboren, schrieb er im Alter von 16 Jahren seine erste Symphonie; ein Kreis treuer Freunde (die »Schubertianer«) ermöglichte ihm die Existenz als freischaffender Komponist, der zahlreiche innovative Akzente setzte, vor allem im Bereich der Kammer- bzw. Klaviermusik, besonders aber auch durch ungewöhnlich dramatisch durchgestaltete »Kunstlieder« *(Die schöne Müllerin, Die Winterreise)*. Als Opernkomponist scheitert Schubert jedoch, eine schwere Belastung für den Künstler, der im November 1828 an den Folgen einer Typhusinfektion verstirbt und in unmittelbarer Nähe Beethovens auf dem Währinger Friedhof begraben wird.

Die Stadt veränderte ihr Gesicht: Vielbeschäftigter Lieblingsarchitekt des Bürgertums ist Joseph Kornhäusel (1782–1860), der in den Vorstädten zahlreiche Wohnhäuser im klassizistischen Stil errichtet, zu seinen bedeutendsten Arbeiten zählen der Neubau des Theaters in der Josefstadt (1822), die jüdische Synagoge in der Seitenstettengasse (1826) und der Umbau des Schottenstifts (1828/32). Großes Ansehen genießt auch der gebürtige Schweizer Peter Nobile (1774–1854), der die Pläne für den Theseustempel (1823) und das Äußere Burgtor (1824) zeichnet. Wichtige neue Zweckbauten werden in Angriff genommen, so am Glacis in der Alservorstadt das »Kriminalgerichtsgebäude« (1839), das die längst veraltete »Schranne« am Hohen Markt ersetzt.

Das Biedermeier gilt heute als Inbegriff der »guten alten Zeit« – eine Vorstellung, die sich auf stereotyp wiederholte Ausschnitte aus der damaligen Lebenswelt Wiens stützt. Tatsächlich spielten Wäschermädlbälle, private Konzertabende, Theaterbesuche, das geistvolle Gespräch in den literarischen Salons und eine »biedermeierliche« Wohnkultur eine bedeutende Rolle, doch darin erschöpfte sich die gesellschaftliche Realität bei weitem nicht. Die private Idylle des Bürgertums verdeckte das Bedürfnis nach Mitbestimmung und freier politischer Rede, ließ Elend und Not des rasch wachsenden Industrieproletariats vergessen, täuschte Ruhe und Ordnung zu einem Zeitpunkt vor, als die eklatanten sozialen und wirtschaftlichen Mißstände längst nach revolutionärem Umsturz verlangten.

DIE REVOLUTION VON 1848

1

Schlechte Ernten und eine Kartoffelkrankheit führen Mitte der vierziger Jahre zu einem extremen Ansteigen der Lebensmittelpreise; die Lage der Arbeiterschaft verschlechtert sich zusehends. Im Herbst 1845 kommt es infolge von Entlassungen in vielen Betrieben zu ersten schweren Arbeiterunruhen; im Oktober 1847 wiederholt sich die Situation: Verzweifelte, hungernde Arbeitslose plündern Bäckerläden und stürmen die Häuser der Fabrikanten. Auch die Gründung eines mildtätigen »Wr. Kreuzervereins zur Unterstützung der Gewerbsleute« und des »Allgemeinen Wiener Hilfsvereins« zur Unterstützung der Armen, der versucht, für Obdachlose Schlafstellen zu errichten, und kostenlos Rumford-Suppe (nach einem Rezept des amerikanischen Physikers Sir Benjamin Rumford) ausschenkt, kann die Situation nicht entschärfen. Bürgermeister Ignaz Czapka, seit 1838 im Amt und in vielem ein tüchtiger Verwaltungsbeamter – in seiner Amtszeit werden u. a. ein zentrales Marktamt (1839) und die städtischen Schlachthäuser in St. Marx geschaffen –, steht dem sozialen Problem hilflos gegenüber, auch er ist wie seine Vorgänger völlig von der Regierung abhängig und hat nicht die Kraft, einen unabhängigen Kurs einzuschlagen.

Die Not am Vorabend der Revolution

Ganze Vorstädte, wie Thury, Lichtental, Altlerchenfeld, Strozzischer Grund, Margarethen, Hundsthurm, Neue Wieden, Fünf- und Sechshaus, wimmelten von ausgehungerten, zerlumpten Arbeitern, und abends erfüllten die unglücklichen Mädchen der Fabriken in dem jugendlichsten, selbst Kindesalter die Glacien und den Stadtgraben, um für einige Groschen jedem dienstbar zu sein. Im Jahre 1845 oder 1846 zogen sie sogar mit jungen Fabriksarbeitern, den sogenannten Kappelbuben, welche auf die Annäherung der Polizei zu achten hatten, in den Straßen der Inneren Stadt herum und scheuten sich nicht, zur größeren Bequemlichkeit ihres horizontalen Nebengewerbes, Bänke und Polster mit sich zu nehmen.

Ernst von Violand, *Die Soziale Geschichte der Revolution in Österreich*

1
Der Beginn der Märzrevolution am 13. März 1848: erste Verteilung von Waffen an Studenten der Wiener Universität. Lithographie von Ferdinand Hofbauer, 1848.

Die Februarrevolution in Paris stößt daher auch in Wien auf großen Widerhall und löst eine allgemeine begeisterte Aufbruchsstimmung aus. In den ersten Märztagen 1848 werden heftige Forderungen nach einer »Konstitution« laut; eine von Tausenden von Wiener Bürgern unterzeichnete »Bürgerpetition« wird am 9. März den niederösterreichischen Ständen überreicht; am 12. März legen auch die Studenten der Universität Wien eine Petition vor. Der Hof reagiert auf diese Bittadressen nicht, wird jedoch durch die nun folgenden Ereignisse schnell zum Handeln gezwungen: Am Morgen des 13. März 1848 versammelt sich eine große Menschenmenge im Hof des Niederösterreichischen Landhauses in der Herrengasse, in dem die Stände zusammengetreten sind. Man hofft, daß die Stände beim Kaiser die Forderungen der Bürgerschaft unterstützen. Eine Rede des Arztes Dr. Adolf Fischhof (1816–1893), in der dieser vehement die Pressefreiheit fordert, heizt die Stimmung weiter an, die Menge dringt ins Landhaus ein. Ein übereilter Schießbefehl des Stadtkommandanten Erzherzog Albrecht, der reguläre Truppen gegen die Aufständischen vorgehen läßt, fordert am Nachmittag erste Todesopfer. In der Nacht bewaffnen sich die Studenten aus den Beständen des bürgerlichen Zeughauses Am Hof.

Am 14. März greifen die Kämpfe auf die Vorstädte über; hier sind es vor allem Arbeiter, die Fabriken stürmen und die verhaßten Maschinen zerstören, denen sie die Schuld an ihrem Elend geben; auch die Linienämter, wo die Verzehrungssteuer eingehoben wurde, fallen dem Zorn der Arbeiter zum Opfer. Bei Zusammenstößen mit dem Militär kommen 45 Menschen ums Leben.

Inzwischen hat sich der Hof zu Konzessionen entschlossen: Noch am Abend des 13. März ist Staatskanzler Metternich zurückgetreten und flüchtet mit seiner Familie nach England; am 14. März demissioniert auch Polizeiminister Sedlnitzky. Am selben Tag hebt Kaiser Ferdinand I. die Zensur auf und verkündet die Pressefreiheit; auch zur Aufstellung einer Nationalgarde und zur Gründung der »Akademischen Legion« durch die Studenten muß er wohl oder übel seine Zustimmung geben. Als der Kaiser am 15. März schließlich auch eine freiheitliche Verfassung verspricht, ist der Jubel unter den Revolutionären groß; man feiert den Sieg über die Reaktion.

Das Jahrzehnte hindurch angestaute Bedürfnis nach freier Meinungsäußerung brach sich nun Bahn in einer Flut von Publikationen. Zahlreiche neue Zeitungen mit programmatischen Titeln wie *Constitution* oder *Der Volksfreund* wurden gegründet, viele gingen nach nur wenigen Nummern wieder ein; Bestand haben sollte allerdings *Die Presse*, die am 3. Juli 1848 das erstemal erschien und von August Zang herausgegeben wurde. Besonders populär waren satirische Blätter wie das Journal *Wiener Katzenmusik*, in denen man über die Vertreter der Reaktion herzog. Täglich gedruckt wurden 20 bis 30 neue Flugblätter mit Informationen zur aktuellen politischen Lage.

Bürgermeister Ignaz Czapka gelang es inzwischen nicht, sein Amt zu retten – im provisorischen Bürgerausschuß, dessen oberstes Ziel die Gemeindeautonomie Wiens war, wurde

2
Den Ereignissen der Revolution nicht gewachsen: Kaiser Ferdinand I. (1793–1875). Gemälde von Friedrich von Amerling.

3
Mußte Wien verlassen: Bürgermeister Ignaz Czapka Ritter von Winstetten (1792–1881). 1865 wurde er Polizeidirektor von Wien. Lithographie von Franz Eybl, 1848.

4
Der Industrielle Theodor von Hornbostel (1815–1888) wurde 1848 Handelsminister; in seiner Amtszeit kam es zur Gründung der Handelskammer. Lithographie von Franz Eybl, 1849.

sein Rücktritt gefordert, da er als Handlanger Metternichs galt; Czapka mußte ebenfalls flüchten.

In den folgenden Wochen wurde die Reform der Staatsverwaltung zügig vorangetrieben, an die Stelle der alten Hofkanzleien und Hofkammern traten nun Ministerien, der Staatsrat bzw. die Staatskonferenz wurden durch den Ministerrat abgelöst. Mit der Ausarbeitung einer Verfassung wurde Franz Baron Pillersdorf betraut, den Ferdinand I. Anfang Mai auch zum neuen Ministerpräsidenten ernannte. Der Verfassungsentwurf von Pillersdorf, der das Wahlrecht zum Unterhaus an eine hohe Steuerleistung gebunden sehen wollte, stieß jedoch auf Ablehnung der bürgerlichen Revolutionäre, die am 15. Mai in einer »Sturmpetition« die Zusage für ein allgemeines und gleiches Wahlrecht erzwangen.

Nach dem Scheitern seiner bis dahin eher kompromißbereiten Politik zog es der Kaiser vor, Wien am 17. Mai heimlich in Richtung Innsbruck zu verlassen; die Macht in Wien lag nun bei einem »Sicherheitsausschuß« unter der Führung von Dr. Adolf Fischhof; darin vertreten waren Bürger, Studenten und die Nationalgarde. Allmählich zeichnete sich innerhalb der revolutionären Gruppierungen eine Spaltung ab: Während sich die radikalen Demokraten auf die Seite der Arbeiterschaft stellten und konsequent auf Durchsetzung der revolutionären Ziele drängten, neigte das

5
Im Mai kam es in der Inneren Stadt zur Errichtung zahlreicher Barrikaden. Zeitgenössische Lithographie.

wohlhabende liberale Bürgertum wieder der Monarchie zu – ein Gegensatz, der sich in den nächsten Monaten weiter verschärfte. Immerhin gelang noch die Einberufung eines konstituierenden Reichstags in der Hofreitschule, dessen größtes Verdienst – auf Initiative des schlesischen Abgeordneten Hans Kudlich hin – die Befreiung der Bauern von der Grunduntertänigkeit wurde.

»PRATERSCHLACHT« UND »OKTOBERREVOLUTION«

Zum Wendepunkt der Revolution wird der 23. August 1848: Im Prater friedlich gegen eine Lohnkürzung demonstrierende Notstandsarbeiter werden von der Sicherheitswache und bürgerlichen Nationalgarden angegriffen; 22 Tote und über 300 Verletzte, unter ihnen auch Frauen und Kinder, bedecken das »Schlachtfeld«. Mit der Beteiligung an diesem Blutbad hatte sich die Nationalgarde als »Waffe« der Besitzenden deklariert, mit dem Arbeiterstand konnte es von nun an keine gemeinsame Front mehr geben. Das Bürgertum war mit dem Erreichten zufrieden – für die Not des Industrieproletariats hatte es schon aus Gründen des Selbstschutzes kein Verständnis. Daran änderte auch Karl Marx, der große Theoretiker des Sozialismus, nichts, der sich Ende August einige Tage hindurch in Wien aufhielt und in Vorträgen seine Ansichten darlegte. Die richtige Konsequenz aus dem Massaker im Prater zog allein der Sicherheitsausschuß: Er löste sich kurzerhand auf.

Die reaktionären Kräfte waren wieder im Vormarsch, Auftrieb gaben ihnen vor allem die Erfolge der kaiserlichen Truppen gegen die Aufständischen in Oberitalien und Böhmen; einzig in Ungarn kämpften die Rebellen mit großem Erfolg, und ihnen gehörten die Sympathien der noch revolutionär

6
Die blutigen Straßenkämpfe des 6. Oktober. Zeitgenössischer kolorierter Holzstich.

7
Zog am 31. Oktober 1848 als Sieger in Wien ein: Feldmarschall Alfred Fürst zu Windisch-Graetz (1787–1862). Lithographie von Josef Kriehuber, 1849.

8
Cäsar Wenzel Messenhauser (1813–1848), Kommandant der Wiener Nationalgarde, wurde am 16. November 1848 standrechtlich erschossen.

gestimmten Wiener. Als am 6. Oktober 1848 ein Grenadierbataillon von Wien nach Ungarn in Marsch gesetzt werden soll, will dies eine aufgebrachte Volksmenge verhindern; unterstützt wird sie von der Akademischen Legion und der Nationalgarde. Da ein Teil der Truppen meutert, behalten schließlich die revolutionären Kräfte die Oberhand; die blutigen Auseinandersetzungen greifen aber bald auch auf die Innenstadt über, wo es zum Kampf gegen kaisertreu gesinnte Garden kommt, die sich unter anderem im Stephansdom verschanzt haben. Das Zeughaus am Hof und das Kriegsministerium werden erobert, Kriegsminister Graf Theodor Baillet-Latour wird gelyncht und an einem Laternenpfahl aufgehängt. Ferdinand I., der sich seit 12. August wieder in Wien aufhält, flieht noch am selben Tag nach Olmütz *(Olomouc)*, der Reichstag geht nach Kremsier *(Kroměříž)* in Mähren.

Jetzt war der Hof entschlossen, keinen Pardon mehr zu geben – Wien mußte zurückerobert werden. Zum Kommandanten der Operation gegen seine Residenz ernannte Ferdinand den Fürsten Alfred Windisch-Graetz, als Verbündete griffen kroatische Einheiten unter ihrem Banus Josef Jellačić die Stadt an. Die Verteidiger Wiens hatten diesem konzentrierten Vorgehen nichts entgegenzusetzen; der Kommandant der Nationalgarde, Cäsar Wenzel Messenhauser (1813–1848), der bisher nur als Literat hervorgetreten war, hoffte noch auf Unterstützung von außen, doch die blieb aus; die deutsche Nationalversammlung in Frankfurt am Main sandte als Zeichen ihrer Anteilnahme immerhin eine Abordnung unter Führung des bekannten Demokraten und Verlegers Robert Blum. Unterstützt wurde Messenhauser von dem polnischen General Józef Bem. Am 22. Oktober 1848 verhängt Windisch-Graetz über Wien den Belagerungszustand (in Kraft bis August 1853!); am 24. Oktober beginnt der ungleiche »Kampf um Wien«: Die Aufständischen wehren sich tapfer, doch gegen die schwere Artillerie, die Windisch-Graetz nach allen Regeln der Kriegskunst zum Einsatz bringt, stehen sie auf verlorenem Posten. Ein letzter Hoffnungsschimmer bietet sich mit der Annäherung eines ungarischen Entsatzheeres; nach der Niederlage der Ungarn bei Schwechat gegen Jellačić ist die Lage jedoch aussichtslos – am 1. November 1848 wird am Stephansdom die weiße Flagge gehißt, kaiserliche Truppen besetzen die Stadt, wobei es vor allem in den Vorstädten zu schweren Übergriffen gegen die Zivilbevölkerung kommt. Die Reaktion hat gesiegt.

Etwa 2000 Revolutionäre sind gefallen, eine gnadenlose Rachejustiz trifft jene führenden Männer, die nicht geflohen sind: Messenhauser und Robert Blum, dieser sogar unter Bruch der Immunität, die er als Abgeordneter der Nationalversammlung genießt, werden standrechtlich erschossen, ihr Schicksal teilen engagierte demokratische Journalisten wie Alfred Julius Becher (1803–1848), Redakteur des Blattes *Der Radikale*, und Hermann Jellinek (1822–1848), Autor einer *Kritischen Geschichte der Wiener Revolution*. Die Pressefreiheit wird aufgehoben, bis auf die amtliche *Wiener Zeitung* werden alle Blätter verboten, und auch die Vereinsfreiheit gehört der Vergangenheit an.

Kaiser Ferdinand I., der als Epileptiker seiner Umgebung – vor allem seinem Onkel Erzherzog Ludwig und seinem Bruder Erzherzog Franz Karl – ausgeliefert und der Situation längst nicht mehr gewachsen war, dankte am 2. Dezember 1848 endlich ab; sein achtzehnjähriger Neffe Erzherzog Franz bestieg als Kaiser Franz Joseph I. den österreichischen Kaiserthron.

DIE NEUE GEMEINDEORDNUNG

So rigoros die monarchisch-konservativen Kräfte nach ihrem Sieg gegen Revolutionäre und Demokraten auch vorgingen – nicht alle Errungenschaften der Revolution konnten zunichte gemacht werden. Immerhin hatte diese eine Verfassung gebracht, die zur Grundlage für die weitere Entwicklung des Parlamentarismus unter Franz Joseph wurde, und Wien selbst hatte endlich die ersehnte Gemeindeselbstverwaltung errungen, wenn auch noch mit starken Einschränkungen durch das neoabsolutistische Regime nach 1848. Der Weg dorthin war nicht einfach gewesen: Unter Leitung des Advokaten Johann Kaspar Seiller erarbeitete der im Mai 1848 gewählte Gemeindeausschuß den *Entwurf einer neuen Gemeindeordnung der Stadt Wien* – das fortschrittliche Papier blieb jedoch Theorie; zugleich beschloß man eine Wahlordnung für die Wahl der 150 Mitglieder des Gemeinderats, die am 5. Oktober 1848, einen Tag vor dem Ausbruch der Oktoberkämpfe, abgehalten wurde: Bescheidene 8717 Bürger tragen sich in die Wählerlisten ein, dennoch ist es ein historischer Tag: Erstmals kann von Wiener Bürgern ein Gemeinderat frei gewählt werden.

Am 7. Oktober 1848 trat der neugewählte Gemeinderat zusammen, die dramatischen Ereignisse der folgenden Wochen machten jedoch eine sinnvolle Arbeit unmöglich; am 16. November wurde er aufgelöst und durch einen neugewählten ersetzt, an die Spitze dieses Gremiums wählte man wiederum Johann Kaspar Seiller.

Anfang März 1849 löste das Regime auch den Kremsierer Reichstag mit Waffengewalt auf, und in einem kaiserlichen Manifest oktroyierte man am 4. März 1849 eine neue Verfassung, in der Wien ausdrücklich als »Mittelpunkt des Reiches und als Sitz der Zentralverwaltung« vorgesehen war. Diese neue Verfassung bildete auch die Grundlage für das am 17. März 1849 erlassene und von Innenminister Franz Graf Stadion entworfene *Provisorische Gemeindegesetz*, des-

9 und **10**
Die »Rache« der Sieger trifft vor allem die Vertreter einer kritischen freien Presse: Hermann Jellinek (1822–1848) und Alfred Julius Becher (1803–1848) sterben am 23. November 1848 unter den Kugeln eines Hinrichtungspelotons.

11
Der Verleger und Politiker Robert Blum (1804–1848) kam als Abgeordneter zur Frankfurter Paulskirche nach Wien und wurde am 9. November 1848 standrechtlich erschossen.

9

10

11

sen große Leistung es war, erstmals die Rolle der Gemeinde als kleinste autonome Verwaltungseinheit im Rahmen der Staatsverwaltung zu definieren. Was Wien betraf, so spielte es die Aufforderung zum Handeln dem Gemeinderat zu, der nun darangehen mußte, die seit den Revolutionstagen diskutierte Gemeindeordnung endlich zu fixieren. Graf Stadion legte dazu eine *Skizze zu einem Entwurfe einer künftigen Gemeindeordnung für die k. k. Haupt- und Residenzstadt Wien* vor, die jedoch von den Gemeinderäten abgelehnt wurde. So zogen sich die Verhandlungen bis ins Jahr 1850; vor allem war die auch von Graf Stadion aufgeworfene Frage der Stadterweiterung heftig umstritten. Am 6. März 1850 unterzeichnete Kaiser Franz Joseph schließlich die *Provisorische Gemeindeordnung*, die am 24. März 1850 kundgemacht wurde und die Entwicklung Wiens in den nächsten Jahrzehnten maßgeblich bestimmen sollte.

Wichtigster Punkt der neuen Gemeindeordnung war die nunmehr doch beschlossene Erweiterung des Stadtgebiets: 34 Vorstädte wurden eingemeindet und bildeten fortan sieben neue Gemeindebezirke; zusammen mit der Inneren Stadt hatte Wien jetzt acht Bezirke; ab 1861 waren es neun, da Wieden und Margareten zu zwei Bezirken geteilt wurden. Noch trennten die Befestigunsanlagen und das Glacis die Vorstädte von der Inneren Stadt, doch schon kündigte sich das Zusammenwachsen dieser Teile zur modernen Metropole an.

Die 34 eingemeindeten Vorstädte		
Alservorstadt	Landstraße	Roßau
Althan	Laurenzergrund	St. Ulrich
Alt-Lerchenfeld	Leopoldstadt	Schaumburgergrund
Breitenfeld	Lichtental	Schottenfeld
Erdberg	Magdalenengrund	Spittelberg
Gumpendorf	Margareten	Strozzigrund
Himmelpfortgrund	Mariahilf	Thury
Hundsturm	Matzleinsdorf	Weißgerber
Hungelbrunn	Michelbeuern	Wieden
Jägerzeile	Neubau-Neustift	Windmühle
Josefstadt	Nikolsdorf	
Laimgrube	Reinprechtsdorf	

Der Gemeinderat bestand jetzt aus 120 Mitgliedern, von denen jährlich ein Drittel neu gewählt wurde. Die erste Ergänzungswahl fand im Oktober 1850 statt; die Wahlberechtigung war an ein bestimmtes Steueraufkommen bzw. Einkommen gebunden, so daß von etwa 430.000 Einwohnern Wiens nur 6000 (!) zu den Urnen gehen durften. »Demokratie« in Wien anno 1850: Knapp 1,4 Prozent der Bevölkerung entschieden über die Stadtregierung; ganze Bevölkerungsschichten, wie die Arbeiterschaft, blieben von jeder Mitbestimmung ausgeschlossen. Der Gemeinderat rekrutierte sich unter diesen Voraussetzungen ausschließlich aus Vertretern des liberalen bis konservativen Bürgertums. Im Jänner 1851 konnte aus seiner Mitte auch ein neuer Bürgermeister gewählt werden: Johann Kaspar von Seiller, 1849 geadelt und starker Mann der konservativen Fraktion, setzte sich gegen den Liberalen Dr. Andreas Zelinka durch.

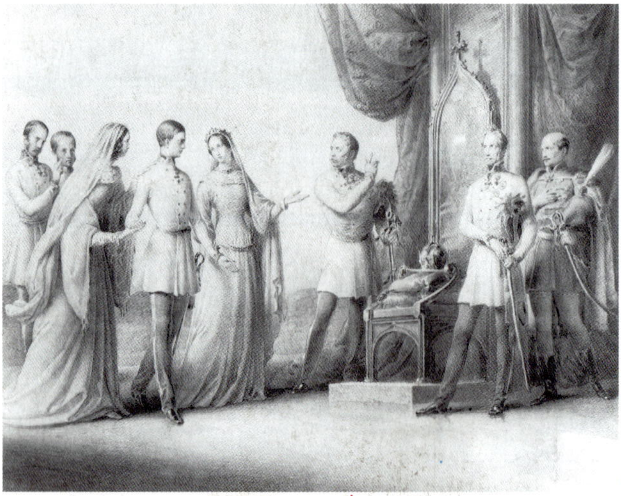

12
Kaiserin Maria Anna und Erzherzogin Sophie geleiten den jungen Franz Joseph zum Thron, um den Windisch-Graetz, Radetzky und Jellačić versammelt sind. Allegorisch gemeintes Aquarell von Leopold Kupelwieser.

DIE GEBURT DER MODERNEN GROSSTADT

1

Die Weichen für eine Entwicklung in zumindest ansatzweise demokratischen Bahnen waren mit der neuen Gemeindeordnung gestellt, doch noch einmal versuchte sich Franz Joseph – befangen in dynastischem Denken und überzeugt vom Gottesgnadentum des Herrschers – aus den Fesseln der ungeliebten Konstitution und der mit ihr verbundenen Folgegesetze zu befreien: Am 31. Dezember 1851 unterzeichnete er das von seinem Vertrauten Karl Friedrich von Kübeck und Innenminister Alexander von Bach vorbereitete »Silvesterpatent«, ein Gesetz, das die Verfassung vom 4. März 1849 sowie die Grundrechte aufhob und damit die größten Hemmnisse für sein neoabsolutistisches Regime aus dem Weg räumte. Mit diesem Schachzug waren auch die Wahlen zum Gemeinderat blockiert, sogar die öffentlichen Sitzungen des Gemeinderats wurden verboten. Sichtbares Zeichen dieser neuerlichen Repression war nicht zuletzt die Schaffung einer »Obersten Polizeibehörde« unter dem Befehl des Feldmarschall-Leutnants Johann Kempen von Fichtenstamm, der seit 1849 Chef der Gendarmerie und ein eifriger Verfechter des Belagerungszustandes war. Wie reaktionär das Regime sein kann, zeigt es im April 1854: Die Prügelstrafe wird wieder eingeführt.

Noch herrscht tiefes Mißtrauen zwischen den Wienern und dem kaiserlichen Hof, der junge Kaiser Franz Joseph ist keineswegs beliebt – zu sehr verbindet man mit ihm das autoritäre Polizei- und Militärregime dieser Jahre. Zum sichtbaren Zeichen für diese Mißstimmung wird das Attentat des ungarischen Schneidergesellen János Libényi am 18. Februar 1853. Libényi, ein Teilnehmer der Revolution von 1848, attackiert den Kaiser während eines Spaziergangs auf der Bastei in der Nähe des Kärntnertors mit einem Messer, kann jedoch vom Adjutanten des Monarchen, dem Grafen Maximilian Karl O'Donell, und dem Fleischhauer Joseph Ettenreich abgedrängt und überwältigt werden. Obwohl Franz Joseph nur leicht am Hinterkopf verletzt ist, wird Libényi zum Tod durch den Strang verurteilt und am 26. Februar auf der Simmeringer Haide hingerichtet; auf den Rat seiner Minister hin hat der Kaiser auf eine Begnadigung verzichtet. Erzherzog Ferdinand Max (1832–1867), der jüngere Bruder Franz Josephs und spätere unglückliche »Kaiser von Mexiko«, regt an, zu Gedenken an die Errettung von diesem Attentat eine Kirche zu bauen: die »Votivkirche« am Glacis vor dem Schottentor (Grundsteinlegung 1856, Einweihung 1879).

1
Blick auf den Opernring mit der fertiggestellten Hofoper. Farbige Zeichnung von Franz Alt.

Der mißglückte Anschlag Libényis wurde von habsburgfreundlicher Seite breit ausgeschlachtet und trug zur steigenden Popularität des Herrschers bei, der selbst auch umzudenken begann und mit 1. September 1853 endlich den längst anachronistischen Belagerungszustand aufhob. Noch viel sympathischer wurde er jedoch den Wienern, nachdem im August 1853 seine Verlobung mit der blutjungen wittelsbachischen Prinzessin in Bayern Elisabeth bekannt geworden war. Franz Joseph, in Liebesdingen keineswegs mehr unerfahren, hatte seine fast noch kindliche, sehr empfindsame und etwas schüchterne Cousine »Sisi« in Bad Ischl kennengelernt und sich auf den ersten Blick in sie verliebt. Erzherzogin Sophie und ihre Schwester, Ludovika, die Mutter Elisabeths, waren sich schnell einig, die Heirat beschlossene Sache. Sisis Einzug in Wien am 22. April 1854 gestaltete sich zu einem triumphalen Empfang; man verband mit ihr die Hoffnung, daß Franz Joseph durch sie zu einem gerechteren, mildtätigen Regenten werden würde. Mit allem nur möglichen Pomp wurde am 24. April 1854 in der Augustinerkirche die Hochzeit gefeiert – ein aufwendig inszeniertes Spektakel, dessen Strapazen Sisi kaum gewachsen war, und

2
Die Traumhochzeit: Empfang der kaiserlichen Braut Elisabeth, Prinzessin in Bayern, in Nußdorf am 22. April 1854.

3
8. Juni 1867, Königskrönung in der Matthiaskirche in Buda: Ungarische Magnaten und hohe Geistlichkeit jubeln Franz Joseph I. und seiner Gemahlin Elisabeth zu.

4
Kaiser Franz Joseph I. (1830–1916) im Krönungsornat, 1861.

5
Schon zu Lebzeiten ein Mythos: Elisabeth, Kaiserin von Österreich und Königin von Ungarn (1837–1898).

bald sollte sich zeigen, daß das sensible Mädchen nicht bereit war, sich den ungewohnten Zwängen des Wiener Hoflebens so ohne weiteres zu fügen. Seine Flitterwochen verbrachte das junge Paar in Schloß Laxenburg, da Franz Joseph aber auch jetzt nicht auf Arbeit verzichtete und jeden Tag in die Hofburg fuhr, war Sisi auf die Gesellschaft ihrer Hofdamen und der Schwiegermutter Sophie angewiesen; niemand hielt es für notwendig, die junge Frau über die aktuelle politische Lage zu informieren – eine Situation, in der sich Elisabeth zwangsläufig unglücklich und vereinsamt fühlen mußte. Konflikte ergaben sich vor allem mit Erzherzogin Sophie, die an den unbedingten Gehorsam ihres Sohnes gewohnt war und gleiches Verhalten von Elisabeth einforderte, die bisher unabhängig und frei gewesen war. So zeichneten sich bereits in den ersten Wochen und Monaten ihrer Ehe die späteren Lebensentwürfe Franz Josephs und Elisabeths ab: er ein pflichtbewußter Arbeiter, sie ein Leben lang auf der Flucht, auf der Suche nach Freiheit.

DER BAU DER RINGSTRASSE

Während Elisabeth im Frühsommer 1854 erste Anzeichen einer Schwangerschaft bemerkte, wurde Franz Joseph von der außenpolitischen Entwicklung zunehmend in Atem gehalten. Die Westmächte Frankreich und England hatten Ende März 1854 Rußland den Krieg erklärt (Krimkrieg), und trotz zahlreicher Warnungen schwenkte schließlich auch er auf eine rußlandfeindliche Politik ein: Österreichische Truppen marschierten in die Donaufürstentümer Moldau und Walachei ein, und man unterstützte die Forderungen der Westmächte. Vergessen war die russische Waffenhilfe 1849 gegen die Ungarn – der Verlockung des Augenblicks nachgebend, machte man sich das Zarenreich durch diese Haltung zum erbitterten Feind und schuf eine Konstellation, die ab 1914 entscheidend zum Untergang der habsburgischen Herrschaft beitragen sollte.

Mobilisierung und Unterhalt der Truppen im Osten verschärften die Finanzkrise der Monarchie, die in dieser schwierigen Lage zu außerordentlichen Maßnahmen greifen mußte und u. a. die staatlichen Eisenbahnen an private Konsortien verkaufte. Neuer Finanzminister wurde 1855

Baron Karl Ludwig von Bruck (1798–1860), Mitbegründer des »Österreichischen Lloyd«, der die Sanierung der krisengeschüttelten Wirtschaft auch tatkräftig in Angriff nahm. Bedingt jedoch durch die bedenkliche außenpolitische Situation, in die Franz Joseph die Monarchie aufgrund seiner Unerfahrenheit manövriert hatte, begann das neoabsolutistische Regime langsam an sicherem Boden zu verlieren. Allein nach innen agierte der Kaiser mit gewohnter Souveränität, und so wurde auch das dringend anstehende Projekt der Wiener Stadterweiterung von ihm höchst persönlich »bearbeitet«: In ihrer Ausgabe vom 25. Dezember 1857 veröffentlichte die amtliche *Wiener Zeitung* ein *Allerhöchstes Handschreiben* an den Innenminister Alexander von Bach, in dem dieser aufgefordert wurde, »ehemöglichst« durch die »Auflassung der Umwallung und Fortifikationen der inneren Stadt« für die »Regulirung und Verschönerung« der Residenz- und Reichshauptstadt Sorge zu tragen. Umsichtig knüpfte Franz Joseph an diese Aufforderung eine Reihe von Bedingungen, so galt seine besondere Sorge der Errichtung einer befestigten Kaserne in der Nähe des Donaukanals. Vor allem aber gab er den Modus vor: Aus dem Erlös verkaufter Baugründe im Bereich des Glacis und der Basteien müsse ein staatlicher Stadterweiterungsfonds gegründet werden, aus dem man die Errichtung der großen öffentlichen Gebäude finanzieren könne. Geschickt behielt sich der Kaiser so alle Entscheidungen vor – ein Schachzug, der bei Bürgermeister Seiller und den Gemeinderäten auf wenig Zustimmung stieß. Sie betonten, daß die Glacisgründe Gemeindeeigentum seien und die Stadterweiterung daher der Gemeinde obliege, stießen damit aber bei Franz Joseph auf eiserne Ablehnung: Die »Verschönerung« der Stadt blieb Angelegenheit des Kaisers; die Gemeinde betraute man mit der Kanalisierung und Pflasterung von Verkehrsflächen, mit der Errichtung öffentlicher Gärten und mit dem Bau von Brücken über den Wienfluß.

Eine »Stadterweiterungskommission« wurde bestellt, deren Aufgabe es war, die im Zuge eines städtebaulichen Wettbewerbs einlangenden Pläne zu prüfen. Schließlich wurde keine der eingereichten und preisgekrönten Arbeiten verwirklicht, sondern man entschloß sich, im vom Kaiser genehmigten Stadterweiterungsplan von 1859 verschiedene Vorschläge miteinander zu verbinden. Der erste Akt des ehrgeizigen Bauvorhabens hatte schon am 29. März 1858 mit Sprengungen an der Rotenturmbastion begonnen; als erstes Teilstück des neu entstehenden Prachtboulevards war bereits am 1. Mai 1858 der Franz-Josephs-Kai eröffnet worden. Auch an den übrigen Teilstücken setzte die Arbeit ein; bis auf wenige Reste (Mölker Bastei, Albertina) verschwanden die alten Befestigungsanlagen aus dem Stadtbild, der Stadtgraben wurde aufgefüllt, und 1860 begann man mit dem Bau der ersten Gebäude entlang der Ringstraße. 1862 wurde der nach Plänen des Landschaftsmalers Josef Selleny und des Stadtgärtners Rudolf Siebeck angelegte Stadtpark eröffnet, und am 1. Mai 1865 war es soweit: In Begleitung seiner Gemahlin Elisabeth eröffnet Franz Joseph beim Äußeren Burgtor, wo Tribünen und Festzelte sowie eine Statue mit dem Genius der Stadt Wien errichtet worden sind, die

6
Der Abbruch der Befestigungen begann an der Rotenturmbastei. Foto aus dem Jahre 1858.

Ringstraße. Noch sind zahlreiche Gebäude in Bau oder – wie die großen Repräsentativgebäude – überhaupt erst in Planung; als erstes Palais wird 1864 beim Schwarzenbergplatz jenes für den Herzog Philipp von Württemberg, das spätere Hotel Imperial, fertiggestellt. Doch der große Bauboom an der Ringstraße sollte erst beginnen.

DIE GRÜNDERZEIT

Die unglückliche Außenpolitik Franz Josephs und seiner Minister hatte inzwischen die Katastrophe heraufbeschworen: Politisch völlig isoliert und getrieben von latenter Geldnot, entschloß man sich im Frühjahr 1859 in einem Verzweiflungsakt zum Krieg gegen das Königreich Sardinien, das von Frankreich unter Napoleon III. unterstützt wurde. Nach einer ersten Niederlage gegen französisch-sardinische Truppen in der Schlacht bei Magenta (4. Juni 1859) übernahm Kaiser Franz Joseph selbst den Oberbefehl; eine von ihm kommandierte Offensive endete jedoch bei Solferino erneut in einer schweren Niederlage (24. Juni 1859). Mit der Schlacht war auch der Krieg verloren: Im Frieden von Zürich (10. November 1859) mußte Österreich die Lombardei an Napoleon III. abtreten, der die Provinz dem Königreich Sardinien übergab.

Das Desaster in Oberitalien veranlaßte Franz Joseph endgültig zum Umdenken – das Ende des neoabsolutistischen Polizei- und Militärstaats war gekommen. Bereits im Juli 1859 veröffentlichte der in seinem Ansehen schwer getroffene Kaiser ein Manifest, in dem er seinen Untertanen »zeitgemäße Verbesserungen in Verwaltung und Gesetzgebung« versprach, und tatsächlich: Die alte Garde seiner Berater – Außenminister Buol-Schauenstein, Innenminister Bach, Polizeichef Kempen von Fichtenstamm und Adjutant Grünne – wurde entlassen, Finanzminister Karl Ludwig von Bruck stolperte über eine Korruptionsaffäre und beging Selbstmord. An den Börsen sank der Kurs der österreichischen Staatspapiere, und nur ein Kredit der Familie Rothschild in der Höhe von 25 Millionen Gulden rettete die Monarchie vor dem totalen Bankrott. Eine wichtige gesetzliche Regelung erging noch knapp vor Jahresende: In einem kaiserlichen Patent veröffentlichte Franz Joseph eine neue Gewerbeordnung, mit der auch der längst anachronistisch gewordene Zunftzwang fiel; der Zugang zu den meisten Gewerben war nun frei – eine elementare Voraussetzung für den wirtschaftlichen Wiederaufschwung.

Mit der Verkündung des sogenannten *Oktoberdiploms* am 20. Oktober 1860 wurde das Scheitern des neoabsolutistischen Regimes öffentlich dokumentiert: Es erfolgte die Rückkehr zu Konstitutionalismus und Parlamentarismus; damit war auch die Blockade des Wiener Gemeinderats vorbei; die Gemeindeordnung von 1850 wurde wieder in Kraft gesetzt. Zur dauernden Grundlage für die neue konstitutionelle Regierungsform wurde das am 26. Februar 1861 erlassene *Februarpatent*, das einen aus zwei Kammern bestehenden Reichsrat festlegte, dessen Abgeordnete jedoch nicht direkt vom Volk, sondern von den jeweiligen Landtagen gewählt werden sollten. Die Selbstverwaltung der Kommunen wurde mit diesem Verfassungsgesetz bestätigt, und so kam es im März 1861 zur Wahl eines neuen Gemeinderats. Noch immer galt das Zensuswahlrecht; in drei Wahlkörpern sind nur 18.332 Wiener wahlberechtigt, etwa 3,3 % der damals 550.000 Einwohner. Wie unter diesen Voraussetzungen nicht anders zu erwarten, trug das liberale Bürgertum in dieser Wahl einen klaren Sieg davon; neuer Bürgermeister wurde der Gerichtsadvokat Dr. Andreas Zelinka.

Zelinka übernahm das Bürgermeisteramt zu einem wirtschaftlich ungünstigen Zeitpunkt, die Staatsschulden erreichten einen neuen Rekordwert, Rezession und Stagnation bestimmten zahlreiche Branchen. Eine der wenigen Ausnahmen bildete die Bauwirtschaft, die nicht zuletzt durch die Großbauten entlang der Ringstraße kräftige Impulse erhielt. Adelige, Bankiers und Industrielle – die »Ringstraßenbarone« – kauften an der neuen Prachtstraße Grundstücke und errichteten hier ihre Paläste. Besonders spektakulär war der Coup des Ziegelfabrikanten Heinrich von Drasche-Wartinberg (1811–1880), dem es gelang, drei Bauparzellen gegenüber der geplanten neuen Hofoper zu erwerben. Darauf erbaute Theophil von Hansen den »Heinrichhof« (im Zweiten Weltkrieg zerstört, heute Opernringhof), ein luxuriös ausgestattetes Zinshaus, das zur vornehmsten Adresse für vermögende Mieter wurde. Doch dabei ließ es Drasche, ein ungewöhnlich weitblickender Mann, nicht bewenden: In ganz Wien errichtete man für ihn an die 300 Zinshäuser, womit er auch zum größten Hausherrn der Hauptstadt wurde – gleichzeitig sorgte er so dafür, daß die Auslastung seiner Ziegelbrennereien unverändert hoch blieb bzw. ausgeweitet werden konnte.

Die Stadtverwaltung stand indes vor wichtigen Aufgaben, galt es doch endlich auch die technische Infrastruktur der Stadt den Erfordernissen einer modernen Metropole anzupassen. Eines der vordringlichsten Probleme war die Wasserversorgung Wiens, die zum Teil noch immer nicht auf die alten Hausbrunnen verzichten konnte, und auch der Wassermann, der auf einem Leiterwagen ein großes Faß durch die Straßen kutschierte und daraus Wasser zum Kauf anbot, war noch ein alltägliches Bild. 1862 wurde eine Kommission mit der Planung für eine Hochquellenleitung betraut, die sich schließlich für das Projekt einer Zuleitung von Quellwasser aus dem Schneeberg- und Raxgebiet aussprach. Am 21. April 1870 begann man mit den Bauarbeiten, bereits am 24. Oktober 1873 konnte die Erste Wiener Hochquellenwasserleitung, ein wasserbautechnisches Meisterwerk

7
Cajetan Felder (1814–1894) war von 1868 bis 1878 Bürgermeister der Stadt Wien und initiierte den Bau der Ersten Wr. Hochquellenwasserleitung.

8
Einer der erfolgreichsten Wiener Industriellen der Gründerzeit: Heinrich Drasche Ritter von Wartinberg (1811–1880).

von 120 Kilometer Länge, in Betrieb gehen. 1874 begann man mit dem Bau von Wasserleitungen in die Häuser; 1880 waren 75 % aller Gebäude in Wien mit Wasser versorgt.

Langandauernde Regenfälle im Februar 1862 und eine darauffolgende Hochwasserkatastrophe mit verheerenden Überschwemmungen im 2. und 3. Bezirk machten die Pläne zu einem Projekt wieder aktuell, das schon seit dem Beginn des 19. Jahrhunderts immer wieder erörtert worden war: zur Donauregulierung. Unter dem Eindruck der aktuellen Schäden entschloß man sich nun in Zusammenarbeit mit den zuständigen Stellen des Staates und des Landes unter der Enns zu einer großzügigen und zukunftsweisenden Lösung: Der mittlere Donauarm wurde begradigt und zum Hauptstrom gemacht, an beiden Ufern begleitet von Überschwemmungs- oder »Inundationsgebieten«. Der nördliche Donauarm wurde durch einen Damm abgeschnürt und zu einem stehenden Gewässer (die »Alte Donau«); der südliche Arm der Donau, der die Stadt unmittelbar mit dem Strom verbunden hatte, verlor als »Donaukanal« dagegen seine bisherige Bedeutung als Schiffsverkehrsweg. Nach mehrjähriger Planung nahm Kaiser Franz Joseph am 14. Mai 1870 den Spatenstich für die Regulierungsarbeiten vor, die nach Plänen der Ingenieure James Abernethy und Georg Sexauer erfolgten und im wesentlichen bis 1875 abgeschlossen waren. Zwei neue Straßenbrücken, die Franz-Josephs-Brücke (heute Floridsdorfer Brücke) und die Kronprinz-Rudolf-Brücke (später Reichsbrücke) sowie drei Eisenbahnbrücken verbanden die »Donauinsel« zwischen

9
Im Ringstraßenstil gemauert: die 1872–1876 errichtete Kronprinz-Rudolf-Brücke. Mit fast acht Meter Breite genügte sie als spätere »Reichsbrücke« bis 1934 den Wiener Verkehrsbedürfnissen.

10
Die Endstation der Stellwagenlinie Grinzing-Am Hof, um 1880.

Donaukanal und Hauptstrom mit den Gebieten jenseits der Donau, die nun weitaus bequemer erreichbar waren und näher an die Stadt heranrückten; für die Wiener ein gutes Stück weggerückt war dagegen die Donau – aus Wien »an der Donau« war ein Wien »nächst der Donau« geworden.

Das enorme Bevölkerungswachstum und die zunehmende Industrialisierung machten den Ausbau des Verkehrsnetzes und die Bereitstellung öffentlicher Massenverkehrsmittel unabdingbar. Die Straßen in den ehemaligen Vorstädten wurden ausgebaut und gepflastert; zahlreiche neue Verkehrsflächen entstanden vor allem in jenen Gebieten der Leopoldstadt und des heutigen 20. Bezirks, die nach der Donauregulierung zur Bebauung freigegeben wurden. Mit der Stadterweiterung wuchsen vielfach die Entfernungen vom Wohnhaus zum Arbeitsplatz, wobei sich die Situation gegen Ende des Jahrhunderts noch verschärfte, als zahlreiche große Industriebetriebe ihre Produktionsstätten an die Peripherie, besonders etwa in den 21. Bezirk, auslagerten.

Seit der Biedermeierzeit waren es Stellwagen und Pferdeomnibusse, die die Hauptlast des Personentransports trugen; mit der Zunahme des Verkehrsaufkommens begannen sich die Fuhrwerksbetriebe zu größeren, kapitalkräftigen Unternehmen zusammenzuschließen, die bald auch an neue Formen des Personentransports denken konnten. Ins Zentrum der Planungen rückte das schienengebundene Verkehrsmittel, das nach der Stadterweiterung und der Anlegung neuer, gerader und breiter Straßen nun beste Voraussetzungen vorfand. Nachdem das Genfer Bauunternehmen Schaeck-Jaquet & Cie zwischen dem Schottenring und Hernals mit Erfolg eine Probelinie eingerichtet hatte, schloß die Rechtsnachfolgerin dieser Firma, die »Wiener Tramway Gesellschaft« einen Vertrag mit der Stadt Wien, in dem ihr die Errichtung von bestimmten Pferdebahnlinien zugesichert wurde – als Gegenleistung forderte die Stadt u. a. 5 % der Bruttoeinnahmen für sich. Zwei Jahre später, 1870, umfaßte das Netz der »Wiener Tramway Gesellschaft« knapp 22 km, in den folgenden Jahren wuchs es rasch auf etwa 80 km. Wichtiges Ziel der Linien waren die Bahnhöfe sowie Ausflugsorte und Freizeiteinrichtungen außerhalb des ehemaligen Linienwalls; in der Linienführung wurde

11
Ankunft eines Zuges am Nordwestbahnhof. Gemälde von Karl Karger, 1875.

besonders auf die Hauptgeschäftsstraßen Rücksicht genommen. Bereits 1872 trat Konkurrenz auf den Plan: Die »Neue Wiener Tramway-Gesellschaft« konzentrierte sich auf den Bau einer Vorortepferdebahn; 1883 ging die Gürtelstrecke Nußdorfer Straße–Gumpendorfer Linie in Betrieb. In diesem Jahr nutzten an einem Arbeitstag durchschnittlich etwa 70.000 Wiener das Angebot der Pferdetramway. Von einem effizienten Massenverkehrsmittel konnte jedoch bei weitem nicht gesprochen werden, da Geschwindigkeit (ca. 10 km/h) und Kapazität den steigenden Anforderungen nicht gerecht wurden – erst die Einführung elektrischer Straßenbahnen brachte den Durchbruch.

So wie im Bereich Verkehr ging die Politik der liberalen Stadtväter auch auf dem Sektor Energieversorgung vor: Die Gasversorgung der Stadt wurde der britischen Firma »Imperial-Continental-Gas-Association« übertragen, als Gegenleistung kassierte man einen Teil des Reingewinns. Ähnlich sollte sich – zeitversetzt – die Entwicklung der Elektrizitätsversorgung gestalten: Der erste elektrische Strom in Wien wurde Ende der achtziger Jahre von drei privaten Gesellschaften erzeugt, die das Stadtgebiet untereinander in Lieferrayons aufteilten; das Recht zum Verlegen von Kabeln wurde von der Gemeinde in Verträgen erworben.

Als Epochenbezeichnung im strikten Sinne steht »Gründerzeit« für die Jahre 1866 bis 1873; sie waren gekennzeichnet durch einen ununterbrochenen Wirtschaftsaufschwung, durch die Gründung zahlreicher neuer Banken und Kapitalgesellschaften sowie fieberhafte Spekulationen. Günstig wirkte sich dafür nicht zuletzt der Umstand aus, daß die Ära der außenpolitischen Unsicherheit mit dem österreichisch-preußischen Krieg vom Sommer 1866 zu Ende gegangen war. Der Kampf um die Vormachtstellung im Deutschen Bund hatte ein kurzes, blutiges Ringen mit Preußen gebracht und in der Schlacht von Königgrätz (*Hradec Králové*, 3. Juli 1866) eine vernichtende Niederlage, die österreichische Armee, in ihrer Bewaffnung dem Gegner klar unterlegen, hatte auf die Donaulinie zurückgehen müssen, eine Zeitlang schien auch Wien, wo Tausende von Verwundeten versorgt werden mußten, gefährdet. Auch beachtliche Erfolge in Oberitalien bei Custozza (24. Juni 1866) und in der Seeschlacht bei Lissa

12
Das neue Hofburgtheater, erbaut 1874–1888 von Carl Hasenauer nach Plänen von Gottfried Semper. Holzstich nach einer Zeichnung von August Kronstein.

(20. Juli 1866) durch Admiral von Tegethoff änderten nichts daran, daß die Habsburgermonarchie im Frieden von Prag (22. August 1866) Venetien abtreten mußte; der Sieger Preußen »begnügte« sich auf Anraten Otto von Bismarcks mit dem Erwerb einiger deutscher Kleinstaaten, die mit Österreich verbündet gewesen waren; der Deutsche Bund wurde aufgelöst.

Auch wenn auf den ersten Blick die Folgen von Königgrätz nicht so dramatisch waren – für die Deutschösterreicher, die sich jetzt plötzlich als Minderheit im eigenen Staat isoliert und vom »Reich« der Deutschen, das Bismarck zu gründen im Begriffe war, ausgeschlossen sahen, wurde diese Niederlage zu einem Trauma, das zwei ganz typische Denkmodelle bzw. Wunschphantasien nach sich zog. Zum einen gab es jene Deutschösterreicher, die Königgrätz durch den Hinweis auf die kulturelle Überlegenheit des Österreichischen kompensieren wollten; ein Lieblingsargument vieler Wiener Intellektueller war etwa das Burgtheater, dem bei jeder Gelegenheit die »Vormachtstellung« unter allen deutschsprachigen Bühnen bescheinigt wurde – wer ins Burgtheater ging, nahm doch wieder irgendwo Anteil an deutscher Größe und Herrlichkeit, auf seiner Bühne wurden immer neue Siege für die »deutsche Kultur« erfochten. Das Burgtheater als österreichische Hochburg des »Deutschen« – das war ein Gedankengang, der zum festen Wiener »Dogma« wurde und bis nach dem Zweiten Weltkrieg für heftige Diskussionen sorgte. Im übrigen kam dem Institut eine wichtige sozial-integrative Rolle zu: Als sozusagen gemeinsamer Besitz aller Wiener war es (und ist es) Zentrum eines permanent geführten Diskurses über Schauspieler und Direktoren. Von dem jungdeutschen Literaten Heinrich Laube (1806–1884) mit großem Engagement in den Jahren 1849 bis 1867 geführt, hatte es seinen Ruf »als erste Burg der Musen« gefestigt; 1870 übernahm mit Franz Freiherr von Dingelstedt (1814–1881) ein erfahrener Bühnenfachmann den Direktorsposten und begeisterte das Publikum mit einem bisher nie gesehenen Ausstattungstheater. Und auch der Starkult war bereits ein bekanntes Phänomen, besonders umjubelt: Charlotte Wolter (1834–1897), die mit ihrem berühmten »Wolter-Schrei« die Zuseher in Verzückung versetzte.

Zum anderen wurde jene politische Gruppierung immer stärker, die offen den Wunsch nach einem neuerlichen Zusammenschluß mit Deutschland, nach der »Heimkehr ins Reich«, artikulierte. Zum radikalen »Führer« dieser deutschnationalen Bewegung wurde 1879 der Reichsratsabgeordnete Georg Ritter von Schönerer (1842–1921), der sich zudem als rabiater Antisemit großen Einfluß verschaffte. Es begann die Herausformung jener politischen Lager, die im 20. Jahrhundert auch in Wien zu bestimmenden Kräften werden sollten.

Eine Konsequenz der Katastrophe von Königgrätz war 1867 letztlich auch der von Ministerpräsident Friedrich Ferdinand Graf Beust sowie Ferenc Deák und Graf Julius Andrássy vorbereitete »Ausgleich« mit Ungarn. Dieses neue Verfassungsgesetz sah als »pragmatisch gemeinsame Angelegenheiten« beider Länder nur mehr das Heer- und Kriegswesen, die auswärtigen Angelegenheiten sowie die Finanzen – soweit sie gemeinsame Belange betrafen – vor, ansonsten konnten sich beide Reichshälften weitgehend autonom verwalten. Offiziell hieß der neue Staat Franz Josephs nun »Österreichisch-ungarische Monarchie«, inoffiziell bürgerten sich für den österreichischen Teil die Bezeichnung »Cisleithanien« und für die ungarische Reichshälfte »Transleithanien« ein. In den Diskussionen um den Ausgleich und die ihn begleitenden Gesetze *(Dezembergesetze)* begann sich im Reichsrat das Nationalitätenproblem immer stärker in den Vordergrund zu schieben, vor allem der Streit mit den Tschechen sollte zur Konstante der letzten Jahrzehnte der Donaumonarchie werden.

Immerhin: In ihren Strukturen neu geordnet, erlebte sie einen Wirtschaftsboom bisher ungekannten Ausmaßes, Herz und Seele des gewaltigen Konjunkturaufschwungs blieb Wien. Nachdem Bürgermeister Andreas Zelinka im November 1868 unerwartet verstorben war, trat mit Cajetan Felder (1814–1894) ein tatkräftiger Mann an die Spitze der Stadtregierung, mit dem die liberale Epoche ihren Höhepunkt erreichte. Die Donauregulierung und der Bau der Ersten Hochquellenwasserleitung wurden nun energisch in Angriff genommen, ebenso die Anlegung eines Zentralfriedhofs in Simmering (1874 eröffnet) und der Bau des neuen Rathauses an der Ringstraße. Ursprünglich auf einem Grundstück vor dem Schottentor bzw. gegenüber dem Stadtpark geplant, setzte sich Cajetan Felder mit seinem persönlichen Wunsch durch: Das neue Rathaus wurde auf dem ehemaligen Paradeplatz errichtet, die Bauarbeiten nach Plänen von Friedrich Schmidt begannen 1872; 1885 konnte der neugotische, 14,5 Millionen Gulden teure Bau vom Gemeinderat bezogen werden.

Als erster öffentlicher Prunkbau am Ring wurde am 25. Mai 1869 mit Mozarts *Don Juan (= Don Giovanni)* das neue Opernhaus eröffnet, erbaut nach Plänen von Eduard van der Nüll und August Sicard von Sicardsburg, die ein Jahr zuvor in tragischer Weise zu Opfern gehässig überzogener Kritik geworden waren: Als man dem Gebäude völlige Stillosigkeit (»Königgrätz der Baukunst«) vorwarf, beging Eduard van der Nüll Selbstmord; seelisch gebrochen, starb Sicard von Sicardsburg wenige Monate später.

Die Ringstraßenbauten

Museum für angewandte Kunst (1, Stubenring 5): errichtet 1866–1871 von Heinrich Ferstel in Rohziegelbauweise; kunstgewerbliche Objekte von der Romanik bis zur Gegenwart.

Hotel Imperial (1, Kärntner Ring 16): errichtet 1862–1865 nach Plänen von Arnold Zanetti und Heinrich Adam als Palais für Herzog Philipp Alexander von Württemberg; 1872/73 Umwandlung in ein Hotel.

Staatsoper (1, Opernring 2): errichtet 1863–1869 nach Plänen von Eduard van der Nüll und August Sicard von Sicardsburg; Eröffnungsvorstellung am 25. Mai 1869 mit Mozarts *Don Giovanni*.

Kunsthistorisches Museum (1, Burgring 5): errichtet 1872–1881 nach Plänen von Gottfried Semper und Carl Hasenauer; viertgrößte Gemäldegalerie der Welt, Ägyptische Sammlung, Kunstkammer, Münzkabinett.

Naturhistorisches Museum (1, Burgring 7): errichtet 1872–1881 nach Plänen von Gottfried Semper und Carl Hasenauer; eine der größten naturwissenschaftlichen Sammlungen Europas in 8 Abteilungen.

Parlament (1, Dr.-Karl-Renner-Ring 3): errichtet in hellenistischem Stil 1874–1883 nach Plänen von Theophil Hansen als Gebäude des Reichsrats; erste Sitzung am 4. Dezember 1883.

Burgtheater (1, Dr.-Karl-Lueger-Ring 2): errichtet 1874–1888 nach Plänen von Gottfried Semper und Carl Hasenauer; Eröffnungsvorstellung am 14. Oktober 1888 mit Grillparzers *Esther* und Schillers *Wallensteins Lager*.

Rathaus (1, Rathausplatz 1): errichtet 1872–1883 nach Plänen Friedrich Schmidts; seit 23. Juni 1885 Sitz des Wiener Gemeinderats. In Kupfer getriebener Rathausmann (Höhe: 3,4 m) von Alexander Nehr (Kopie im Rathauspark).

Universität (1, Dr.-Karl-Lueger-Ring 1): errichtet 1873–1884 nach Plänen von Heinrich Ferstel im Stil der italienischen Renaissance; Eröffnung am 10. Oktober 1884.

Börse (1, Schottenring 16): errichtet 1874–1877 nach Plänen von Theophil Hansen; Eröffnung am 14. März 1877.

Auch die übrigen Großbauten am Ring gingen nun nach und nach ihrer Realisierung entgegen: Zum Baumeister des neuen Reichsratsgebäudes, des heutigen Parlaments, wurde Theophil Hansen bestellt, der mit seinem Werk an altgriechische Tempelbauten anschloß; 1874 erfolgte die Grundsteinlegung, 1883 fand die erste Sitzung des Reichsrats im neuen Gebäude statt. Ein Jahr später, 1884, konnte die neue Universität, errichtet nach Plänen Heinrich Ferstels, ihren Betrieb aufnehmen; das Hofburgtheater von Carl Hasenauer wurde 1888 eröffnet, und an den riesigen neuen Hofmuseen, die ursprünglich als Teil eines gewaltigen »Kaiserforums« gedacht waren, teilten sich Hasenauer und der Hamburger Architekt Gottfried Semper die Urheberschaft.

In ihrer einzigartigen Stilvielfalt repräsentieren die monumentalen Prachtbauten am Ring das Lebensgefühl des wohlhabenden liberalen Bürgertums, das in den historischen Stilformen den Abglanz vergangener Herrlichkeit entdeckte

13

14

15

16

17

18

Die Architekten der Ringstraßenzeit:

13
Theophil Hansen (1813–1891). Stich von Gustav Frank.

14
August Sicard von Sicardsburg (1813–1868).

15
Eduard van der Nüll (1812–1868).

16
Carl Hasenauer (1833–1894). Lithographie von August Schubert.

17
Heinrich Ferstel (1828–1883). Lithographie von August Schubert.

18
Friedrich Schmidt (1825–1891). Lithographie von August Schubert.

und als Spiegel für die eigene Größe benützte. Sozialer Status wurde hier von der Dynastie und den Spitzen der Gesellschaft pomphaft zur Schau gestellt, Architektur für die Augen geschaffen.

Ein Fest für den Sehsinn waren auch die Werke des bedeutendsten Malers der Zeit, des aus Salzburg stammenden Hans Makart (1840–1884), der 1869 nach Wien berufen wurde und ein auf Staatskosten eingerichtetes Atelier in der Gußhausstraße im 4. Bezirk erhielt. Die Werkstätte Makarts wurde zum Treffpunkt der vornehmen jungen Damenwelt, die darauf drängte, ihm Modell zu stehen; seine von üppiger Farbgebung und barockem Pathos strotzenden Gemälde wie Der *Einzug Karls V. in Antwerpen* – ausgestellt 1878 – elektrisierten das Wiener Publikum.

DIE WELTAUSSTELLUNG UND DER GROSSE KRACH

Zu Beginn der siebziger Jahre erreichte der volkswirtschaftliche Aufschwung einen Höhepunkt, die Gründung immer neuer Banken – darunter 1869 der »Boden-Credit-Anstalt« des »Wiener Bankvereins« – und Aktiengesellschaften öffnete jedoch auch der Spekulation Tür und Tor. Dem Beispiel der großen westeuropäischen Metropolen folgend, wollte man nun auch in Wien eine internationale Leistungsschau veranstalten, die der Hauptstadt und den Ländern der Habsburgermonarchie die Möglichkeit geben sollte, die gewaltigen Errungenschaften der letzten Jahre und Jahrzehnte einem europäischem Publikum vorzustellen. Eine Kommission unter Leitung von Erzherzog Rainer formierte sich und begann 1871 mit den Vorbereitungsarbeiten für die Weltausstellung. Mittelpunkt des Ausstellungsgeländes im Wiener Prater sollte ein riesiger Kuppelbau von 84 m Höhe und 108 m Durch-

19
Höhepunkt der Gründerzeit: die Rotunde bei der Eröffnung der Weltausstellung 1873. Gemälde von Eugen Enslen, 1873.

messer werden, nach unzureichenden Vorarbeiten des englischen Schiffsbauingenieurs John Scott-Russel wurde schließlich Carl Hasenauer zum Schöpfer der imposanten Stahlträgerkonstruktion, die als »Rotunde« Berühmtheit erlangte.

Das bevorstehende internationale Großereignis veranlaßte vor allem die Wiener Hotellerie und Gastronomie zu hohen Investitionen, erwartete man sich doch durch starken Besucherzustrom hervorragende Geschäfte. Die hochfliegenden Erwartungen konnten jedoch nicht erfüllt werden – daß es am 1. Mai 1873 während der festlichen Eröffnungsfeier mit dem Kaiserpaar und dem deutschen Kronprinzen regnete, war noch das geringste Übel. Doch nur acht Tage später, am Freitag, dem 9. Mai 1873, trat jenes dramatische Ereignis ein, das dem Wirtschaftswunder der Gründerzeit den Todesstoß versetzen sollte: das rapide Fallen der Börsenkurse. Die Folgen waren katastrophal: Der Aktienwert an der Wiener Börse reduzierte sich um 1,5 Milliarden Gulden, 60 Industriefirmen, 48 Banken und 8 Versicherungsgesellschaften gingen in Konkurs oder Liquidation, viele Betroffene begingen Selbstmord. Es setzte eine Rezession ein, die vor allem im Bauwesen, am Verkehrssektor und im Investitionsgüterbereich schwere Rückschläge brachte, ja selbst die Stadt Wien geriet in Zahlungsschwierigkeiten.

Der Enthusiasmus, mit dem man die Weltausstellung begrüßt hatte, war verflogen; abschreckend auf die ausländischen Gäste sollte sich jedoch vor allem die Cholera auswirken, die Anfang Juli plötzlich auftrat und bis Ende Oktober an die 3000 Opfer forderte; zwei Drittel der Toten waren Kinder, vor allem aus den Arbeiterwohngebieten.

Spektakuläre Auftritte gekrönter Häupter blieben dennoch nicht aus, neben Wilhelm I., dem Kaiser des neugegründeten Deutschen Reiches (1870/71), und Zar Alexander II. von Rußland war es vor allem Nasir-ad-Din, der Schah von Persien, der durch seine schockierenden Eskapaden die Wiener in Atem hielt. Doch trotz aller Sensationen blieb die Bilanz der Weltausstellung, die am 2. November 1873 schloß, enttäuschend: Mindestens 10 Millionen Besucher hatte man erwartet, nur etwas über 7 Millionen kamen, das Defizit war enorm.

Die Krise der liberalen Wirtschaftspolitik änderte zwar an der Vormachtstellung der Liberalen im Gemeinderat nichts, dennoch begann sich ab Mitte der siebziger Jahre ihr allmählicher Niedergang bereits abzuzeichnen. Zu einem

Nachteil wurden nicht zuletzt interne Grabenkämpfe, die zur Aufsplitterung in drei Gruppierungen führten: Die stärkste Fraktion war die sogenannte »Mittelpartei«, die mit Cajetan Felder auch den Bürgermeister stellte; der linke Flügel der Liberalen wurde von den »Demokraten« gebildet, während die »Radikalen« am rechten Flügel die Interessen des kapitalstarken Großbürgertums vertraten. Felders Position wurde allmählich schwächer, insbesondere waren es Diskussionen um die zusehends kritischere Finanzgebarung der Stadt, die ihn 1878 zum Rücktritt vom Bürgermeisteramt bewogen. Als seinen Nachfolger schlug er den Juristen Dr. Julius Newald (1824–1897) vor, der die Politik Felders zur Verbesserung der technischen Infrastruktur Wiens auch konsequent fortsetzte, dann jedoch über eine der größten Katastrophen in der Geschichte der Stadt stolperte: Am 8. Dezember 1881 kam es im Ringtheater (1, Schottenring 8), erbaut 1873/74 von Emil Förster, vor Beginn der Aufführung von *Hoffmanns Erzählungen* zum Ausbruch eines Brands, der blitzschnell den Vorhang ergriff und im Publikum Panik auslöste. 386 Menschen sterben in dem furchtbaren Gedränge, die Feuerwehr ist machtlos. Unter dem Eindruck der Katastrophe gründen Hans Graf Wilczek (1837–1922) und der angesehene Militärmediziner Jaromir Freiherr von Mundy (1822–1894) die »Wiener Freiwillige Rettungsgesellschaft«; die Sicherheitsvorschriften für Theater wurden rigoros verschärft; Pflicht wurde vor allem der »eiserne Vorhang«. Julius Newald, der sich der – ihm von verschiedenen Seiten zugeschobenen – Verantwortung für das Unglück nicht entziehen wollte, trat im Jänner 1882 von seinem Amt zurück; Nachfolger wurde Eduard Uhl, ein Mann der Mittelpartei.

Uhl, der bis 1889 im Amt bleiben sollte, befand sich politisch bereits schwer in der Defensive: Unaufhaltsam drängte eine neue Zeit heran: die Zeit der Massenparteien. Nicht länger mehr konnten über 90 % der Wiener Bevölkerung vom Wahlrecht und damit von der Gestaltung ihrer Stadt und des Lebens darin ausgesperrt bleiben.

Knapp vor dem Ringtheaterbrand hatte die moderne Kommunikationstechnologie ihren Einzug in Wien gehalten: Am 1. Dezember 1881 nahm die »Wiener Privat-Telegraphen-Gesellschaft« das erste Telefonnetz Wiens in Betrieb. Bescheidene 154 Anschlüsse sind es, die von ihr in diesen Pioniertagen verwaltet werden.

20
Der Innenhof des geplanten Neuen Rathauses im Projekt »Saxa loquuntur« von Friedrich Schmidt.

21
Der Brand des Ringtheaters am 8. Dezember 1881 forderte 386 Todesopfer.

In der »Praterschlacht« vom 23. August 1848 war der erste bescheidene Versuch der Wiener Arbeiterschaft, ihre Forderungen öffentlich zu artikulieren, noch blutig im Keim erstickt worden; der im Juni 1848 gegründete »Erste Allgemeine Wiener Arbeiterverein« löste sich auf. Das Programm von damals – politische Gleichstellung der Arbeiter, Zwölfstundentag für Erwachsene und Zehnstundentag für Kinder, Einrichtung von Kranken- und Invalidenkassen – blieb jedoch aktuell, auch wenn das neoabsolutistische Polizeiregime jede neue Vereinsbildung zu verhindern wußte und die Rechtlosigkeit der Arbeiter für einen gottgegebenen Zustand hielt. Und auch die liberalen Gemeinderäte kümmerte das Elend der Massen wenig, ihre Klientel war das wohlhabende Großbürgertum.

Erst ein neues Vereins- und Versammlungsrecht, das im Oktober 1867 erlassen wurde, erleichterte den Arbeitern die Organisation, und noch im gleichen Jahr wurde im Rudolfsheimer Kolosseum der »Erste Allgemeine Wiener Arbeiterbildungs-Verein« gegründet, der rasch an Mitgliedern gewann – bis Juni 1868 traten 5500 Arbeiter bei – und weitere Vereinsgründungen auslöste. In seiner Programmatik orientierte sich der Arbeiterbildungsverein – Wortführer waren Heinrich Oberwinder und Andreas Scheu – an den Forderungen des deutschen Sozialistenführers Ferdinand Lassalle, wichtigste Ziele waren die Gründung einer einheitlichen Partei und das allgemeine Wahlrecht.

Auf dem 9. Arbeitertag am 30. August 1868 konnte ein erstes sozialdemokratisches Programm verabschiedet werden; neben dem allgemeinen Wahlrecht trat nun das wichtige Koalitionsrecht, das Recht auf die Bildung freier Gewerkschaften, als Ziel des Kampfes in den Vordergrund. Solange alles nur Theorie von Versammlungsrednern blieb, vermochte der argwöhnisch beobachtende Staat ein Auge zuzudrücken, doch als die Arbeiter tatsächlich an die Realisierung ihrer Wünsche gingen, war seine Geduld bald am Ende: Versammlungen zur Gründung einer sozialdemokratischen Partei wurden 1868 und 1869 als »staatsgefährdend« verboten, weshalb am 13. Dezember 1869 auf dem Paradeplatz (1, Rathaus) 20.000 Arbeiter demonstrieren; eine Delegation, die zu Ministerpräsident Graf Eduard Taaffe vorgelassen wird, wird mit den Worten empfangen: »Was Sie da machen, ist ja Revolution!«

Der Gegenschlag der Regierung läßt auch nicht lange auf sich warten: Eine Woche später werden die Delegationsmitglieder und die Organisatoren der Demonstration verhaftet und wegen »Hochverrats« angeklagt; im ersten Wiener »Sozialistenprozeß« werden im Juli 1870 Kerkerstrafen bis zu sechs Jahren verhängt; die meisten Arbeiterbildungsvereine löste man auf.

Dieser Rückschlag führte in den siebziger Jahren zu heftigen Fraktionskämpfen zwischen radikal-revolutionären und gemäßigten Gruppierungen; zeitweise gewann auch anarchistisches Gedankengut Anhänger in Wien, was Anfang 1884 zu einigen Morden durch die beiden »Anarchisten« Anton Kammerer und Hermann Stellmacher führte; über Floridsdorf (damals noch nicht Wien!) wurde aufgrund der

22
Ein unermüdlicher Kämpfer für soziale Gerechtigkeit und Führer der österreichischen Sozialdemokratie: Victor Adler (1852–1918).

23
April 1889: Der Streik der Tramwaykutscher wird trotz des Einsatzes von Militär zu einem ersten Erfolg der Arbeiterschaft. Zeitgenössische Xylographie.

allgemeinen Unsicherheit der Ausnahmezustand verhängt. Auch die inzwischen wieder neugegründeten Arbeiterbildungsvereine gerieten unter Druck. Zwar erließ die Regierung Taaffe 1885 ein erstes Schutzgesetz für Arbeiter, das die Kinderarbeit generell verbot und die tägliche Arbeitszeit mit maximal 11 Stunden festlegte, doch von Mitbestimmung der Arbeiter war weiterhin keine Rede.

Um politisch erfolgreich zu sein, fehlte der Arbeiterschaft eine Integrationsfigur, die es verstand, beide Lager zu vereinigen – gefunden wurde sie schließlich in dem Armenarzt Victor Adler (1852–1918), der selbst aus dem Großbürgertum stammte und durch seinen Beruf die Not der Arbeiter aus eigener Anschauung kannte. Unbelastet vom alten Hader, ging er zielstrebig daran, das Proletariat politisch zu organisieren: 1886 gründete Adler die Wochenzeitung *Gleichheit*, in der im Dezember 1888 aufsehenerregende »Enthüllungsreportagen« über die skandalöse Ausbeutung der Ziegelarbeiter am Wienerberg erschienen, die ihn mit einem Schlag zur populären Figur in der Arbeiterschaft machten und zeigten, daß man mit konsequenter Kritik auch einiges bewegen konnte.

Zum Jahreswechsel 1888/89 wurde endlich das alte Kampfziel der Arbeiterbildungsvereine Realität, und Victor Adler feierte einen wichtigen »Etappensieg«: Auf einem Parteitag im niederösterreichischen Hainfeld gründeten 110 Delegierte aus Wien und allen Kronländern außer Dalmatien die Sozialdemokratische Partei. Mit dieser zentralen Plattform gewann die Arbeiterbewegung enorm an Dynamik und wurde bald zur unwiderstehlichen politischen Kraft; vorbildlich organisierte man in Wien vor allem die Erwachsenen- und Volksbildung, was nicht zuletzt zu einem extrem hohen Mitgliederstand beitragen sollte.

Die junge Partei muß sich sofort im tagespolitischen Kampf bewähren, so im Frühsommer 1889, als Victor Adler während des »Tramwaystreiks« in der *Gleichheit* energisch für die »weißen Sklaven«, die rechtlosen und zynisch ausgebeuteten Lohnkutscher der »Wiener Tramway Gesellschaft«, eintritt. Die *Gleichheit* wird verboten, an ihrer Stelle erscheint am 12. Juli 1889 die erste Nummer der *Arbeiterzeitung*, die bald den Charakter eines »Parteiorgans« bekommt.

1890 können die Sozialdemokraten erstmals öffentlich ihre neu gewonnene Zuversicht und Stärke demonstrieren: Der 1. Mai wird zum Feiertag der arbeitenden Klasse ausgerufen und im Prater mit einer Großkundgebung begangen, die sehr diszipliniert verläuft – die Sozialdemokratie hatte sich damit in wenigen Jahren zu einer mächtigen politischen Kraft entwickelt.

DIE TRAGÖDIE VON MAYERLING

Hatten die Wiener gehofft, daß Kaiserin Elisabeth nach dem Tod der ungeliebten Schwiegermutter Sophie 1872 ihren Repräsentationspflichten gewissenhafter nachkommen würde, so sahen sie sich darin bald getäuscht – Sisi dachte nicht daran, ihre unstete Lebensweise zu ändern, was besonders während der Weltausstellung von 1873, als zahlreiche gekrönte Häupter von Franz Joseph allein empfangen werden mußten, mit Mißfallen bemerkt wurde. Dennoch war ihre Popularität ungebrochen, und die Stadt Wien ließ es sich nicht nehmen, die Silberhochzeit des Kaiserpaars am 27. April 1879 mit einem glanzvollen historischen Festumzug, gestaltet von Tausenden von Komparsen in prachtvollen Kostümen, auf der Ringstraße zu feiern. Das Festzelt neben dem Burgtor errichtete der junge, damals noch kaum bekannte Architekt Otto Wagner, die üppigen historischen Trachten entwarf Hans Makart, der als Peter Paul Rubens verkleidet dem Zug voranritt, gemeinsam mit anderen bekannten Künstlern.

Elisabeth hatte jedoch kaum Augen für das Spektakel, und kritischen Zeitgenossen entging dies nicht; Sisi reagierte wie immer: Sie flüchtete sich auf Reisen. Besonders litten unter dieser Reisewut ihre Kinder, vor allem die beiden ältesten, Gisela (geb. 1856) und Kronprinz Rudolf (geb. 1858), die häufig mit den Erziehern allein waren. Rudolf, ein höchst sensibler und begabter junger Mann, geriet so gar nicht nach dem Wunsch seines Vaters, der aus ihm einen tüchtigen Soldaten machen wollte, sondern zeigte bald eine verblüffende Selbständigkeit des Denkens, die am stockkonservativen Hof für ständige Irritation sorgte. Nach der Geburt der jüng-

24
Kronprinz Rudolf (1858–1889). Die Gründe für seinen Selbstmord, der bald von Legenden umwuchert wurde, liegen noch immer im Dunklen.

25
Mary Freiin von Vetsera (1871–1889) wurde von Rudolf im Jagdschloß Mayerling erschossen.

24

25

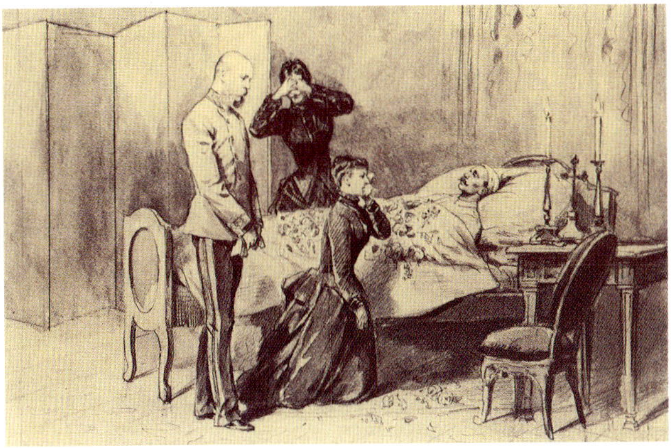

26
Kaiser Franz Joseph und Kaiserin Elisabeth am Totenbett ihres einzigen Sohnes Rudolf 1889.

sten Kaisertochter Marie Valerie 1868 entfremdete sich Rudolf auch von seiner Mutter, die nun ganz in der Sorge für ihr Jüngstes aufging. 1881 heiratete Rudolf die wenig attraktive belgische Königstochter Stephanie, die von Elisabeth bald gehaßt wurde, und auch Franz Josephs Verhältnis zur Schwiegertochter entwickelte sich keineswegs herzlich. So kam es, daß die kaiserliche Familie immer stärker zu einem Verband von isolierten Einzelgängern wurde, wobei Elisabeth ein besonderer Schachzug in den Sinn kam: Um für sich selbst zusätzlich Freiraum zu schaffen, machte sie Franz Joseph mit der Hofschauspielerin Katharina Schratt (1855–1940) bekannt, der nun in ihrer Abwesenheit die Aufgabe zufiel, dem Kaiser Gesellschaft zu leisten.

Rudolfs größter Wunsch war es, Naturwissenschaften zu studieren; als Begleiter des großen Zoologen Alfred Brehm auf Forschungsreisen konnte er sich beachtliche Kenntnisse auf dem Gebiet der Ornithologie aneignen. Franz Joseph war es jedoch nicht gegeben, die hervorragenden Leistungen des Sohnes zu erkennen, und Elisabeth war zu sehr gefangen in ihrer Traumwelt, um sich darum zu kümmern.

Auch in politischen Dingen bewahrte Rudolf ein kritisches unabhängiges Urteil; in Denkschriften, die er seinen Eltern verheimlichte und anonym erscheinen ließ, zeigte er sich als fortschrittlicher Freigeist, der die anachronistischen Züge in der Herrschaft seines Vaters durchaus erkannte. Da auch die Ehe mit Stephanie – 1883 war die Tochter Elisabeth (Erzsi) geboren worden – sehr unglücklich verlief, schlitterte Rudolf immer tiefer in einen Lebenswandel, der von bedenklichen Exzessen und nicht ungefährlichen politischen Aktionen geprägt war. Der Gedanke an Selbstmord dürfte Rudolf längere Zeit hindurch beschäftigt haben, Andeutungen, die er Marie Festetics, der Hofdame seiner Mutter, gegenüber machte, blieben jedoch unbeachtet, so daß die tragischen Vorfälle vom 30. Januar 1889 im Jagdschloß Mayerling alle Familienmitglieder völlig überraschten: Rudolf erschoß zunächst die erst siebzehnjährige Baronesse Mary Vetsera, die freiwillig mit ihm in den Tod ging, dann sich selbst.

Der Tod Rudolfs und Mary Vetseras änderte nichts an der herrschenden Eiseskälte in der kaiserlichen Familie; mehr denn je mied Elisabeth Wiener Boden, und Franz Joseph vergrub sich schicksalsergeben in seiner Arbeit.

1890–1908

FIN DE SIÈCLE

1

Um 1890 begannen sich jene Kräfte immer deutlicher zu formieren, die die politischen Frontlinien des 20. Jahrhunderts bestimmen sollten. Der alte Gegensatz zwischen Liberalen und Konservativen verlor an Bedeutung, an seine Stelle trat der erbitterte Kampf zwischen Massenbewegungen, deren Ideologien sich aus sozialen und nationalen Ressentiments speisten. Hatte die sozial am stärksten benachteiligte Schicht, die Arbeiterklasse, in der Sozialdemokratie ihre Plattform für das Ringen um Mitbestimmung gefunden, so begann sich jetzt auch die untere Mittelschicht, das Kleinbürgertum – Handwerker, kleine Gewerbetreibende, Beamte, Lehrer –, politisch zu organisieren. Sinnvoll geworden war dies durch eine gewisse »Demokratisierung« des Wahlrechts zum Reichsrat, die Ministerpräsident Taaffe 1882 vorgenommen hatte: Die Zensusgrenze, also die Mindeststeuerleistung der Wahlberechtigten, wurde von zehn auf fünf Gulden herabgesetzt, was erstmals Teilen der Bauern und des Kleinbürgertums die Möglichkeit zur Wahlteilnahme gab.

DER AUFSTIEG KARL LUEGERS

An die Spitze dieses neuen politischen Lagers setzte sich ein geborener Demagoge und »echter Wiener«: Karl Lueger (1844–1910). Seine ersten Sporen hatte sich der junge Jurist als Volksredner in Gasthäusern und Bierhallen verdient, 1875 war er als Vertreter der Liberalen in den Gemeinderat eingezogen und hatte sich immer stärker als Anwalt des »kleinen Mannes« profiliert, nicht zuletzt auch durch das Anschlagen radikaler antisemitischer Töne in seine politische Argumentation – jüdisches Großkapital und die »Judenpresse« kristallisierten zu einem Feindbild, das Lueger virtuos für seine Zwecke zu instrumentalisieren verstand. Zugute kam ihm nicht zuletzt, daß sich Georg von Schönerer 1888 durch eine unüberlegte Gewaltaktion gegen die Redaktion des *Neuen Wiener Tagblatts* praktisch selbst ausschaltete und sein Reichsratsmandat verlor; viele seiner Anhänger wechselten zu Lueger.

1885 wurde Lueger als »Fünfguldenmann« in den Reichsrat gewählt; der entscheidende politische Schachzug gelang ihm 1887 mit der Hinwen-

2

3

1
Ein Liebling der Massen: Bürgermeister Karl Lueger (1844–1910) beim Blumenkorso in der Prater-Hauptallee. Gemälde von Wilhelm Gause, 1904.

2
Dr. Karl Lueger, 1897 bis 1910 Bürgermeister von Wien. Fotografie aus dem Jahre 1907.

3
Dem »schönen Karl« flogen die Herzen der Bürger zu: Fronleichnamsprozession 1899. Im Hintergrund rechts das Hotel Meissl & Schaden, in dem am 21. Oktober 1916 Friedrich Adler den Ministerpräsidenten Karl Graf Stürgkh erschoß.

dung zu einer kleinen katholischen Reformgruppe, dem »Christlichsozialen Verein«, der in seinem Programm die Ideen des antiliberalen katholischen Sozialreformers Karl Freiherr von Vogelsang (1818–1890) umzusetzen versuchte. Rasch erkannte Lueger das ungeheure Potential, das sich damit einer neuen Massenpartei auftun würde: Antisemitismus und ein sozialkritisch ausgerichtetes, katholisch verbrämtes Gesamtkonzept – das war das sichere Rezept des politischen Erfolgs: 1889 gewannen Lueger und seine Mannen 25 Mandate, 1891 waren es bereits 42, und nur das alte Wahlkörpersystem verhinderte den Sieg Luegers, der bereits über 50 % der Wählerstimmen auf sich vereinigen konnte. 1893 wurde die »Christlichsoziale Partei« gegründet; 1894 schuf sich diese mit der Tageszeitung *Reichspost* ein vielbeachtetes Sprachrohr. Und 1895 war es schließlich soweit: Die Christlichsozialen triumphierten in den Gemeinderatswahlen mit klarem Vorsprung und eroberten 92 von 138 Mandaten. Doch nun nützte Kaiser Franz Joseph, dem der lärmende Antisemitismus Luegers zutiefst verhaßt war, seine Möglichkeiten und verweigerte die Bestätigung der Wahl; ein neuerlicher Urnengang brachte dasselbe Ergebnis, doch der Kaiser blieb bei seiner Entscheidung – ein Tauziehen begann, das bis zum Frühjahr 1897 dauerte. Die vierte Wahl Luegers wurde von Franz Joseph, nicht zuletzt unter dem Eindruck der Badeni-Krawalle, anerkannt; am 20. April 1897 konnte der »schöne Karl« sein Amt antreten.

Die antisemitische Rede

Ja in Wien gibt es doch Juden wie Sand am Meere, wohin man geht, nichts als Juden; geht man ins Theater nichts als Juden, geht man auf die Ringstraße, nichts als Juden, geht man in den Stadtpark, nichts als Juden, geht man ins Concert, nichts als Juden, geht man auf den Ball, nichts als Juden, geht man auf die Universität, wieder nichts als Juden.

Karl Lueger in einer Rede aus dem Jahre 1890

4
Antisemitismus im Alltag des Luegerschen Wien: Titelvignette aus der Faschingsnummer des »humoristisch-politischen Volksblatts« Kikeriki vom 14. Februar 1904.

Verschiedentlich wurde versucht, Luegers Antisemitismus entschuldigend als »Wirtschaftsantisemitismus« zu qualifizieren, mit dem er nur die mächtigen Kapitalgesellschaften und Monopolunternehmen hätte treffen wollen, auf keinen Fall hätte es sich um den berüchtigten »Rassenantisemitismus« gehandelt – eine Interpretation, die der unheilvollen »Leistung« dieses bedeutendsten Wiener Demagogen nicht gerecht wird. Entscheidend ist: Lueger machte die Sprache des Judenhasses in Wien zur Alltagssprache, antisemitische Äußerungen wurden bis in höchste Kreise gesellschaftsfähig, wer etwas auf sich hielt, wußte mit gehässigen Bonmots über die »Judenfrage« zu glänzen. Für die depravierten Kleinbürger präsentierte Lueger Antisemitismus als irrationale neue Heilslehre, als besonders perfide erwies sich die Verbindung mit den Interessen der katholischen Kirche, die unter Lueger in Wien einen beträchtlichen Aufschwung nahm und dessen Attacken gegen die jüdischen Mitbürger bereitwillig unterstützte. Exakt diese verhängnisvolle Allianz aus Antisemitismus und politischem Handlangertum der Kirche sollte zur Tragödie Österreichs in den nächsten fünf Jahrzehnten maßgeblich beitragen. Daran ändert auch nichts der Verdacht, daß Lueger den Antisemitismus im politischen Tagesgeschäft als bewußt und zynisch kalkulierte »Aktionsstrategie« (Karl Stuhlpfarrer) einsetzte – sollte dies der Fall gewesen sein, so könnte von einer moralischen Integrität dieses populären Wiener Volkstribunen ohnehin nicht mehr gesprochen werden.

THEODOR HERZL UND DER ZIONISMUS

In der Epoche des Liberalismus hatte die Wiener jüdische Gemeinde ihre Blütezeit erlebt; für die liberalen Stadtväter war Antisemitismus kein Thema gewesen, und kaum jemand hatte sich vorstellen können, daß dieses offensichtlich längst verstaubte »Gerede« wieder aktuell werden würde. Zahlreiche Wiener Juden waren daher über die Aktivitäten eines Georg von Schönerer beunruhigt, noch viel mehr waren sie es jedoch über die judenfeindlichen Parolen des Bürgermeisters Karl Lueger. Viele jüdische Familien hatten in der Habsburgermonarchie eine Heimat gefunden, die sie nicht mehr missen wollten; das Reich Franz Josephs gab ihnen Schutz und gesellschaftliche Aufstiegsmöglichkeiten, im Gegenzug waren sie von absoluter Habsburgtreue.

Die Radikalität der Angriffe und die steigende Zuwanderung ostjüdischer Flüchtlinge aus Rußland, das von blutigen Pogromen erschüttert wurde, verschärften den Druck auf die jüdische Gemeinde, in der nun verstärkt nach neuen Lösun-

Bittere Wahrheiten
für die
Juden und ihre Vertheidiger.

Eine Aufzählung actenmäßig constatirter Thatsachen zur Begründung und Rechtfertigung der Juden-Vertreibungen in neuerer Zeit, zugleich auch als Abfertigung für alle gemietheten Juden-Vertheidiger.

Die Juden
werden immer zudringlicher!
Hüthet, und aber und abermals hüthet
Euch vor der Juden-Herrschaft!!!

5
Antisemitisches Flugblatt aus dem Jahre 1885.

6
Theodor Herzl (1860–1904), der Wegbereiter des Zionismus. Aufnahme aus dem Jahre 1901 von C. Pietzner.

gen gesucht wurde. Dr. Joseph Samuel Bloch, der Rabbiner von Floridsdorf, plädierte etwa für die Konstituierung eines jüdischen Nationalbewußtseins und für das friedliche Zusammenleben aller Nationalitäten in der Donaumonarchie. 1885 wurde eine »Österreichisch-Israelitische Union« gegründet, die Publikation einer Österreichischen Wochenschrift sollte das Selbstbewußtsein der jüdischen Gemeinde stärken, und jüdische Studentenverbindungen wagten es, in Konkurrenz zu den mächtigen deutschnationalen Burschenschaften zu treten.

Paradoxerweise trat jener Mann, dem es vorbehalten war, das politische Programm des Zionismus zu entwickeln, aus der deutschnationalen Burschenschaft »Albia« hervor: Theodor Herzl (1860–1904). Als Kind wohlhabender jüdischer Eltern in Budapest aufgewachsen, war Herzl ein völlig assimilierter, liberaler und hochgebildeter Jude; 1891 erhielt er den Posten des Pariser Korrespondenten der *Neuen Freien Presse*, und erwies sich in der Folge als Meister des Feuilletons, in dem – vor allem im Zusammenhang mit der Dreyfus-Affäre – auch die »Judenfrage« diskutiert wurde. Berühmt wurde jedoch Theodor Herzls politische Kampfschrift *Der Judenstaat* (1896), die dezidiert die Existenz einer jüdischen Nationalität aussprach und den Gedanken einer Landnahme im Heiligen Land entwickelte.

In Wien stieß Herzl mit seiner Schrift zunächst auf wenig Anklang, der Wiener Oberrabbiner Dr. Moritz Güdemann lehnte sie ab, und Karl Kraus, das große aufstrebende literarische Talent, schrieb die beißende Satire *Eine Krone für Zion* (1898). Doch Theodor Herzl ließ sich nicht mehr aufhalten: 1897 fand in Basel bereits der erste Zionistenkongreß statt, von hier ging seine Idee hinaus in alle Welt.

DIE EINGEMEINDUNG DER VORORTE

In den achtziger Jahren war die administrative Trennung der Vororte von Wien zu einem immer größeren Problem geworden; einwohnerstarke Gemeinden wie Fünfhaus oder Hernals liebäugelten sogar mit der Überlegung, eine eigene Stadt zu bilden. Eine Ausnahme blieb Favoriten – der nach

7
Die elektrische Beleuchtung auf dem Graben. Kolorierter Holzstich nach einer Zeichnung von Wilhelm Gause, um 1882.

dem kaiserlichen Lustschloß »Favorita« benannte 10. Wiener Gemeindebezirk war bereits 1873 zu einem Teil des Stadtgebiets geworden.

Durch die technische Infrastruktur in vielfacher Weise mit Wien verbunden, war eine Eingemeindung der anderen Vororte jedoch bei weitem der vernünftigste Weg, und er wurde auch beschritten: Am 6. Dezember 1889 beschloß der Wiener Gemeinderat – mit Rückendeckung der Regierung Taaffe und unterstützt von Erich Graf Kielmansegg, dem Statthalter von Niederösterreich – die Aufhebung der umstrittenen Verzehrungssteuergrenze am Linienwall und die Ausdehnung des neuen Verzehrungssteuergebiets auf 43 Vororte. Damit war die Voraussetzung für das Eingemeindungsgesetz geschaffen, das am 19. Dezember 1890 von Franz Joseph bestätigt wurde; am 1. Jänner 1892 trat die Eingemeindung in Kraft. Die Fläche des Stadtgebiets wuchs damit von 55 km^2 auf 178 km^2, die Bevölkerungszahl erhöhte sich um über eine halbe Million auf 1,364.000 Einwohner. Wien zählte nun 19 Bezirke; das Gelände des Linienwalls, das sich als ehemalige Befestigung im Besitz des Staates befand, wurde 1893 der Gemeinde übergeben, und 1894 begann der Bau der Gürtelstraße. Nicht zu Wien gehörten damals noch die Gemeinden jenseits der Donau, die seit der Donauregulierung und der damit gegebenen verbesserten Verkehrsanbindung an Wien einen beträchtlichen Aufschwung genommen hatten; 1894 vereinigten sich die Orte Floridsdorf, Donaufeld, Jedlersdorf und Jedlesee zu einer Großgemeinde und demonstrierten so, daß sie keinesfalls gewillt waren, im Abseits zu bleiben; ja, Graf Kielmansegg verfolgte eine Zeitlang sogar den Plan, Floridsdorf zur Hauptstadt Niederösterreichs zu machen, ein Vorhaben, das mit der Eingemeindung von Floridsdorf 1904/05 und der Schaffung des 21. Bezirks endgültig begraben werden mußte. Der 20. Bezirk, die Brigittenau, war bereits im Jahre 1900 durch Teilung des verwaltungsmäßig zu großen 2. Bezirks entstanden. Die Fläche des Stadtgebiets anno 1905: 273 km^2; Einwohnerzahl: 1,877.000.

Die Eingemeindung der Vororte brachte einen tiefgreifenden Wandel in der Bevölkerungsstruktur Wiens mit sich und trug entscheidend zur Veränderung der politischen Land-

8
Wiener Fußballpioniere im Prater, 1899.

schaft bei. Die aufstrebenden Massenparteien fanden in den Arbeitern und Kleingewerbetreibenden der Vororte ein breites Wählerpotential; die zu diesem Zeitpunkt mit Bürgermeister Dr. Johann Prix noch regierenden Liberalen durften kaum hoffen, jenseits des Linienwalls Wählerstimmen rekrutieren zu können. Allein das veraltete und ungerechte Wahlrecht mit seiner Gliederung in Wahlkörper verhinderte, daß die Sozialdemokraten ihre faktische Stärke auch in eine entsprechende Anzahl von Mandaten ummünzen konnten: Im Jahr 1900 verfügte man bei 43 % der Stimmen (!) über bescheidene 2 Sitze im Gemeinderat – der Kampf um das allgemeine und gleiche Wahlrecht rückte daher zwangsläufig ins Zentrum sozialdemokratischer Politik.

Das erste Fußballmatch in Wien

Am 15. Oktober 1894 wurde auf der Kuglerwiese in Heiligenstadt das erste Fußballmatch in Wien ausgetragen. Gegenüber standen sich Vienna Cricket and Football Club (Cricketer) und der First Vienna Football Club (Vienna). Endstand des Spiels: 4 : 0.

Das erste Fußball-Länderspiel fand am 8. April 1901 statt: Die österreichische Auswahl besiegte das Team der Westschweiz 4 : 0.

ELEKTRIFIZIERUNG UND VERKEHRSTECHNISCHER AUSBAU

Vordringliche Aufgabe der Kommunalpolitik war es, dem neuen »Groß-Wien« auch eine entsprechende Infrastruktur zu geben und wichtige Bereiche des städtischen Versorgungswesens aus der Abhängigkeit von Großunternehmen zu lösen – Aufgaben, die Karl Lueger mit großer Energie in Angriff nahm. Geradezu Signalwirkung hatte 1896 der Beschluß des Gemeinderats, den 1899 auslaufenden Vertrag mit der »Imperial Continental Gas Association« nicht zu verlängern und ein eigenes kommunales »Centralgaswerk« in Simmering zu errichten. Die österreichischen Großbanken boykottierten zwar den Plan, hatten aber nicht mit der Zähigkeit Luegers gerechnet, dem es schließlich gelang, bei einer Berliner Bank einen 60-Millionen-Kronen-Kredit aufzutreiben, allerdings unter der Bedingung, daß die geplante Elektrifizierung der Wiener Straßenbahn der Firma Siemens & Halske übertragen werde. Pünktlich im Herbst 1899 ging das Gaswerk in Simmering in Betrieb, erstmals

9
Vorstadtidylle um 1900: Das Linienamtshaus im 3. Bezirk, Erdbergstraße 156.

hatte die christlichsoziale Stadtverwaltung bewiesen, daß sie gewillt war, ihre Pläne konsequent umzusetzen.

In einem nächsten zukunftsweisenden Schritt wurde die Versorgung mit Elektrizität kommunalisiert; die drei privaten Unternehmen »Wiener Elektrizitäts-Gesellschaft«, »Allgemeine österreichische Elektrizitätsgesellschaft« und »Internationale Elektrizitätsgesellschaft«, deren mangelhafte Leistungen die Bevölkerung ohnehin stark kritisierte, wurden von der Gemeinde übernommen; zwei neue E-Werke, ein »Lichtwerk« für die Versorgung der Haushalte und ein »Bahnwerk« für den Betrieb der Straßenbahn, konnten bis 1902 fertiggestellt werden. Die elektrische Straßenbeleuchtung auf den wichtigsten innerstädtischen Straßenzügen wie Ring, Graben, Kärntner Straße wurde 1903 installiert.

Keinen längeren Aufschub duldete die Lösung des Verkehrsproblems. Mit dem Beginn des Stadtbahnbaus 1893 wurde zwar die verkehrsmäßige Erschließung der Vororte vorangetrieben – 1898 eröffnete Lueger die Wiental-Gürtel-Linie –, noch immer aber rumpelte auf den Straßen Wiens die Pferdetramway dahin, ein Verkehrsmittel, das den Erfordernissen der Metropole, die im Jahre 1900 für beinahe 1,7 Millionen Menschen ein Zuhause war, in keiner Weise genügen konnte. Nach einigen Probefahrten wurde am 28. Jänner 1897 die erste elektrische Straßenbahnlinie Wiens eröffnet; die Strecke führte vom Praterstern bis zur Wallgasse in Wien-Mariahilf. Eine »Bau- und Betriebsgesellschaft« wurde gegründet, der man die Aufgabe übertrug, die Elektrifizierung weiterer Linien voranzutreiben – bis 1903 waren alle innerstädtischen Linien elektrifiziert; die Länge des Streckennetzes betrug 125 km; das Unternehmen der Stadt hieß nun »Gemeinde Wien – städtische Straßenbahnen«.

SOZIALE MASSNAHMEN

Noch immer nicht zufriedenstellend gelöst war das Problem der Wasserversorgung Wiens, und so beschloß der Gemeinderat auf Antrag Luegers den Bau der Zweiten Hochquellenwasserleitung, diesmal mit Zuleitung aus dem Hochschwabgebiet in der Steiermark. Im Dezember 1910 konnte der Bau, der die Hauptstadt von nun an mit erstklassigem Trinkwasser versorgte, von Luegers Nachfolger Dr. Josef Neumayer eröffnet werden (Gesamtlänge: 170 km).

Neue Maßstäbe setzte die christlichsoziale Stadtverwaltung nicht zuletzt im Fürsorge- und Gesundheitswesen, das von den liberalen Vorgängerregierungen kraß vernachlässigt worden war. Krankenhäuser, Kinderheime und Waisenhäuser wurden errichtet; das Städtische Versorgungsheim Lainz (eröffnet 1904) bot erstmals alten Menschen eine Heimstatt, und 1904 begann der Bau der Wiener Landes-Heil- und Pflegeanstalt für Geisteskranke auf dem Gallitzinberg (Am Steinhof), geplant wurden die gesamte Anlage und die Kirche von Otto Wagner, der sich mit dem Gotteshaus, einem wunderbaren Werk des Jugendstils, ein Denkmal setzte. 1907 konnte die auf den neuesten Stand der psychiatrischen Forschung Rücksicht nehmende Institution eröffnet werden.

WELTHAUPTSTADT DER MODERNE

Das Wien der Jahrhundertwende zeigte eine seltsame Janusköpfigkeit: Auf der einen Seite triumphierten Sprache und Geist der Antimoderne; die lärmend-reaktionären Phrasen des Antisemitismus, Deutschnationalismus und Klerikalismus erfüllten erfolgreich den politischen Alltag. Auf der anderen Seite lebten und arbeiteten hier Menschen, deren Schaffen die Welt verändern sollte, deren Gedanken zu Revolutionen des Geistes Anlaß gaben und deren Kunstwerke weltweit bewundert wurden. Otto Wagner, selbst ein Bannerträger der Moderne, resümierte 1905 zu Recht, daß »wir mit unserer Kunst, sicherlich aber mit der Baukunst und dem Kunstgewerbe trotz der ungünstigen Verhältnisse an der Spitze aller Kulturstaaten marschieren«. So fremd sich diese beide Seiten der habsburgischen Metropole ihrem Wesen nach waren, so standen sie zueinander doch in geheimer Wechselwirkung: Ästhetik und empirische Wissenschaft, Rationalität und Hypertrophie des Gefühls, die von den Eliten Wiens zur Blüte gebracht wurden, trugen einen Gutteil Verzweiflung über die Dynamik einer Entwicklung in sich, die man selbst nicht mehr steuern konnte. Kunst und Wissenschaft wurden zu »Surrogaten« (Carl E. Schorske) des politischen Handelns, übertünchten die Angst vor dem Zusammenbruch der alten Lebenswelten. Karl Kraus, der zeitkritische Diagnostiker der Wiener Gesellschaft, konstatierte in *Apokalypse*, einem offenen Brief an sein Publikum (1909), tröstend: »Der wahre Weltuntergang ist die Vernichtung des Geistes, der andere hängt von dem gleichgiltigen Versuch ab, ob nach Vernichtung des Geistes noch eine Welt bestehen kann.«

10
Prominenz beim Gartenkränzchen in der Villa Moll (19, Wollergasse 10): Regiekünstler Max Reinhardt (1873–1943), Hofoperndirektor Gustav Mahler (1860–1911), der Maler Carl Moll (1861–1945), der Komponist Hans Pfitzner (1869–1949) und vermutlich Jugendstil-Architekt Josef Hoffmann (v. l. n. r.), Aufnahme um 1905.

11
Arthur Schnitzler (1862–1931).

12
Hugo von Hofmannsthal (1874–1929).

13
Sigmund Freud (1856–1939).

Zum legendären Zentrum der Wiener literarischen Moderne wurde das 1848 von Heinrich Griensteidl am Michaelerplatz begründete Café Griensteidl; Stammgäste waren etwa Hermann Bahr (1863–1934), der durch sein reiches essayistisches und kunstkritisches Schaffen zu einem Wegbereiter der »Moderne« wurde und diesen Begriff in der Kunst- und Literaturkritik durchsetzte, Richard Beer-Hofmann (1866–1945), Felix Salten (1869–1945), Arthur Schnitzler (1862–1931), Peter Altenberg (1859–1919), Karl Kraus (1874–1936) und Hugo von Hofmannsthal (1874–1929). Hier im Café Griensteidl wurden neueste Entwicklungen im europäischen Literaturschaffen diskutiert und für die eigenen Texte fruchtbar gemacht; seine Demolierung 1897 inspirierte Karl Kraus zu der großen Satire *Die demolirte Litteratur*, in der er seine Kollegen aus dem Café kritisch Revue passieren läßt. Kraus, ein literarischer Einzelkämpfer par excellence, der sich zunächst als Zeitungskorrespondent sein Brot verdiente, wagte 1899 mit der *Fackel* die Herausgabe einer eigenen Zeitschrift, die durch ihre betont ideologie- und sprachkritische Grundausrichtung (»Trockenlegung des weiten Phrasensumpfes«) bald zur Institution wurde. Von 1912 bis zu seinem Tode 1936 war Kraus alleiniger Verfasser der *Fackel*, einen Kommentar zum Zeitgeschehen schaffend, der in seiner ethischen und ästhetischen Dimension einzigartig blieb.

Ein psychologisch einfühlsames und differenziertes Porträt der Wiener Gesellschaft des Fin de siècle zeichnet Arthur Schnitzler, seine Texte demonstrieren am präzise ausgearbeiteten Einzelfall in bisher unbekannter Offenheit und Eindringlichkeit die Brüchigkeit der bürgerlichen Moral; die Aufführung des Schauspiels *Liebelei*, das die Liebesgeschichte zwischen einem »süßen Mädel« aus der Vorstadt und einem reichen jungen Herrn gestaltet, geriet ebenso zum Skandal wie die zu Weihnachten 1900 erstmals in der *Neuen Freien Presse* abgedruckte Geschichte vom *Leutnant Gustl*, mit der Schnitzler laut Urteil des k. k. Landwehroberkommandos »die Ehre und das Ansehen der österr. ung. Armee geschädigt und herabgesetzt« habe – die Konsequenz: Schnitzler wurde der »Offizierscharakter« aberkannt. Besonders verstörte das Publikum die Nüchternheit, mit der Schnitzler sexuelle Beziehungen analysierte, verlogene Romantik bloßstellte und als egoistisches Kalkül entlarvte, exemplarisch tat er dies in der 1903 publizierten Szenenreihe *Reigen*, deren Uraufführung noch 1920 in Berlin zu einem ungeheuren Skandal wurde. Ein komplexes Panorama spätbürgerlicher Gefühlswelt entwickelte Schnitzler in dem Schauspiel *Der einsame Weg* (1904) und in der Tragikomödie *Das weite Land* (1911).

Frühen dichterischen Ruhm erntete Hugo von Hofmannsthal mit Gedichten und kleinen lyrischen Dramen (*Der Tod des Tizian*, 1892; *Der Tor und der Tod*, 1893); Berühmtheit als Dokument moderner Sprachskepsis erlangte der 1902 publizierte Text *Ein Brief*, das fingierte Schreiben eines historischen Lord Chandos an Francis Bacon. Erfolgreich als Autor wurde Hofmannsthal jedoch erst durch die Zusammenarbeit mit Richard Strauss und Max Reinhardt, die um 1906 begann und mit *Der Rosenkavalier*, *Ariadne auf Naxos*, *Jedermann*, *Die Frau ohne Schatten*, *Der Schwierige* und *Arabella* legendäre Bühnenerfolge mit sich brachte. Hofmannsthal, der der zum Untergang verurteilten Welt des Habsburgerreichs zutiefst verbunden war, ließ sich nach Ausbruch des Ersten Weltkriegs vor den Propagandakarren des Kriegsministeriums spannen und profilierte sich hier als engagierter Ideologe des »österreichischen Wesens«.

Das Bild vom Menschen veränderte Sigmund Freud (1856–1939), aus einer ostjüdischen Kaufmannsfamilie stammend, mit seinen bahnbrechenden Erkenntnissen über die elementare Bedeutung unbewußter seelischer Vorgänge für die körperliche Befindlichkeit. Zum ersten bedeutenden Baustein seiner neuen Lehre, der Psychoanalyse, wurde *Die Traumdeutung* (1900), eine Studie, in der Freud Inhalt und Methode dieser neuen Therapieform am Beispiel scheinbar sinnloser Träume exemplifizierte. Mit schockierender Präzision formulierte Freud die zentrale Bedeutung der Sexualität für die psychophysische Entwicklung des Menschen (*Drei Abhandlungen zur Sexualtheorie*, 1905), Begriffe wie »Lustprinzip«, »Über-Ich« und »Ödipuskomplex« gingen in die Alltagssprache des 20. Jahrhunderts ein. Freuds Wohnung im 9. Bezirk, Berggasse 19, wurde ab 1908 zum Treffpunkt für die Mitglieder der »Wiener Psychoanalytischen Vereinigung«, durch deren Arbeit die Popularisierung des Freudschen Gedankenguts, dessen visionäre Größe ursprünglich kaum jemand in Wien erkannt hatte, unterstützt wurde.

Im bunten Spektrum der Gedankengebäude, die im Wien der Jahrhundertwende ihren Ursprung haben, kommt der merkwürdigen Geschlechtertheorie des durch Selbstmord ums Leben gekommenen Philosophen Otto Weininger (1880–1903) besondere Bedeutung zu. Stark von Nietzsche beeinflußt und ausgehend von einer grundsätzlichen Bisexualität des Menschen, entwarf er in seiner Studie *Geschlecht und Charakter* (1903) eine extrem frauenfeindliche Modellvorstellung, die sich mit antisemitischen Schlußfolgerungen verband. Das kuriose Werk Weiningers erlebte eine intensive Rezeption; seine Spuren finden sich in den Werken zahlreicher österreichischer Autoren des 20. Jahrhunderts.

Eine Wachablöse vollzog sich um 1900 im Wiener Musikleben. Johann Strauß Sohn, der »Walzerkönig« und Begründer der »goldenen Ära« der Wiener Operette, »ein Herold des Wiener musikalischen Ruhmes« (so der Kritiker Eduard Hanslick) starb 1899; auch die beiden großen Meister symphonischer Musik, Anton Bruckner (1824–1896) und Johannes Brahms (1833–1897), die die Musikstadt Wien lange

14
Otto Weininger (1880-1903).

15
Berta Zuckerkandl-Szeps (1864-1945), Tochter des Journalisten und Verlegers Moritz Szeps (»Wiener Tagblatt«). Ihr Haus war ein Treffpunkt berühmter Persönlichkeiten aus Kunst und Kultur.

16
Arnold Schönberg (1874-1951).

Zeit hindurch in zwei Lager gespalten hatten, erlebten das neue Jahrhundert nicht mehr; eine junge Generation von Komponisten und Dirigenten entwickelte ungewohnte musikalische Mittel; als konsequentester »Revolutionär« erwies sich Arnold Schönberg (1874–1951). Unter dem Einfluß seines Schwagers, des Kapellmeisters und Komponisten Alexander von Zemlinsky (1871–1942), zunächst noch der Spätromantik verpflichtet (*Verklärte Nacht*, 1899; *Gurrelieder*, 1901; *Pelleas und Melisande*, 1903), erweiterte er seine Kompositionen später systematisch um chromatische Elemente und sogenannte »Modulationen«, womit er zum Mitbegründer der Zwölftonmusik wurde. Da Aufführungen seiner Werke immer wieder von Skandalen begleitet waren – am 23. Februar 1913 kam es sogar zur Räumung des Großen Musikvereinssaals noch vor Konzertende –, rief er 1919 den »Verein für musikalische Privataufführungen« ins Leben, der zum Mittelpunkt der 2. Wiener Schule wurde. Zusammen mit seinen Schülern Anton von Webern (1883–1945), Egon Wellesz (1885–1974) und Alban Berg (1885–1935) begründete Schönberg den Weltruf Wiens als Hochburg moderner Musik.

Mit großen Erwartungen wurde in Wien 1898 der Amtsantritt Gustav Mahlers (1860–1911) als Direktor der Hofoper (bis 1907) begrüßt; tatsächlich gelang es dem international gefeierten Opernfachmann und Dirigenten, durch die Verpflichtung von Stars und einem modernisierten Spielplan auch das Wiener Haus an die Spitze zu führen; einen kongenialen Partner fand Mahler in dem Bühnenbildner Alfred Roller (1864–1935), der später auch in der Zusammenarbeit mit Richard Strauss und Max Reinhardt Großartiges leisten sollte. Die Stimmungslage des Fin de siècle traf Gustav Mahler mit seinen schwermütig-dunklen Kompositionen, vor allem Symphonien und Liedern (*Kindertotenlieder*, 1902; *Das Lied von der Erde*, 1908).

Um 1890/95 trat die Diskrepanz zwischer moderner Industriewelt und den Baustilen des Historismus immer deutlicher zutage; das Zurückgreifen auf die Formenwelt der Vergangenheit erschöpfte sich in willkürlichem Eklektizismus. Auf der Suche nach genuinen Ausdrucksformen der Moderne stießen die österreichischen Künstler auf einen neuen Stil *(Art nouveau)*, der auf Ausstellungen in England, Frankreich und Belgien Furore machte und durch elegante Linienführung und exquisite Ornamentik überzeugte; nach der in München erscheinenden Kunstzeitschrift *Jugend* bürgerte sich

17
Josef Hoffmann (1870–1956).

18
Joseph Maria Olbrich (1867–1908).

19
Gustav Klimt (1862–1918).

für *Art nouveau* im deutschen Sprachraum die Bezeichnung »Jugend-Stil« ein.

Die rasche Rezeption des »Jugendstils« in Wien führte zum Aufstand der Avantgarde gegen das Kunst-Establishment: Am 3. April 1897 trennte sich eine Gruppe von Künstlern vom Künstlerhaus und formierte sich zur »Vereinigung bildender Künstler Österreichs Secession«; erster Präsident der »Secession« wurde Gustav Klimt (1862–1918), der im virtuosen Einsatz flächig-dekorativer Ornamente Bilder von einzigartiger Ausdruckskraft schuf. Mit der prachtvoll ausgestatteten Zeitschrift *Ver Sacrum* (»Frühlingsopfer«; erschienen 1898–1903) und eigenen Ausstellungen wollte man einem breiten Publikum dieses Programm der Erneuerung nahebringen; der Architekt Joseph Maria Olbrich (1867–1908) entwarf die Pläne für das Vereinshaus am Karlsplatz, für dessen Errichtung die Stadt Wien ein Grundstück zur Verfügung stellte und das zur eindrucksvollen Manifestation des Jugendstils geriet.

Der Jugendstil eroberte Wien, und sein Wegbereiter wurde Otto Wagner (1841–1918). Trotz einer massiven Kampagne gegen ihn, ausgelöst durch sein Engagement für die »Secession«, wandte er sich konsequent von der traditionellen Formensprache ab und begann den Charakter eines Bauwerks aus seiner Funktion und im Zusammenspiel mit moderner Bautechnologie (Betonbau, Eisenkonstruktionen) zu entwickeln. – Werke wie das Postsparkassenamt (1, Georg-Coch-Platz 2) oder die Kirche Am Steinhof (14, Baumgartner Höhe 1) rückten Wien auch im Bereich der Architektur ins Zentrum weltweiten Interesses.

20
Plakat der ersten Ausstellung der Secession von Gustav Klimt. Farblithographie, 1897.

21
Das Ausstellungsgebäude der »Secession«, erbaut von Joseph Maria Olbrich, 1897/98.

22
»Der Kuß«. Ölgemälde von Gustav Klimt, 1907/08.

23
Emilie Flöge. Ölgemälde von Gustav Klimt, 1902. Die Modeschöpferin Emilie Flöge (1874–1952) war mit Klimt eng befreundet.

24
Wettbewerbsentwurf von Otto Wagner für das Postsparkassenamt, 1903.

25
Otto Wagner, Atelierentwurf für die Kirche Am Steinhof, 1904.

Auf den Spuren des Jugendstils

Secession (1, Friedrichstraße 12): errichtet 1898 nach Plänen von Joseph Maria Olbrich als Ausstellungsgebäude für die »Vereinigung bildender Künstler Österreichs Secession«.

Postsparkassenamt (1, Georg-Coch-Platz 2): erbaut in zwei Etappen (1904–1906 und 1910–1912) nach Plänen von Otto Wagner; gilt als früher Höhepunkt funktionalistischer moderner Architektur.

Wohnbauten von Otto Wagner an der Linken Wienzeile (6, Linke Wienzeile 38, 40): errichtet 1898/99; bemerkenswert ist der jeweils ausgeprägte Jugendstildekor.

Dr.-Karl-Lueger-Gedächtniskirche (11, Zentralfriedhof): errichtet 1908–1910 von Max Hegele; bedeutender sakraler Zentralbau des Jugendstils.

Anstaltskirche St. Leopold Am Steinhof (14, Baumgartner Höhe 1): errichtet 1905–1907 nach Plänen von Otto Wagner; ursprünglich vergoldete Kuppel, mit Glasmosaikfenstern von Kolo Moser, Seitenaltarbildern von Rudolf Jettmar und einem Mosaik an der Hauptaltarwand von Remigius Geyling und Leopold Forstner.

Stadtbahnstationen am Karlsplatz und in Hietzing (Hofpavillon): errichtet 1898/99 nach Plänen des Ateliers Otto Wagner; künstlerisch eindrucksvoll durchgestaltete Zweckbauten mit reicher ornamentaler Jugendstildekoration.

Ein ernstzunehmender Gegner erwuchs dem Jugendstil in Adolf Loos (1870–1933), der in seinen Schriften (*Ornament und Verbrechen*, 1908) das Hauptgewicht auf die Funktionalität eines Bauwerks legte und unnötigen Dekor wie das Ornament rigoros ablehnte. Das 1909/11 erbaute Haus für die Herrenschneider Goldman & Salatsch am Michaelerplatz (1, Michaelerplatz 3) setzte dieses Konzept in die Tat um und provozierte heftige Diskussionen. Vor allem durch seine Schriften wurde Loos zu einem Wegbereiter moderner Architektur.

Ziel der Jugendstilkünstler war das Gesamtkunstwerk, die Durchdringung des Alltags mit Kunst, und aus dieser Hal-

24

25

tung heraus gründeten die beiden bedeutenden Secessionisten Koloman Moser (1868–1918) und Josef Hoffmann (1870–1956) gemeinsam mit dem Bankier Fritz Waerndorfer 1903 die »Wiener Werkstätte«; als »Produktionsgenossenschaft von Kunsthandwerkern in Wien« sah man sein Ziel in der »Veredelung des Geschmacks«; die Palette der gestalteten Produkte reichte von Möbeln bis zu Tapeten, von Bucheinbänden bis zu Schmuck und Geschirr; unter den Mitarbeitern der Wiener Werkstätte waren Gustav Klimt, Oskar Kokoschka, Egon Schiele, Carl Otto Czeschka, Dagobert Peche und Eduard Wimmer-Wisgrill. Die Wiener Werkstätte, ein Höhepunkt des internationalen Kunsthandwerks im 20. Jahrhundert, wurde 1932 geschlossen.

26
Haus der Werkbundsiedlung nach Plänen von Adolf Loos, 1932.

1908 – 1918

HABSBURGISCHE APOKALYPSE

1

2

1908 jährte sich zum sechzigsten Mal der Amtsantritt Kaiser Franz Josephs; mit einem großangelegten »Kaiser-Huldigungs-Festzug«, für den eine Reihe bedeutender Künstler gewonnen werden konnten, demonstrierte die »Kaiserstadt und mit ihr das ganze Reich«, welch große Verehrung man dem greisen Monarchen entgegenbrachte. Von Adolf Loos verächtlich als »Gschnas« kritisiert, stellte der Festzug in historischen Gruppen die Geschichte der Habsburger in Österreich seit Rudolf I. dar – eine letzte Retrospektive über die Leistungen der Dynastie, deren Tage bereits gezählt waren.

Die Auseinandersetzungen zwischen den Nationalitäten der Monarchie hatten sich seit den Sprachenverordnungen des Ministerpräsidenten Badeni verschärft; die Kluft zwischen Deutschsprachigen und Tschechen, Polen, Italienern, Slowenen und Ungarn war immer größer geworden; daran konnte auch die Einführung des allgemeinen, gleichen, direkten und geheimen Wahlrechts (nur für Männer!) nichts ändern, nach dem im Mai 1907 zum erstenmal gewählt wurde. Auf Reichsebene war der Sieg der Massenparteien nun politische Tatsache (Christlichsoziale 96 Mandate, Sozialdemokraten 87); endloser Streit in den Sitzungen ließ jedoch kaum eine effiziente Arbeit des Reichsrats zu.

Am 10. März 1910 starb Bürgermeister Karl Lueger, mit seinem Tod endete die große Zeit der christlichsozialen Stadtverwaltung, seine Nachfolger, der langjährige Vizebürgermeister Dr. Josef Neumayer (1910–1912) und der ehemalige Magistratsdirektor und Handelsminister Dr. Richard Weiskirchner (1912–1919), gerieten – bedingt durch die Umstände der Zeit – zusehends in die Defensive; die Sozialdemokraten eroberten mit den besseren Antworten auf die aktuellen Probleme die Gunst der Wähler. Sprecher der sozialdemokratischen Opposition war der Ottakringer Arbeiterführer und Gemeinderat Franz Schuhmeier (1864–1913); zum brennendsten Problem für die armen Schichten der Wiener Bevölkerung wurden Wohnungswucher und überhöhte Lebensmittelpreise. So kam es am 2. Oktober 1910 zu einer ersten Großdemonstration auf der Ringstraße, die sich vor allem gegen die hohen Fleischpreise richtete; ein Jahr später, am 17. September 1911, versammelten sich fast 100.000 Menschen vor dem Rathaus, um neuerlich gegen die hohen Lebensmittelpreise zu demonstrieren; bei

1
Kaiser Franz Joseph I. im Ornat des Ordens vom Goldenen Vlies. Gemälde von Wilhelm List im Sitzungssaal des von Otto Wagner errichteten Postsparkassenamts, 1907.

2
Kaiser Franz Joseph I., aufgebahrt in seinem Sterbezimmer im Schloß Schönbrunn. Aufnahme vom 23. November 1916.

3

4

5

6

3 und **4**
Ein Prachtwerk aus Anlaß des 60jährigen Regierungsjubiläums Kaiser Franz Josephs I. im Jahre 1908: »Das Buch vom Kaiser«, herausgegeben von Max Herzig, mit Illustrationen von Kolo Moser.

5
Die Teuerungsrevolte von 1911: demonstrierende Bürger vor dem Rathaus.

6
Opfer eines Attentats: Franz Schuhmeier (1864–1913), populärer Arbeiterführer aus Ottakring.

Zusammenstößen mit berittener Polizei und Militär wurden 5 Arbeiter getötet und 100 verletzt.

Der besonnenen Politik der Sozialdemokraten war es zu danken, daß die »Teuerungsrevolte« nicht weiter eskalierte; Franz Schuhmeier gelang es, die Arbeiterschaft davon zu überzeugen, daß nur demokratisch beschlossene Reformen einen sinnvollen Weg aus dem Elend bieten würden. Erschüttert wurde diese Aufbauarbeit durch ein sinnloses Attentat: Am 11. Februar 1913 erschoß Paul Kunschak, Bruder des bekannten christlichsozialen Politikers Leopold Kunschak, in der Halle des Nordwestbahnhofes Franz Schuhmeier; mit ihm verlor die Sozialdemokratie eines der größten politischen Talente der Epoche.

Knapp nach dem Attentat auf Schuhmeier erschütterte eine Spionageaffäre die Monarchie, die dem Ansehen des k. u. k. Heeres schweren Schaden zufügte: Durch seine homosexuellen Neigungen in finanzielle Schwierigkeiten geraten, hatte Alfred Redl, Oberst im Generalstab und stellvertretender Chef des Evidenzbüros des Nachrichtendiensts, den russischen Geheimdienst jahrelang mit den Plänen des Generalstabs beliefert; als der Skandal entdeckt wird, begeht Redl am 25. Mai 1913 im Hotel Klomser (1, Herrengasse) Selbstmord.

Im Wettstreit der europäischen Großmächte um Märkte und Einflußsphären verschlechterte sich die Position der

IMAGO

ZEITSCHRIFT FÜR ANWENDUNG DER PSYCHOANALYSE AUF DIE GEISTESWISSENSCHAFTEN

HERAUSGEGEBEN VON PROF. DR. SIGM. FREUD

SCHRIFTLEITUNG:

IV. 1. DR. OTTO RANK / DR. HANNS SACHS 1915

Zeitgemäßes über Krieg und Tod.

Von SIGM. FREUD.

I. Die Enttäuschung des Krieges.

Von dem Wirbel dieser Kriegszeit gepackt, einseitig unterrichtet, ohne Distanz von den großen Veränderungen, die sich bereits vollzogen haben oder zu vollziehen beginnen, und ohne Witterung der sich gestaltenden Zukunft, werden wir selbst irre an der Bedeutung der Eindrücke, die sich uns aufdrängen, und an dem Wert der Urteile, die wir bilden. Es will uns scheinen, als hätte noch niemals ein Ereignis soviel kostbares Gemeingut der Menschheit zerstört, soviele der klarsten Intelligenzen verwirrt, so gründlich das Hohe erniedrigt. Selbst die Wissenschaft hat ihre leidenschaftslose Unparteilichkeit verloren, ihre aufs tiefste erbitterten Diener suchen ihr Waffen zu entnehmen, um einen Beitrag zur Bekämpfung des Feindes zu leisten. Der Anthropologe muß den Gegner für minderwertig und degeneriert erklären, der Psychiater die Diagnose seiner Geistes- oder Seelenstörung verkünden. Aber wahrscheinlich empfinden wir das Böse dieser Zeit unmäßig stark und haben kein Recht, es mit dem Bösen anderer Zeiten zu vergleichen, die wir nicht erlebt haben.

Der Einzelne, der nicht selbst ein Kämpfer und somit ein Partikelchen der riesigen Kriegsmaschinerie geworden ist, fühlt sich in seiner Orientierung verwirrt und in seiner Leistungsfähigkeit gehemmt. Ich meine, ihm wird jeder kleine Wink willkommen sein, der es ihm erleichtert, sich wenigstens in seinem eigenen Innern zurechtzufinden. Unter den Momenten, welche das seelische Elend der Daheimgebliebenen verschuldet haben, und deren Bewältigung ihnen so schwierige Aufgaben stellt, möchte ich zwei hervorheben und an dieser Stelle behandeln: Die Enttäuschung, die dieser Krieg hervorgerufen hat, und die veränderte Einstellung zum Tode, zu der er uns — wie alle anderen Kriege — nötigt.

Wenn ich von Enttäuschung rede, weiß jedermann sofort, was

Imago IV/1 1

7
Noch scheint die Welt in Ordnung: Operettenkönig Franz Lehár (1870–1948) dirigiert ein Sommerkonzert, 1912.

8
Ein wichtiger Beitrag zur Frage nach den Ursachen menschlicher Aggression: Freuds Studie »Zeitgemäßes über Krieg und Tod«, abgedruckt in der Zeitschrift »Imago«, 1915.

Habsburgermonarchie inzwischen weiter. Einziges »Hoffnungsgebiet« Österreich-Ungarns war der Balkan, zugleich aber auch ein Pulverfaß, das dem Reich Franz Josephs zum Verhängnis werden sollte. Die Annexion von Bosnien und der Herzegowina 1908, für die sich besonders Außenminister Aloys Lexa Freiherr von Aehrenthal stark gemacht hatte, verschärfte den Konflikt mit Serbien und Rußland; gleichzeitig führte sie zur »Verstimmung« des verbündeten Italien, das seine eigenen Interessen auf dem Balkan gefährdet sah. Die Balkankriege von 1912/13 ließen schließlich die Gefahr immer deutlicher werden – eifersüchtig belauerte man einander, um dem Gegner nur keinen Vorteil zu lassen.

Die Hoffnung einsichtiger Politiker der großen Parteien richtete sich auf Thronfolger Franz Ferdinand, der entschieden für eine Verbesserung der Beziehungen zu Rußland eintrat und im Rahmen einer Umgestaltung des Staates auch den südslawischen Ländern der Monarchie eine verfassungsmäßige Sonderstellung einräumen wollte. Die tödlichen Schüsse Gavrilo Princips, eines Mitglieds der serbischen Geheimorganisation »Schwarze Hand«, auf das Thronfolgerpaar am 28. Juni 1914 in Sarajevo machten diese Pläne zunichte, der Weg in den Untergang war vorgezeichnet.

Am 28. Juli 1914 gab Kaiser Franz Joseph dem Drängen seines Außenministers Karl Graf Berchtold nach und unterzeichnete die Kriegserklärung Österreich-Ungarns an Serbien, der ausgeklügelte Mechanismus der Bündnissysteme bewirkte, daß sich wenige Tage später Europa im Krieg befand. In Wien wurde die Kriegserklärung in spontanen patriotischen Kundgebungen begeistert begrüßt; in einer außerordentlichen Sitzung des Gemeinderats am 31. Juli schloß sich Bürgermeister Richard Weiskirchner dem patriotischen Jubel an, man hoffte auf einen raschen Sieg.

Dem Begeisterungstaumel, der von vielen Intellektuellen und Künstlern, unter ihnen Hofmannsthal, Bahr, Anton Wildgans, mitgetragen wurde, folgte ein Prozeß grausamer Desillusionierung; der Krieg wurde zu einem verzweifelten Kampf ums Überleben, mit dem Kriegseintritt Italiens und der USA an der Seite der Entente wurde immer klarer, daß Österreich-Ungarn an den Fronten dieses Völkerringens seinen letzten Kampf focht.

Der Krieg prägte bald auch Wien: Am 22. September 1914 ermächtigte der Gemeinderat Bürgermeister Weiskirchner, alle notwendigen Maßnahmen für die Stadt allein treffen zu können; die Tätigkeit des Gemeinderats wurde sistiert, ein aus den Obmännern der politischen Parteien gebildetes Gremium (»Obmännerkonferenz«) unterstützte den Bürgermeister in seiner Arbeit – damit gewannen auch die Sozialdemokraten erstmals verstärkt Einfluß auf die Stadtverwaltung.

Im Frühjahr 1915 wurden erste Versorgungsengpässe spürbar, die Lebensmittelpreise stiegen drastisch an. Im April 1915 führte man Brot- und Mehlkarten ein, im März 1916 auch für Zucker, Milch, Kaffee, Fett und Kartoffeln; ein »fleischloser Tag« (erstmals am 17. Mai 1915) wurde proklamiert, ab September 1916 mußte bereits ein Tag pro Woche fleischlos bleiben. Im Juni 1916 kam es wegen der drückenden Versorgungslage zu ersten Demonstrationen. Mit 1. Jänner 1917 nahm das zentrale »Städtische Amt für Lebensmittelversorgung« seine Arbeit auf; Kohle und Gas wurden knapp; die Glocken von Kirchen und Kapellen wurden eingeschmolzen; um die Produktion der Rüstungsindustrie nicht zu gefährden, stellte man 1915 die Arbeiter den Soldaten gleich, d. h., die geregelte Arbeitszeit fiel, Streik konnte als Hochverrat geahndet werden. Im Glauben an den Sieg zeichneten viele Familien eine der insgesamt acht aufgelegten Kriegsanleihen; was nach Kriegsende blieb, waren wertlose Papiere ...

Dramatische Ereignisse im Herbst 1916 schufen eine neue politische Situation. Am 21. Oktober 1916 erschoß Friedrich Adler (1879–1960), der Sohn Victor Adlers, im Hotel Meißl & Schaden den Ministerpräsidenten Karl Graf Stürgkh. Adler, ein Vertreter des linken Flügels der Sozialdemokratie, der mit dieser Tat gegen die Kriegspolitik der österreichischen Regierung protestieren wollte, wurde zum Tode verurteilt, später jedoch amnestiert.

Ein Monat später, am 21. November 1916, starb in seinem Schlafzimmer im Schloß Schönbrunn im Alter von 86 Jahren Kaiser Franz Joseph I. an den Folgen einer Lungenentzündung; mit ihm, der bis zum Schluß unbeirrbar seine Pflicht erfüllt hatte, sank die Symbolfigur der »guten alten

9
Der Krieg hielt Einzug in der Reklame: »Kriegskalender für Gastwirtschaften des Brauhauses Schwechat«.

10
Plakat zur dritten Kriegsanleihe, 1915.

11
Österreich-Ungarns letzter Kaiser: Karl I. (1887-1922).

12
Franz Graf Conrad von Hötzendorf (1852-1925) war bis 1917 Chef des Generalstabs der k. u. k. Armee.

11

12

Zeit« ins Grab. Sein Begräbnis am 30. November 1916, zu dem sich entlang der Straßen eine riesige Menschenmenge einfand, wurde nicht nur zum Abschied von jener Person, die durch ihre persönliche Integrität die Klammer für den Vielvölkerstaat Österreich-Ungarn gebildet hatte – zugleich war es der endgültige Abschied von der Welt Altösterreichs und seiner Dynastie.

Franz Josephs Nachfolger am Thron, Kaiser Karl I. (1887–1922), sah sich mit einer militärisch schwierigen Lage konfrontiert und setzte seine Hoffnungen auf einen Sonderfrieden mit den Westmächten, einige Versuche in diese Richtung scheiterten jedoch – die geschworene »Nibelungentreue« zum Deutschen Reich erwies sich jetzt als Bumerang, Karl I. mußte sich dem Diktat der deutschen Militärkreise beugen und den Weg in die Niederlage mitgehen.

In der Wiener Bevölkerung wuchs die Sehnsucht nach Frieden, unterstützt wurde sie in diesem Wunsch von der Sozialdemokratie, die im Herbst 1917 – nicht zuletzt unter dem Eindruck der Oktoberrevolution in Rußland – immer nachdrücklicher einen »Verständigungsfrieden« forderte. Die Versorgungslage Wiens gestaltete sich im Frühjahr 1918 immer katastrophaler, ein Streik der Arbeiter drohte, und allmählich begann die Autorität der kaiserlichen Regierung zu schwinden, zunächst noch unmerklich, dann immer schneller begann die Auflösung des Reichs.

Ein Manifest Kaiser Karls am 16. Oktober 1918, das die Umwandlung der Monarchie in einen föderativen Bundesstaat vorsah, kam bereits zu spät; die bedeutendsten Nationalitäten der Monarchie – Tschechen, Ungarn, Polen, Südslawen – hatten sich zur Trennung von Habsburg entschlossen. Am 21. Oktober konstituierten sich die deutschsprachigen cisleithanischen Abgeordneten des Reichsrats als »Provisorische Nationalversammlung für Deutsch-Österreich«, bereits am 30. Oktober – noch kämpften k. u. k. Truppen an den Fronten – wurde eine provisorische Verfassung für Deutsch-Österreich, ausgearbeitet von dem sozialdemokratischen Abgeordneten Dr. Karl Renner, angenommen und eine Regierung gebildet; in das Amt des Staatskanzlers wurde Karl Renner gewählt.

13 Die Ausrufung der Republik Deutsch-Österreich am 12. November 1918.

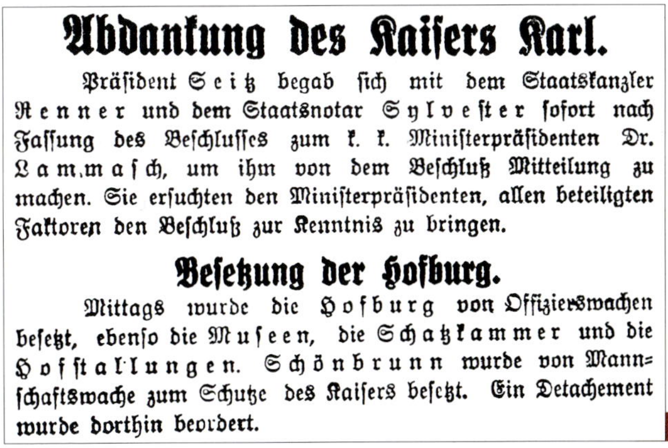

Abdankung des Kaisers Karl.

Präsident Seitz begab sich mit dem Staatskanzler Renner und dem Staatsnotar Sylvester sofort nach Fassung des Beschlusses zum k. k. Ministerpräsidenten Dr. Lammasch, um ihm von dem Beschluß Mitteilung zu machen. Sie ersuchten den Ministerpräsidenten, allen beteiligten Faktoren den Beschluß zur Kenntnis zu bringen.

Besetzung der Hofburg.

Mittags wurde die Hofburg von Offizierswachen besetzt, ebenso die Museen, die Schatzkammer und die Hofstallungen. Schönbrunn wurde von Mannschaftswache zum Schutze des Kaisers besetzt. Ein Detachement wurde dorthin beordert.

14 Eine nüchterne Zeitungsnotiz kündet vom Ende der Monarchie.

Als Kaiser eines Staates, der de facto nicht mehr existierte, zog Karl I. am 11. November 1918 die Konsequenzen: In einer von dem Moraltheologen Ignaz Seipel, dem Minister für soziale Fürsorge im letzten kaiserlichen Kabinett unter Heinrich Lammasch, formulierten Erklärung verzichtete er auf jegliche Teilnahme an den Regierungsgeschäften und anerkannte jede Entscheidung über die neue Staatsform, formal dankte er jedoch nicht ab, auch von einem Thronverzicht war nicht die Rede – diese letzte Schmach sollte dem glücklosen Nachkommen einer langen Reihe ruhmreicher Herrscher erspart bleiben. Noch am selben Tag – es ist gleichzeitig der Todestag Victor Adlers – zog Karl mit seiner Familie von Schönbrunn in das Schloß Eckartsau im Marchfeld um; am 23. März 1919 verließ er vom Bahnhof Kopfstetten aus Österreich – die Herrschaft der Habsburger über Wien und Österreich war zu Ende; am 12. November 1918 rief der deutschnationale Abgeordnete Franz Dinghofer vor dem Parlament die Republik Deutsch-Österreich aus.

1918–1932

ERWACHEN IM ROTEN WIEN

1

November 1918: Das imperiale Wien hatte seine Funktion als Hauptstadt eines Großreichs verloren – aber noch gab es die überbordende Bürokratie des versunkenen Habsburgerstaats, die riesigen Ministerien und prunkvollen Hoftheater, es gab die Flüchtlinge aus allen Teilen der Monarchie, die die Bevölkerungszahl auf den Rekordwert von 2,239.000 Einwohnern schnellen ließen, und es gab vor allem die geschlagene Armee, deren Angehörige nun von den Fronten des Krieges in die Heimat zurückkehrten, in einen Kleinstaat »Deutsch-Österreich«, dessen weiteres Schicksal mehr als ungewiß schien und an dessen dauernde Existenz kaum jemand glauben wollte – viele träumten vom »Anschluß« an Deutschland – in allen politischen Lagern.

Die glanzvollen Bauten der Ringstraßenzeit bildeten jetzt die schweigende Kulisse für das verzweifelte Ringen ums Überleben, für die Suche nach neuen Identitäten und politischer Orientierung. Für viele Menschen war der Untergang Österreich-Ungarns zu einem Trauma geworden: Die neue republikanische Ordnung empfanden sie als Schmach, war sie doch verbunden mit dem Gefühl von Niederlage und Aussichtslosigkeit. In diesem Klima gediehen radikale politische Utopien und Ideologien, Lösungsvorschläge von links und rechts warben um die Sympathie der Wähler, die sich in ihrer Enttäuschung nur allzugern einer der rechts- oder linksextremen Gruppierungen anschlossen. Hier – bei Kommunisten und Faschisten – fanden sie auf den ersten Blick einleuchtende Erklärungen für die Misere: »Sündenböcke« wurden bezeichnet, die Juden allgemein und jüdische Kriegsgewinnler und Spekulanten im speziellen, »rote Bonzen« und »schwarze Pfaffen«, Kapitalismus und Materialismus wurden verteufelt. Noch in der Geburtsstunde der Republik, am 12. November 1918, hatten die »Roten Garden« versucht, nach russischem und deutschem Vorbild auch in Wien eine Diktatur der Arbeiter- und Soldatenräte zu installieren; bei Tumulten vor dem Parlament kamen zwei Menschen ums Leben – Gewalt,

1
Symbol des Roten Wien: der Karl-Marx-Hof in Heiligenstadt, erbaut 1926 bis 1930, mit 1382 Wohnungen.

2
Jakob Reumann (1853–1925), der erste sozialdemokratische Bürgermeister Wiens.

3
Karl Seitz (1869–1950), Bürgermeister von 1923 bis 1934.

2

3

die sich wie ein roter Faden durch die tragische Geschichte der Ersten Republik ziehen sollte.

Und es schlug die große Stunde der Sozialdemokratie. Bürgermeister Richard Weiskirchner, der Wien gut durch die Kriegsjahre geleitet hatte, mußte nach den Gemeinderatswahlen vom 4. Mai 1919, die einen deutlichen Sieg der Sozialdemokraten brachten (100 von 165 Mandaten), sein Amt an Jakob Reumann (1853–1925) übergeben, der seit dem Jahr 1900 dem Wiener Gemeinderat angehörte. Die schwere Aufgabe der neuen sozialdemokratischen Stadtregierung war es nun, die leeren Kassen der Stadt wieder zu füllen, die Versorgung zu sichern, die Rahmenbedingungen und Strukturen für einen neuen Aufschwung, für Stabilität und gedeihliche Entwicklung, für Hoffnung und neuen Optimismus zu schaffen. Wien wurde zum »Manövergelände der Revolution« (Hellmut Andics), die Welt blickte auf das Rote Wien und sein »Experiment«.

In den Bundesländern verbreitete sich inzwischen das Schlagwort vom »Wasserkopf Wien« – vielerorts, vor allem in Niederösterreich, dessen Hauptstadt Wien noch immer war, wollte man nicht einsehen, daß soviel Anstrengungen einer Metropole zu widmen waren, die der Größe des Staates nicht mehr adäquat schien; der Gedanke tauchte auf, die verfassungsrechtliche Stellung Wiens zu ändern. Nach zähen Verhandlungen konnten am 29. Dezember 1921 die sogenannten »Trennungsgesetze« im gemeinsamen Landtag des »Landes Wien und Niederösterreich-Land« verabschiedet werden – mit 1. Jänner 1922 wurde Wien als Bundeshauptstadt und Stadt mit eigenem Statut auch ein eigenes Bundesland; der Wiener Gemeinderat war nun gleichzeitig auch der Landtag von Wien.

Die Verwaltung der Stadt selbst wurde in der neuen Stadtverfassung vom 29. April 1920 effizient organisiert: Man schuf acht Verwaltungsgruppen, denen jeweils ein Amtsführender Stadtrat vorstand; die Stadträte bildeten zusammen mit dem Bürgermeister und vier christlichsozialen Stadträten ohne Portefeuille den Stadtsenat, in dem sich die kommunale Regierungsgewalt konzentrierte – es war dies eine Neuordnung, die den Stadträten entscheidendes Gewicht einräumte, von ihrem Durchsetzungsvermögen hing die Entwicklung der einzelnen »Ressorts« ab.

Es zeigte sich, daß Jakob Reumann in der Auswahl seiner Mitarbeiter durchaus eine glückliche Hand hatte und mit Hugo Breitner (1873–1946) als Stadtrat für das Finanzwesen, mit Julius Tandler (1869–1936) als Wohlfahrts- und Gesundheitsstadtrat und Otto Glöckel (1874–1935), der 1922 Geschäftsführender 2. Präsident des Wiener Stadtschulrates wurde, tatkräftige Männer fand, die geeignet waren, die Visionen der Sozialdemokratie von einer neuen Gesellschaft auch in die Tat umzusetzen.

DIE REFORMEN

Die Weichen waren gestellt, und so konnte im Herbst 1923 Jakob Reumann mit gutem Gewissen aus Altersgründen zurücktreten; der im Oktober 1923 neu gewählte Gemeinderat (78 Mandate Sozialdemokraten, 41 Mandate Christlichsoziale) wählte Karl Seitz (1869–1950), den Obmann der Sozialdemokratischen Arbeiterpartei (SDAP), zum neuen Bürgermeister. In der Ägide von Seitz wurden die sozialen, städtebaulichen und schulpolitischen Maßnahmen energisch fortgesetzt, die Resultate prägen bis heute, bis zur Wende vom 2. zum 3. Jahrtausend, nachhaltig die Stadtlandschaft Wiens: Der Bau von Gemeindebauten setzte in großem Stil ein, in den elf Jahren bis 1934 wurden 63.736 Wohnungen für 220.000 Menschen errichtet. Jedem Bürger wurde das Recht auf eine menschenwürdige, gesunde, gut beleuchtete und belüftete Wohnung zugebilligt, für immer vorbei sollten die Zeiten sein, in denen sich in winzigschmutzigen Substandardwohnungen die »Bettgeher« die Türklinke in die Hand drückten. Die Wohnbauten wurden als »Höfe« konzipiert, als Zonen des Miteinanders, in denen man nicht anonym dahinvegetierte, sondern in solidarischer Verbundenheit mit dem Nachbarn sein Leben meisterte. Die mächtigen Wohnanlagen demonstrierten ein neues Selbstbewußtsein der Arbeiterschaft; bedeutende Architekten wie Robert Oerley (George-Washington-Hof), Hubert Gessner (Reumannhof), Karl Ehn (Karl-Marx-Hof) oder Ernst Lichtblau (Paul-Speiser-Hof) waren für die Gemeinde Wien tätig.

4
Der George-Washington-Hof.

5
Der Reumannhof in Margareten, erbaut 1924 von Hubert Gessner.

6
Informationsbroschüre der Stadtverwaltung anläßlich der Fertigstellung des Karl-Marx-Hofes, 1930.

Auf den Spuren des Roten Wien

Republik-Denkmal (1, Schmerlingplatz): 3 Bronzebüsten (Victor Adler von Anton Hanak, Jakob Reumann von Franz Seifert und Ferdinand Hanusch von Carl Wollek) erinnern an die sozialdemokratischen Väter der Ersten Republik. Enthüllt am 12. November 1928 (10. Jahrestag der Proklamation der Republik).

Reumannhof (5, Margaretengürtel 100–110): errichtet 1924–1926 nach Plänen von Hubert Gessner; erinnert an Jakob Reumann (1853–1925), den ersten sozialdemokratischen Bürgermeister Wiens.

Julius-Tandler-Heim (9, Lustkandlgasse 50): am 18. Juni 1925 eröffnete Kinderübernahmestelle der Stadt Wien; damals weltweit die erste Institution dieser Art. Gedenktafel mit Zitat von Julius Tandler: »Wer Kindern Paläste baut, reißt Kerkermauern nieder.«

Amalienbad (10, Reumannplatz 9): erbaut 1923–1926 nach Plänen von Karl Schmalhofer und Otto Nadel. International Aufsehen erregendes Hallenbad mit farbigen Wandverfliesungen und Mosaikarbeiten; 1981–1986 generalsaniert.

Reismannhof (12, Am Fuchsenfeld 1–3): erbaut 1924/25 nach Plänen von Heinrich Schmid und Hermann Aichinger; benannt nach dem Gemeinderat Edmund Reismann (1881–1942), der im KZ Auschwitz *(Oświgcim)* ermordet wurde. Vom 13. bis zum 15. Februar 1934 kämpften hier Schutzbündler gegen Regierungstruppen.

Karl-Marx-Hof (19, Heiligenstädter Straße 82–92): errichtet 1927–1930 nach Plänen von Karl Ehn. Im Februar 1934 war die gewaltige Wohnhausanlage ein Zentrum des Widerstands gegen den Austrofaschismus. Beim Sturm auf das Gebäude wurden vom Bundesheer sogar Artillerie und Panzerwagen eingesetzt.

Gerlhof (20, Stromstraße 39–45): errichtet 1930/31 nach Plänen von Heinrich Ried; Josef Gerl (1912–1934) war Mitglied des Republikanischen Schutzbunds und wurde nach einem Sprengstoffanschlag zum Tode verurteilt und hingerichtet.

Goethehof (22, Schüttaustraße 1–39: erbaut 1928–1930; wurde im Februar 1934 von Angehörigen des Republikanischen Schutzbundes gegen das Bundesheer verteidigt.

7

8

9

Die »Architekten« des Roten Wien:

7
Hugo Breitner (1873–1946), Stadtrat für Finanzwesen von 1922 bis 1932.

8
Julius Tandler (1869–1936), Stadtrat für Wohlfahrtspflege von 1920 bis 1934.

9
Otto Glöckel (1874–1935), geschäftsführender 2. Präsident des Wiener Stadtschulrats von 1922 bis 1934.

Für die neue Klasse von Menschen, die in den Gemeindebauten heranwachsen sollte, war neben dem angemessenen Wohnen in den Augen der sozialdemokratischen Gemeindeväter vor allem eines wichtig: Bildung. In aufwendigen Kampagnen begann man die Arbeiterschaft für diesen Wert zu gewinnen; Arbeitermittelschulen und Arbeiteruniversität wurden geschaffen, Volkshochschulen und Volksbüchereien sollten jedem Wiener die Möglichkeit geben, sich seinen Interessen gemäß weiterzubilden; für die Freizeitgestaltung bot das sozialdemokratische Wien eine breite Palette von Angeboten: Man konnte mit den »Naturfreunden« zu einem Sonntagsausflug in die Berge aufbrechen, in der Lobau der Freikörperkultur im »Bund Freier Menschen« huldigen, ein Angebot der »Kunststelle« zu einem Theaterbesuch nützen oder auch die gesellige Runde eines Arbeitersängervereins genießen.

Umfassend reorganisiert wurde von Julius Tandler das Wohlfahrts- und Fürsorgewesen, geradezu revolutionär sein Grundgedanke: Jeder Bedürftige hat ein Recht auf Hilfe durch die Gesellschaft. Mit der Errichtung eines »geschlossenen Systems« von ärztlichen Untersuchungsstellen, Entbindungsheimen, Kindergärten, Horten, Kinderübernahmsstellen, Kinderfreibädern, Volks- und Sommerbädern gelang eine vorbildliche Umsetzung dieses Konzepts, das als »Wiener System« auch international Nachahmung fand. Julius Tandler wurde nach den Februarkämpfen 1934 verhaftet und ging später ins Ausland; er starb in Moskau.

Heftige ideologische Auseinandersetzungen forderte die Schulreform Otto Glöckels heraus, der schon der kaiserlichen Schulverwaltung ein Dorn im Auge gewesen war und 1897 wegen seiner unkonventionellen Ansichten fristlos aus dem Schuldienst entlassen worden war. Als sozialdemokratischer Abgeordneter im Reichstag hatte er 1917 ein umfassendes Erziehungs- und Unterrichtsprogramm vorgelegt, das nun in Wien verwirklicht wurde: Es zielte auf Chancengleichheit für alle Schüler, soziale Nachteile sollten durch kostenlose Zurverfügungstellung von Lehr- und Lernmitteln ausgeglichen werden, das Sonderschulwesen wurde ausgebaut, die Lehrer besser ausgebildet, der Einfluß der Kirche auf den Unterricht ausgeschaltet – Maßnahmen, die in christlichsozialen-konservativen Kreisen zu schweren Verstörungen führten. Die Lehrpläne der Wiener Schulen wurden gründlich »entstaubt«, kindgemäße Lehrbücher aus dem Verlag Jugend & Volk setzten neue Maßstäbe. Otto

Glöckel wurde am 13. Februar 1934 verhaftet und blieb bis Ende Oktober 1934 in Haft; seine Reformen wurden vom Dollfuß-Regime zurückgenommen.

Die finanziellen Voraussetzungen für all diese Reformen schuf die Steuerpolitik Hugo Breitners, dessen Grundsatz es war, Geld dort einzutreiben, wo auch tatsächlich welches vorhanden war – im Prinzip durch Bodensteuern, Mietsteuern, Betriebs- und Verkehrssteuern sowie diversen »Luxussteuern«, 1922 wurde auch eine zweckgebundene Wohnbausteuer eingeführt. Beim wohlhabenden Bürgertum als »Steuervampir« gefürchtet und verhaßt, betrieb Breitner eine konsequente Politik der Umverteilung von den begüterten Schichten der Bevölkerung zu den sozial benachteiligten und hilfsbedürftigen.

DIE ESKALATION DER GEWALT

Verhängnisvoll für Wien und die Erste Republik erwies sich die zunehmende politische Polarisierung zwischen dem sozialdemokratischen Wien und den christlichsozial dominierten Bundesregierungen der zwanziger Jahre. Beide Lager beharrten in wichtigen »ideologischen« Fragen auf ihren Positionen, so kam es bereits 1922, als eine galoppierende Inflation die österreichische Wirtschaft erschütterte, zu schweren Differenzen über mögliche Wege zur Sanierung dieser Krise. Ignaz Seipel, seit 31. Mai 1922 erstmals Bundeskanzler, setzte mit der Annahme der »Genfer Protokolle« auch eine Anleihe von 650 Millionen Goldkronen durch die Westmächte durch, was in der Folge eine Stabilisierung der Währung ermöglichte und am 1. Jänner 1925 die Einführung der Schillingwährung mit sich brachte.

Bedenklich war auch das Bild, das rechtslastige Literaten und Publizisten von der österreichischen Hauptstadt zeichneten: Wien galt bald als Hochburg negativer Zivilisationserscheinungen, es begann das Ausspielen der angeblich heilen Provinz gegen den lasterhaften Asphalt der Großstadt, das schließlich im Austrofaschismus seinen Höhepunkt finden sollte. Die Stadt Wien wurde der Provinz zum Signum einer dämonisch empfundenen Moderne, in der die alte Ordnung nichts mehr galt, in der Unmoral und Sittenlosigkeit ihren Einzug hielten. Als exemplarisch dafür emp-

10
1922 erreicht die Inflation ihren Höhepunkt. Die Preise sind auf das Vierzehntausendfache der Vorkriegszeit gestiegen.

11
Der Brotpreis zu Weihnachten 1922.

fand man Jazz-Musik und Nacktrevuen, das Kürzerwerden der Röcke und die Freizügigkeit der neuen Bademode und – die vielfältige Tätigkeit jüdischer Mitbürger in Kunst und Kultur. Das kaltblütige Revolverattentat des durch nationalsozialistische Propaganda verhetzten Otto Rothstock auf den jüdischen Schriftsteller Hugo Bettauer (1872–1925; *Die Stadt ohne Juden*; *Die freudlose Gasse*) am 10. März 1925 – Bettauer starb wenige Tage später an seinen Verletzungen – gab einen erschreckenden Vorgeschmack von kommendem Unheil: Das Urteil gegen Rothstock, der praktisch straffrei blieb, wurde zum Skandal.

Gewalt wurde zu einem Mittel der politischen Auseinandersetzung, begünstigt durch den Aufbau von paramilitärischen »Selbstschutzformationen« der Parteien: 1923/24 wurde aus den sozialdemokratischen Ordnerformationen der »Republikanische Schutzbund« gegründet, der 1928 immerhin 80.000 Mitglieder aufwies und von Wien aus geleitet wurde. Der »Schutzbund« war die Antwort der Sozialdemokraten auf eine Vielzahl von Selbstschutzverbänden der Rechten (Frontkämpferverbände, Ortswehren, Bürgergarden), die sich zu »Heimatschutz« und »Heimwehren« zusammenschlossen und allmählich zu Stützen der christlichsozialen Regierungen wurden. Einflußreichster Wiener Heimwehrführer war der Bundesheermajor Emil Fey. Nicht zuletzt begann sich auch die kleine Gruppe von Nationalsozialisten mit Waffen zu versehen und in den Kampf auf der Straße einzugreifen.

Ein folgenschwerer Zusammenstoß ereignete sich am 23. Jänner 1927 im burgenländischen Ort Schattendorf, als Frontkämpfer das Feuer auf eine Gruppe Schutzbündler eröffneten und zwei Menschen töteten. Da die Täter von einem Geschworenengericht am 14. Juli 1927 freigesprochen wurden, kam es am nächsten Tag zu einer Massendemonstration vor dem Justizpalast, der in Brand gesteckt wurde; vergeblich versuchten Bürgermeister Karl Seitz, Otto Bauer und andere prominente Sozialdemokraten die wütende Menge zu beruhigen; schließlich befahl der Wiener Polizeipräsident Johann Schober den Einsatz von Waffen, der 89 Todesopfer und 600 Schwerverletzte forderte.

Das Blutbad vor dem Justizpalast zerstörte die Gesprächsbasis zwischen Wiener Landesregierung und Bundesregierung endgültig; Intellektuelle wie Karl Kraus forderten den

Extraausgabe der Arbeiterstimme Preis 10 Groschen.

Blutiger Polizeiputsch!

Arbeiter! Arbeiterinnen!

Weit über 100 Tote! Weit über 2000 Verwundete! — Die Polizeibestie wütet. — Die Bourgeoisie will die faschistische Diktatur.

Die sozialdemokratischen Führer haben gebremst, sie bremsen und werden weiter bremsen. Durch ihre Bremserei und Duselei helfen sie den Kapitalisten.

Arbeiter und Arbeiterinnen! Wenn ihr diesmal nachgebt, ist die Arbeiterschaft verloren und die Kapitalisten triumphieren über uns Lohnsklaven auf Jahrzehnte!

Niemand wird euch helfen, wenn nicht ihr selbst euch helft.

Generalstreik bis zum Sturz der Mörderregierung!
Sofortige Bewaffnung der Arbeiter!
Entwaffnung der Faschisten!
Reinigung der Polizei, Justiz, des ganzen Staatsapparates von den Konterrevolutionären!
Schober muß sofort weg!
Weg mit der Mörderregierung!

Die ganze Masse muß auf den Plan!
Durch unsere Masse müssen wir die Brut erdrücken.

Arbeiter, wie lange wollt ihr euch das gefallen lassen?

Letzte Nachricht! Die Polizei schießt weiter. Neue Opfer fallen. Arbeiter, wie lange wollt ihr euch das gefallen lassen.

12

12 Flugblatt der Kommunistischen Partei zum Blutbad am 15. Juli 1927.

13

13 Karl Kraus (1874–1936), die »Instanz K. K.«, ließ nach dem Julimassaker ein Plakat affichieren, das den Wiener Polizeipräsidenten Johann Schober zum Rücktritt aufforderte.

DIE FACKEL

Nr. 766–770 OKTOBER 1927 XXIX. JAHR

Die Menschheit, die für die Idiotie ihrer Vaterländer sich ins Chaos gestürzt hatte und überlebend, ihren seelischen Selbstmord überlebend, die größere Schmach nicht mehr empfinden kann, den größeren Weltkrieg zu ersehnen, alles vergessend und nichts mehr im Sinne als den Fortschritt der Vernichtung — welch eine Idylle! Welch eine Idylle, wenn der technisch avancierte Fleischerknecht, der sie trotz allem Humbug politischer Freiheit regiert, nur gegen den Sohn der anderssprachigen Mutter wütet! Hier — an einem Tag des Wehs, dessen Gedenken der Ruf dieser scheußlichen Gemütlichkeit durch die Jahrhunderte mitnehmen möge — war er gegen die »Eigenen« losgelassen. Hier haben das povere Hirn der Vorschriftsmäßigkeit, die sanierte Dreckseele, das Fibelchristentum — mit dem die Luft einer Friedenswelt zu atmen schon tödlich war —, hier hat eine Menschenart, die in ihrer unbesiegbaren Jämmerlichkeit doch den Phönix des Weltbrands vorstellt, hier hat der überschüssige Haß der besiegten Nation, die Rache der geistigen Unterernährung, das dumpfe Gefühl, die anrüchige Spezialität der europäischen Zivilisation zu bilden — hier haben sie, im Bunde und Dienste welttüchtigerer Mächte, befohlen, gebilligt und bejubelt: daß hundert Herzen zu schlagen aufhören, Hunderte aus den Qualen der furchtbarsten Verwundung bleibendes Siechtum davontragen und Invalide eines Polizeikriegs, vom Vaterland preisgegebener als seine ruinierten Beschützer, auf den Straßen betteln werden, über die ihr Blut geronnen ist.

14

14 Sondernummer der »Fackel« vom Oktober 1927, in der sich Karl Kraus mit den Ereignissen des 15. Juli auseinandersetzte.

15
Wurde zum Fanal der Gewalt in der Ersten Republik: der brennende Justizpalast, von der Lastenstraße aus gesehen, 15. Juli 1927.

16
Bürgermeister Karl Seitz und Otto Bauer (1881–1938), der Theoretiker des Austromarxismus, versuchen die aufgebrachte Menge vor dem Rathaus zu beruhigen.

Rücktritt des »Arbeitermörders« Schober, heftige Kritik wurde an Bundeskanzler Seipel, dem »Prälaten ohne Milde«, geübt. Für die Führung des Republikanischen Schutzbunds wurde das Massaker zu einem wichtigen Argument im Hinblick auf eine weitere Aufrüstung – die Demokratie hatte bereits gefährliche Schlagseite bekommen.

Dazu kam, daß sich die Rahmenbedingungen radikal verschlechterten: Die 1929 einsetzende Wirtschaftskrise ließ die Zahl der Arbeitslosen wieder steigen und gab der Bundesregierung die Möglichkeit, durch Sonderauflagen aufgrund der Budgetkrise die Finanzen der Stadt empfindlich zu treffen; der Aufstieg der Nationalsozialisten im Deutschen Reich stärkte auch ihre österreichischen Ableger, die nun immer häufiger mit aufsehenerregenden Aktionen hervortraten.

MYTHOS VERSUS AGITATION

Die Polarisierung der politischen Lager fand auch in Literatur und Kunst der zwanziger Jahre ihren Niederschlag. Gemeinsamer Ausgangspunkt war zwar die Erfahrung des Zusammenbruchs der Habsburgermonarchie, die Antworten darauf gingen jedoch sehr verschiedene Wege. Viele Autoren, die dem »Bildungsbürgertum« des alten Reichs angehört hatten und stolz waren auf die kulturellen Traditionen ihres Stands, sahen sich nun in der Republik einer Welt gegenüber, in der die alten Ideale nichts mehr zu gelten schienen. Die ökonomische Sicherheit war dahin, mit dem demokratischen Parlamentarismus konnte man sich nicht richtig anfreunden – eine tiefe Irritation griff um sich, man fühlte sich ausgestoßen, ohnmächtig.

Aus dieser Verlorenheit in einer beinahe unerträglichen Wirklichkeit heraus wuchs die Sehnsucht nach neuer historischer Monumentalität. Eine Konjunktur des historischen Romans und der Biographie setzte ein, wobei sich vor allem jene Texte durchzusetzen begannen, die dem Leser handfeste Argumente für die politische Praxis mitlieferten, erfolgreiche Wege zum »Heil«, also zu neuen Macht- und Siegesgefühlen, vorgaben. Musterbeispiele für Texte dieser Art waren die »Führerromane« von Mirko Jelusich (*Caesar*, 1929; *Cromwell*, 1933; *Der Löwe*, 1936) oder Robert Hohlbaum (*Stein*, 1934), in denen das historische Geschehen zur bloßen Bühne

17

18

19

17
Zum Chronisten des Untergangs Österreich-Ungarns wurde Joseph Roth (1894–1939) aus dem galizischen Brody: Umschlag der in Bilthoven in den Niederlanden 1938 erschienenen Erstausgabe seines Romans »Die Kapuzinergruft«.

18
Hermann Broch (1886–1951) war Direktor eines Wiener Textilbetriebes, ehe er als Autor berühmt wurde (»Die Schlafwandler«, 1932).

19
Der Prager Franz Werfel (1890–1945), einer der erfolgreichsten österreichischen Autoren der zwanziger Jahre, entwarf in seinem Roman »Barbara oder Die Frömmigkeit« (1929) ein großangelegtes Panorama vom Untergang der alten Welt Mitteleuropas.

für geschichtsmächtige Helden wurde, die ihre Ähnlichkeit zu dem einen großen Helden der Gegenwart nicht verhehlen konnten.

Vom »Heilsversprechen« der rechten Literatur distanzierten sich jene, die noch immer die Trennung von Habsburg nicht ganz vollzogen hatten. Zum berühmtesten Beispiel für diese literarische Haltung wurde Joseph Roth (1894–1939), der ab 1918 als Journalist in Wien lebte und später als Korrespondent der »Frankfurter Zeitung« auf Reisen ging. Roths Romane der zwanziger Jahre (*Flucht ohne Ende*, 1927) erzählen von Soldaten, die aus dem Krieg kommen und keine Heimat mehr vorfinden, die mit einer Welt konfrontiert werden, in der es für sie keine Geborgenheit mehr gibt. Ihre Sehnsucht gilt der versunkenen Welt des Doppeladlers, deren Untergang sie allmählich zur Kenntnis nehmen müssen. Zum berührenden Protokoll dieses langen, schmerzhaften Abschieds vom Habsburgerreich, das zunehmend mythische Züge bekam, wurden die Romane *Radetzkymarsch* (1932) und *Die Kapuzingergruft* (1938), in denen Roth am Beispiel der Offiziersfamilie Trotta die Stationen des Niedergangs – von Solferino bis zum »Anschluß« – mit großer Eindringlichkeit gestaltete.

Eine ähnliche Verhaftung an den »habsburgischen Mythos« (Claudio Magris) zeigte Alexander Lernet-Holenia (1897–1976), der mit dem Weltkriegsroman *Die Standarte* (1934) einen großen Erfolg erzielte; kritischer und in seiner Analyse weitaus umfassender blieb der aus Prag stammende Franz Werfel (1890–1945), der 1918 kurz mit der »Roten Garde« und einem anarchischen Sozialismus sympathisiert hatte, in seinem monumentalen Zeitbild *Barbara oder Die Frömmigkeit* (1929). Darin diagnostiziert Werfel als Ursache für den Untergang der alten Welt einen bedenklichen Zerfall der Werte, der immer mehr Hemmschwellen außer Kraft setze und geradewegs in die Barbarei führen müsse.

Eine Gegenposition zu den historischen Panoramen völkisch-nationaler Provenienz schuf Rudolf Brunngraber (1901–1960), Lehrer und Gebrauchsgrafiker, mit dem Roman *Karl und das 20. Jahrhundert* (1933), dessen Held all das nicht hat, was Führerfiguren so auszeichnet: Er gestaltet die Ereignisse nicht, sondern unterliegt ihnen, wird ihr Opfer, weil er seine Abhängigkeit von wirtschaftlichen Entwicklungen nicht erkennt. Für literarische Analysen dieser Art war jedoch in der Ersten Republik bald kaum mehr ein Publikum zu finden …

VOM BÜRGERKRIEG ZUM HOLOCAUST

1

Zum Menetekel kommender Gewalt wurden die Gemeinderatswahlen vom 24. April 1932. Bei einer Wahlbeteiligung von 89,5 % gelingt es den Nationalsozialisten, erstmals in den Gemeinderat einzuziehen: Von 100 Mandaten erringen sie 15, die Sozialdemokraten bleiben bei 66 Mandaten, während die Christlichsozialen dramatisch verlieren und nur mehr 19 Sitze in der neuen Stadtregierung belegen. Da gleichzeitig Landtagswahlen in Niederösterreich und Salzburg einen ähnlichen Trend zeigen, ist das bürgerliche Lager alarmiert, man befürchtet weitere schwere Verluste und entschließt sich zu raschem Handeln: Bundeskanzler Kark Buresch tritt zurück, Nachfolger wird sein Landwirtschaftsminister Engelbert Dollfuß (1892–1934), der – beseelt von missionarischem Eifer – mit Energie an den Umbau des Staates geht. Seine Vision sieht für Österreich eine straffe ständische Ordnung vor, in der das Führerprinzip die Demokratie und ein konservativer Katholizismus die Freiheit des Denkens ersetzen sollen.

Zum willkommenen Instrument für die Durchsetzung dieser Ziele wird das »kriegswirtschaftliche Ermächtigungsgesetz« von 1917, das Dollfuß trotz heftiger Proteste der Sozialdemokraten am 1. Oktober 1932 zum erstenmal zur Anwendung bringt: Die Funktionäre der Creditanstalt werden für die Verluste des Instituts haftbar gemacht.

Um die erschreckende Gewalt auf den Straßen einzudämmen, ernannte Dollfuß den Führer des Wiener Heimatschutzes, Major Emil Fey (1886–1938), zum Staatssekretär für Sicherheitswesen, dennoch verschlechterte sich das Klima zwischen den politischen Gruppierungen weiterhin radikal; verantwortlich dafür waren die Nationalsozialisten, deren »Gauparteitag« vom 29. September bis 2. Oktober 1932 zur enthusiastischen Machtdemonstration genützt wurde – Hermann Göring, Joseph Goebbels und SA-Chef Ernst Röhm traten persönlich bei der Abschlußkundgebung auf und trieben ihre Wiener Anhängerschaft zu neuen Taten: Bei von den Nazis provozierten Zusammenstößen mit dem Republikanischen Schutzbund kamen mehrere Menschen ums Leben. Die Wirtschaftslage war weiterhin dramatisch: Die Zahl der unterstützten Arbeitslosen in Österreich stieg im Februar 1933 auf den Rekordwert von 402.000; insgesamt waren etwa 600.000 Menschen ohne Arbeit.

1
Bürgerkrieg im Februar 1934: Ein Trupp Bundesheersoldaten bereitet sich zum Angriff auf eine Verteidigungsstellung des Schutzbunds vor.

2
Die Gemeinderatswahlen vom 24. Juli 1932 bringen einen großen Erfolg der Nationalsozialisten.

Große Veränderungen im Wiener Gemeinderat und niederösterreichischen Landtag.

Mandatsgewinne der Nationalsozialisten auf Kosten der Christlichsozialen.

Auf Grund der gestrigen Wahlergebnisse wird sich der Wiener Gemeinderat zusammensetzen aus:

66 Sozialdemokraten
19 Christlichsozialen
15 Nationalsozialisten.

Ein Streit um die Auszahlung von Eisenbahnergehältern führte am 4. März zu einer folgenschweren Sitzung des Parlaments, in deren Verlauf alle drei Präsidenten des Nationalrats – Karl Renner (Sozialdemokraten), Rudolf Ramek (Christlichsoziale) und Sepp Straffner (Großdeutsche) – ihr Amt niederlegten; laut Geschäftsordnung war das Parlament damit handlungsunfähig geworden – Dollfuß hatte freie Bahn und war sofort entschlossen, diese unerwartete Chance mit allen Mitteln zu nützen. Erste Notverordnungen nach dem Ermächtigungsgesetz verrieten seine Ambitionen zum Diktator: Die Versammlungs- und Pressefreiheit wurde aufgehoben; einen Versuch der SDAP und der Großdeutschen, den Nationalrat wiederum einzuberufen, verhinderte Dollfuß am 15. März 1933 durch den skrupellosen Einsatz von Kriminalpolizei, die den Sitzungssaal im Parlament räumte. Ohnmächtig mußte die Opposition zusehen, wie Dollfuß Schritt für Schritt demokratische Strukturen zerstörte: Am 31. März 1933 erklärte die Regierung den Republikanischen Schutzbund für aufgelöst, die traditionelle Maifeier der SDAP wurde durch Militär verhindert, und am 26. Mai erfolgte das Verbot der Kommunistischen Partei. Am 20. Mai 1933 hatte das Regime die »Vaterländische Front« gegründet, in der alle »regierungstreuen« Kräfte eine überparteiliche Heimstatt finden sollten. Nicht mehr Parteien sollten die Träger politischer Willensbildung sein, sondern diese »Front« der Patrioten.

DER KAMPF GEGEN DAS ROTE WIEN

Engelbert Dollfuß erkannte klar, daß der Weg zum Ständestaat nur über die Zerschlagung des »marxistischen« Roten Wien führen konnte, und so richtete sich der Druck des autoritären Regimes immer stärker gegen die Wiener Landesregierung, die man durch Kürzung von Bundeszuschüssen und neue Steuergesetze in die Enge trieb und zur Aufgabe des sozialen Wohnbaus zwingen wollte. Als sich das Rathaus mit einer Klage beim Verfassungsgerichtshof gegen diese unzulässigen Eingriffe wehren wollte, schaltete Dollfuß durch den Rücktritt der christlichsozialen Richter auch diese Kontrollinstanz aus – immer unverhüllter zeigte der »Austrofaschismus« sein wahres Gesicht.

Als die Terrorakte der Nazis im Frühsommer 1933 ein unerträgliches Maß annahmen, verbot Dollfuß am 19. Juni

3
Mitglieder der Dollfuß-Regierung und die Führer der österreichischen Heimwehren bei der Türkenbefreiungsfeier 1933: Ludwig Hülgerth, Dr. Kurt Schuschnigg, Dr. Richard Steidle, Dr. Engelbert Dollfuß, Ernst Rüdiger von Starhemberg, Karl Vaugoin, ganz rechts Emil Fey (v. l. n. r.).

4
Geschützstellung des Bundesheers, Februar 1934.

1933 die NSDAP; die Bombenattentate und Brandstiftungen der nunmehr illegalen Nazis gingen dennoch weiter; ein Anschlag auf Dollfuß am 3. Oktober durch den entlassenen Bundesheergefreiten Rudolf Dertil mißlang nur knapp. Das Regime zögerte nicht mit entsprechenden Antworten: Die Todesstrafe in Verfahren vor dem Standgericht wurde eingeführt, ab Herbst 1933 richtete man sogenannte »Anhaltelager« zur Internierung politischer Häftlinge ein, das größte entstand in Wöllersorf bei Wiener Neustadt. Erste Insassen waren Kommunisten, Nationalsozialisten und bald auch Sozialdemokraten.

Unheilvoll wirkte sich der Einfluß der Kirche aus, die jetzt ihre große Stunde gekommen sah und zur willfährigen Handlangerin des Regimes wurde. In beispielloser Verkennung des inhumanen Charakters der Dollfuß-Diktatur begrüßten die österreichischen Bischöfe in ihrem Weihnachtshirtenbrief vom Dezember 1933 die politische Entwicklung und erklärten »in unentwegter Treue zu dieser Regierung« stehen zu wollen; besondere Loyalität bekundete Theodor Innitzer (1875–1955), der neue Kardinal und Erzbischof von Wien. Bestürzend war vor allem die barbarische Gefühllosigkeit, mit der die Kirche ins antisemitische Horn der Christlichsozialen stieß. So konnte der Linzer Bischof Gföllner in einem Hirtenbrief vom »entarteten Judentum« und den »schädlichen Einflüssen des Judentums« sprechen, ohne dafür Kritik zu ernten.

Der Konflikt mit der Sozialdemokratie spitzte sich zu Beginn des Jahres 1934 weiter zu. Am 20. Jänner wurde der freie Verkauf der *Arbeiter-Zeitung* verboten; Ernst Rüdiger von Starhemberg und Emil Fey, die Führer der Heimwehr, waren entschlossen, den Widerstand des Schutzbundes zu brechen, und drängten auf eine Entscheidung.

Als am Morgen des 12. Februar 1934 Polizisten eine Hausdurchsuchung im Linzer Hotel »Schiff« durchführen sollten, kam es zum Kampf mit dort versteckten Schutzbündlern – der Bürgerkrieg hatte begonnen.

Zum Schauplatz der heftigsten Kämpfe wurde Wien, die Hochburg der Sozialdemokratie; im Zentrum der Gefechte standen die großen Wohnsiedlungen des Roten Wien, die von Angehörigen des Schutzbundes verteidigt wurden: der Sandleitenhof in Ottakring, der Reumannhof in Margareten, der Fuchsenfeldhof in Meidling, der Karl-Marx-Hof, der Goethehof in Kaisermühlen und andere. Die Schutzbündler wurden von Otto Bauer und Julius Deutsch vom George-Washington-Hof (10, Triester Straße) aus geführt; das Regime setzte in diesem ungleichen Kampf neben Heimwehrformationen auch reguläre Truppen und Artillerie ein; nach erbittertem Ringen kapitulierten die letzten Verteidigungsstellen des Schutzbunds am 15. Februar.

Offiziell wurde die Zahl der Opfer mit 314 Toten (196 auf seiten der Arbeiterschaft) angegeben, tatsächlich war sie wohl höher, die Sozialdemokraten sprachen sogar von 1200 Gefallenen. Für das Regime ist der ersehnte Augenblick der »Abrechnung« gekommen: Ein Betätigungsverbot für die Sozialdemokratische Partei wird erlassen und ihr gesamtes Vermögen beschlagnahmt, alle Gewerkschafts- und Kulturorganisationen werden verboten; zahlreiche Funktionäre, die nicht mehr flüchten konnten, unter ihnen Bürgermeister Karl Seitz, werden verhaftet, Standgerichte fällen insgesamt 21 Todesurteile, 8 werden vollstreckt. Der Wiener Gemeinderat wird aufgelöst, neuer Bürgermeister wird der langjährige Sozial- und Unterrichtsminister Richard Schmitz (1885–1954); Wien verliert seinen Status als Bundesland und wird für »bundesunmittelbar« erklärt; eine ständisch gegliederte »Wiener Bürgerschaft« ersetzt den Gemeinderat; als Wappen der Stadt wird wieder der schwarze Doppeladler mit dem rotweißroten Bindenschild auf der Brust geführt. Am 31. März 1934 tritt für Wien eine neue, ständisch-autoritäre Verfassung in Kraft.

In einer traumatisch grundierten *damnatio memoriae* soll alles getilgt werden, was an die Verdienste der Sozialdemokratie erinnern könnte: Kruckenkreuzfahnen verhüllen das Republikdenkmal am Ring, später ersetzt man die Büsten von Hanusch, Adler und Reumann durch Bilder von Fey, Dollfuß und Starhemberg. Die Schulreformen von Otto Glöckel werden zurückgenommen, ebenso die von Hugo Breitner eingeführten Steuern und Abgaben, das soziale Wohnbauprogramm wird eingestellt; die Bibliotheken werden von »gefährlichem Schrifttum« gesäubert.

Am 1. Mai 1934 hatte Dollfuß sein Ziel erreicht: Die neue Verfassung des Ständestaats trat in Kraft, sie definierte Österreich als einen Bundesstaat, »errichtet auf christlicher und ständischer Grundlage« – der Umbau des Staates durch den Austrofaschismus war zwar vollzogen, die tiefen Gräben zwischen den politischen Lagern konnten jedoch nicht überbrückt werden. Viele Künstler und Intellektuelle zogen es daher vor, Wien bzw. Österreich zu verlassen; in einem Klima der Geistfeindlichkeit und Repression konnten sie für sich keine Zukunft mehr sehen.

DER NAZI-PUTSCH

Die politischen Gegner des Ständestaats, entschlossen, den Kampf fortzusetzen, sind gezwungen, aus der Illegalität zu operieren; besonders umtriebig agieren die Nationalsozialisten, die mit ihrer »Machtübernahme« nicht mehr länger warten wollen und – mit Wissen Adolf Hitlers – den Putsch planen. Am 25. Juli 1934 soll der große Coup der Nazis über die Bühne gehen; als neuer Bundeskanzler ist Anton Rintelen (1876–1946), der ehemalige Landeshauptmann der Steiermark, vorgesehen. In Wien hat man zwei Angriffsziele: die Senderäume der RAVAG, des Österreichischen Rundfunks, in der Johannesgasse und das Bundeskanzleramt. Gekleidet in Bundesheer- und Polizeiuniformen, gelingt es einem Trupp Putschisten ins Bundeskanzleramt einzudringen, Engelbert Dollfuß wird von Otto Planetta, dem Anführer der Putschisten, durch einen Schuß tödlich verwundet, dann trifft den Kanzler noch ein zweiter Schuß, der zwei Stunden später seinen Verletzungen erliegt.

In der RAVAG verläuft inzwischen alles nach Plan; ein Sprecher des Senders kann um 13 Uhr gezwungen werden, über Rundfunk den Rücktritt der Regierung Dollfuß und die Amtsübernahme durch Rintelen bekanntzugeben – gleichzeitig ist dies das Signal für den Aufstand der Nazis in ganz Österreich. Da die RAVAG jedoch von der Polizei bald befreit werden kann, sind die Putschisten im Bundeskanzleramt isoliert und geben am Abend auf; in den Bundesländern dauern die Kämpfe noch bis zum nächsten Tag an.

Trotz der Zusicherung von freiem Geleit werden die Putschisten verhaftet und vor Gericht gestellt; die führenden Teilnehmer, unter ihnen auch Otto Planetta, werden am 31. Juli 1934 hingerichtet. Anton Rintelen begeht einen Selbstmordversuch, wird verhaftet und wegen Hochverrat zu lebenslänglichem Kerker verurteilt. Neuer Bundeskanzler wird der erst 37jährige Jurist Kurt Schuschnigg (1897–1977), seit 1932 Mitglied der Dollfuß-Regierung. Schuschnigg setzt den autoritären Kurs seines Vorgängers fort; auch er ist nicht bereit, mit dem sozialdemokratischen Lager zusammenzuarbeiten; nach wie vor gibt sich das Regime der Illusion hin, daß es eine Ko-Existenz mit dem Dritten Reich geben könne.

5
Sonderausgabe der »Wiener Zeitung« zur Ermordung von Bundeskanzler Dollfuß.

Bundeskanzler Dr. Dollfuß tot.

Der frivole Handstreich nationalsozialistischer Aufrührer ist zwar zusammengebrochen, denn das Bundeskanzleramt, in dem sich die Meuterer durch Stunden hielten, wurde kurz nach 8 Uhr geräumt.

Der furchtbare Tag ungeheurer Spannung und Aufregung hat ein unendlich kostbares Leben dahingerafft, Bundeskanzler **Dr. Engelbert Dollfuß** weilt nicht mehr unter den Lebenden.

Wirtschaftspolitisch versuchte Schuschnigg mit Hilfe von Großprojekten die Konjunktur anzukurbeln; 1934 begann so der Bau der Wiener Höhenstraße; am 16. Oktober 1935 konnte bereits der erste Bauabschnitt, die Strecke von Grinzing auf den Kahlenberg, eröffnet werden. Ebenfalls 1934 hatte nach Plänen von Siegfried Theiss, Hans Jaksch und Clemens Holzmeister die Neuerrichtung der Reichsbrücke begonnen (eröffnet am 10. Oktober 1937). Eine moderne Heimstatt sollte die RAVAG, ein wichtiges Instrument der Ständestaat-Propaganda, erhalten – der Spatenstich zum Bau des Funkhauses in der Argentinierstraße erfolgte am 17. Oktober 1935.

Trotz großer Anstrengungen gelang es Schuschnigg nicht, als Kanzler populär zu werden, sowohl das rechte als auch das linke Lager lehnte in als Repräsentanten eines diktatorischen Regimes ab. In dieser Situation versuchte er, durch die Annäherung an Hitler zumindest den illegalen Nazis den Wind aus den Segeln zu nehmen, und kurzfristig schien er mit dieser Strategie auch Erfolg zu haben: Am 11. Juli 1936 wurde ein Abkommen zwischen Österreich und dem Dritten Reich geschlossen (»Juliabkommen«), in dem die deutsche Reichsregierung die Souveränität Österreichs anerkannte; ausdrücklich versicherte man, daß die österreichischen Nationalsozialisten eine innere Angelegenheit Österreichs wären. Im Gegenzug mußte Schuschnigg eine umfassende Amnestie für inhaftierte Nazis erlassen und »nationale Vertrauensleute« in die Regierung aufnehmen – in verhängnisvoller Weise schuf er damit Freiräume für jene Kräfte, die seinen Untergang fix beschlossen hatten.

DER »ANSCHLUSS«

Während Schuschnigg verzweifelt versuchte, seinen Kurs der »Aussöhnung« mit den Nazis beizubehalten und dabei noch unabhängig zu bleiben, planten die illegalen Anhänger Hitlers bereits für die Zeit »danach«. Zahlreiche Parteigenossen hatten schon genaue Vorstellungen von ihrer Karriere im zukünftigen Großdeutschland und versäumten es auch nicht, dies in den konspirativen Sitzungen zu deponieren. Einer der führenden Illegalen im kulturpolitischen Bereich ist der Schriftsteller Mirko Jelusich, der für sich den Posten des Burgtheaterdirektors reserviert; andere wie der

Literaten und Wissenschaftler bereiten Hitler den Weg:

6
Mirko Jelusich (1886–1969), illegaler Nationalsozialist, zeichnete in seinen historischen Romanen das Bild vom geschichtsmächtigen »Führer«.

7
Der Historiker Heinrich Ritter von Srbik (1878–1951) vertrat in seinen Arbeiten dezidiert eine »gesamtdeutsche« Geschichtsauffassung.

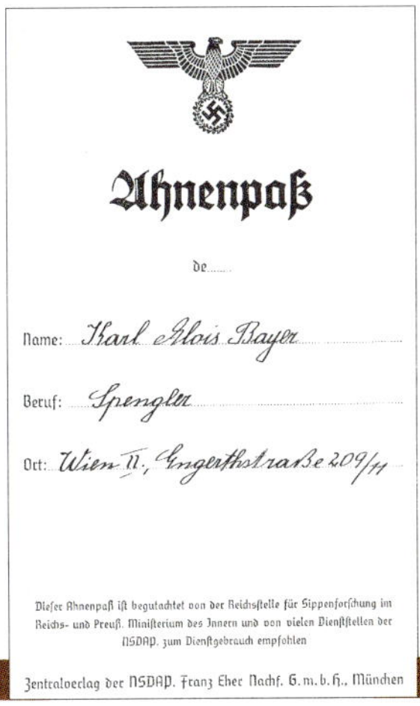
Ahnenpaß

de

Name: Karl Alois Bayer

Beruf: Spengler

Ort: Wien II., Engerthstraße 209/11

Dieser Ahnenpaß ist begutachtet von der Reichsstelle für Sippenforschung im Reichs- und Preuß. Ministerium des Innern und von vielen Dienststellen der NSDAP. zum Dienstgebrauch empfohlen

Zentralverlag der NSDAP. Franz Eher Nachf. G.m.b.H., München

8
Neue und alte Symbole: Der Stephansplatz am 12. März 1938, dem Tag des »Anschlusses«.

9
Rassenwahn und seine bürokratischen Auswüchse: der »Ahnenpaß«. Für die Aufnahme in die NSDAP wurde der »deutschblütige Abstammungsnachweis bis mindestens zum Jahre 1800« gefordert.

Arzt Hugo Jury oder der Anwalt Arthur Seyß-Inquart, den Schuschnigg zum Mitglied des Staatsrats ernennt, hoffen auf eine politische Karriere unter Hitler, der im Februar 1938 entschlossen ist, die Entscheidung in der »österreichischen Frage« herbeizuführen.

Am 12. Februar 1938 wird Schuschnigg zu Hitler auf den Obersalzberg »befohlen« und dort von Hitler mit schweren Drohungen unter Druck gesetzt. Die wichtigsten erpresserischen Forderungen des »Führers«: Seyß-Inquart soll Innenminister werden, Amnestie für alle inhaftierten Nationalsozialisten sowie freie Betätigung für die NSDAP. Schuschnigg hat keine Wahl und unterschreibt diese Bedingungen, die de facto bereits seine Entmachtung bedeuten. In der Nacht vom 15. zum 16. Februar nimmt er die von Hitler erzwungene Regierungsumbildung vor, Seyß-Inquart wird Innenminister, Julius Raab Minister für Handel und Verkehr. Auf den Straßen Wiens begrüßen NS-Anhänger inzwischen mit Flugzetteln und Hakenkreuzfähnchen die neue Zeit; sie ahnen, daß die »Heimkehr ins Reich« unmittelbar bevorsteht.

In dieser bedrängten Situation, in der es um den Weiterbestand der Republik geht, bieten illegale Wiener Gewerkschafter Schuschnigg ihre Hilfe an, doch auch jetzt kann der Kanzler – dem sich kurioserweise in einem Brief auch Otto von Habsburg als neuer Regierungschef anbietet – nicht über seinen Schatten springen, sein Plan sieht etwas anderes vor: Am 9. März verkündet er überraschend die Abhaltung einer Volksbefragung über die Unabhängigkeit Österreichs, als Termin ist der 13. März 1938 vorgesehen. Mit dieser Ankündigung setzt er Hitler unter Zugzwang, der auch sofort eine Absage der Volksbefragung fordert und an den Grenzen Truppen konzentriert. Nach einer letzten Rundfunkansprache am Abend des 11. März tritt Schuschnigg zurück; um Mitternacht ernennt Bundespräsident Wilhelm Miklas Innenminister Seyß-Inquart zum Bundeskanzler.

Am Morgen des 12. März, um 5.30 Uhr, beginnt der Einmarsch der Deutschen Wehrmacht; bereits um 5 Uhr früh treffen die SS-Führer Heinrich Himmler und Reinhard Heydrich in Wien ein, erste Verhaftungen werden vorgenommen – der Beginn einer siebenjährigen Terrorherrschaft, die für Zehntausende Wienerinnen und Wiener den Tod bringen sollte.

IM DRITTEN REICH

Das Leiden im Staat des »Führers« begann für die Wiener Bevölkerung am 12. März 1938; manchen gelang noch die Flucht; manche zogen der Verhaftung durch die Gestapo den Selbstmord vor, unter ihnen der ehemalige Heimwehrführer Emil Fey und der Schriftsteller und Kulturhistoriker Egon Friedell, der sich angesichts der bevorstehenden Festnahme am 16. März aus dem Fenster seiner Wohnung stürzte. Und viele glauben tatsächlich, daß Hitler sie von allem Übel erlösen würde, und begrüßen den deutschen Reichskanzler während der Anschlußkundgebung am 15. März auf dem Heldenplatz mit enthusiastischem Jubel. Vom Balkon der Neuen Hofburg verkündet jener Mann, der hier, im Wien Karl Luegers, seine Jugend verbracht hat: »Ich kann somit in dieser Stunde dem deutschen Volke die größte Vollzugsmeldung meines Lebens abstatten. Als Führer und Kanzler der deutschen Nation und des Deutschen Reiches melde ich vor der deutschen Geschichte nunmehr den Eintritt meiner Heimat in das Deutsche Reich« – Worte eines Wahnwitzigen, der sich selbst zum Instrument des Hegelschen Weltgeistes stilisiert.

10

11

12

10
Der »Führer« auf dem Balkon des Wiener Rathauses, 9. April 1938.

11
NS-Propaganda: Plakat zum Auftritt Hitlers in Wien anläßlich des »Tags des Großdeutschen Reiches«.

12
Auftritt des »Führers« in der Nordwestbahnhofhalle, 9. April 1938.

Die »Machtübernahme« der Nazis in Wien erfolgte blitzschnell und war in vielen Fällen bestens geplant. Bürgermeister Richard Schmitz wurde abgesetzt und mit dem ersten »Prominententransport« am 1. April 1938 ins KZ Dachau geschickt; neuer Bürgermeister wurde mit Hermann Neubacher (1893–1960) ein langjähriger Illegaler. Um den Anstrich von Legalität zu wahren, wurde für 10. April eine Volksabstimmung angesetzt, für die Hitler persönlich die österreichischen Landeshauptstädte bereiste, am 9. April sprach er bei der Abschlußkundgebung in der Nordwestbahnhalle; das Ergebnis des Referendums ließ denn auch nichts zu wünschen übrig: 99,75 % der österreichischen Bevölkerung stimmten für die »Wiedervereinigung Österreichs mit dem Deutschen Reich«.

Während die Öffentlichkeit noch von Jubelszenen bestimmt wurde, mordete im Hintergrund bereits die Gestapo, eines ihrer ersten Opfer war Wilhelm Zehner, der Staatssekretär für Landesverteidigung im Kabinett Schuschnigg. Und man begann sich skrupellos an österreichischem Eigentum zu bedienen; in »wilden Arisierungen« plünderte man das Vermögen jüdischer Bürger, Kunstschätze verbrachte man ins »Altreich«, und die Nationalbank mußte Gold- und Devisenreserven abliefern. In der am 24. Mai 1938 verfügten Neugliederung der »Ostmark« wurde Wien zum »Reichsgau Wien« erklärt, dessen Gebiet man im Oktober 1938 durch die Eingemeindung von 98 niederösterreichischen Gemeinden, darunter Fischamend, Klosterneuburg, Korneuburg und Mödling, auf 1218 km^2 erweiterte; die Einwohnerzahl dieses »Groß-Wien« stieg auf knapp 2,1 Millionen.

Die Schikanen gegen die jüdischen Einwohner Wiens nahmen bald systematischen Charakter an: Ab Mai 1938 galten auch in der »Ostmark« die »Nürnberger Rassengesetze«; öffentliche Parks, Bäder, später auch Theater und Kinos durften von Juden nicht mehr besucht werden; jüdische Ärzte durften nur mehr jüdische Patienten behandeln, und alle jüdischen Einwohner mußten eine »Kennkarte« bei sich tragen. Am 9. November 1938, in der sogenannten »Reichskristallnacht«, kam es auch in Wien zu schweren Ausschrei-

13
Menschenwürde zählt nicht mehr: Ein jüdischer Jugendlicher wird gezwungen, »Jud« an ein Geschäft zu schreiben.

14
Der Kärntner Odilo Globocnik (1904–1945), von Ende Mai 1938 bis Jänner 1939 Gauleiter von Wien, später in führender Position an der Ermordung der Juden im »Generalgouvernement« beteiligt.

Groß-Wien
nach den Eingemeindungen am 15. Oktober 1938
(Quelle: Amtsblatt der Stadt Wien, 46. Jg., Nr. 42, S. 1f.)

15
Nach militärischen und wirtschaftlichen Gesichtspunkten gebildet: das neue »Groß-Wien«.

tungen gegen die jüdischen Einwohner und jüdische Einrichtungen, und ab 1. September 1940 waren alle Juden ab dem 6. Lebensjahr zum Tragen des Judensterns verpflichtet – durch einen jahrzehntelangen antisemitischen Diskurs möglich gewordener Terror, an dessen Ende der industrielle Massenmord stand.

Etwa 50.000 Juden verließen zwischen März und November 1938 Österreich, unter ihnen zahlreiche Angehörige der intellektuellen und künstlerischen Elite der Ersten Republik: Sigmund Freud, Stefan Zweig, Berthold Viertel, Max Reinhardt, Alfred Polgar, Kurt Gödel, Otto Neurath, Robert Stolz und viele andere. Allein vom Lehrkörper der Philosophischen Fakultät der Universität Wien gingen 37 Lehrkräfte ins Exil, nur 8 sollten nach 1945 zurückkommen – ein Verlust an geistiger Kreativität, der auch die Zweite Republik noch schwer belasten sollte ...

Widerstand gegen die Gewaltmaschinerie der Diktatur schien zwecklos, und doch bildeten sich bereits im Sommer 1938 erste Gruppen, die es wagten, ihre Ablehnung der NS-Herrschaft zu formulieren, eine Haltung, die stets von der Drohung des Todes überschattet war. Die Mitglieder des Wi-

16
Dr. Johann Otto Haas, 1944 hingerichteter Revolutionärer Sozialist.

17
Die Sozialistin Rosa Jochmann, bis 1945 im Frauen-KZ Ravensbrück inhaftiert.

derstands kamen aus allen politischen Lagern der Ersten Republik: Kommunisten und Katholiken, Sozialdemokraten und Monarchisten fanden sich im Kampf gegen den Staat Hitlers.

Im Vorfeld des geplanten Krieges wurden die Zügel in der Verwaltung Wiens noch straffer angezogen; Bürgermeister Hermann Neubacher erhielt am 30. Jänner 1939 als »Gauleiter« den aus der Pfalz stammenden Josef Bürckel (1895–1944) vorgesetzt, der seinerseits den Kärntner Odilo Globocnik ablöste, einen Mann, der im Rahmen der »Endlösung« noch zu zweifelhaftem Ruhm gelangen sollte. Bürckel selbst war seit April 1938 als »Reichskommissar für die Wiedervereinigung Österreichs mit dem Deutschen Reich« tätig gewesen; am 8. August 1940 wurde Bürckel, dem es rasch gelang, sich in der Wiener Bevölkerung unbeliebt zu machen, durch »Reichsjugendführer« Baldur von Schirach (1907–1974) als »Gauleiter« von Wien abgelöst.

Gedenkstätten für die Opfer des Faschismus

Mahnmal gegen Krieg und Faschismus (1, Albertinaplatz 1): von Alfred Hrdlicka 1991 vollendetes Denkmal, das an die Schrecken des Krieges und der Verfolgung durch das NS-Regime erinnert.

Denkmal für Faschismusopfer (1, Am Hof 10): 1947 vom Bildhauer Mario Petrucci geschaffen. Das Denkmal an der Feuerwehrzentrale erinnert an die Feuerwehrmänner Ing. Georg Weissel, Ludwig Ebhart, Josef Schwaiger, Rudolf Haider, Hermann Plackholm und Johann Zak, die Opfer faschistischer Verfolgung wurden.

Mahnmal im Leopold-Figl-Hof (1, Morzinplatz/Salztorgasse 6): Die Gedenkstätte erinnert an die Opfer der Gestapo, die hier im ehemaligen Hotel Métropole ihre Wiener Zentrale eingerichtet hatte.

Denkmal für die Opfer des Faschismus (11, Zentralfriedhof, Gr. 41): von dem Architekten Wilhelm Schütte und dem Bildhauer Fritz Cremer gestaltete Figurengruppe.

Denkmal für Faschismusopfer (11, Grillgasse 48): von dem Architekten Ing. Hönigsfeld gestaltete Gedenkstätte in der Eisenbahnhauptwerkstätte Simmering, enthüllt 1946.

Gedenkstein bei der Straßenbahnremise (20, Wexstraße 13): erinnert an die 1943 im Wr. Landesgericht hingerichteten Straßenbahner Josef Friedl, Josef Kremarik, Ludwig Kupsky, Johann Plocek, Leopold Slaby und Friedrich Stix.

Am 1. September 1939 begann Hitler mit dem Überfall auf Polen den Zweiten Weltkrieg, seine Auswirkungen sollten bald auch in Wien zu spüren sein: Lebensmittelkarten und Reichskleiderkarte werden eingeführt; die Verdunkelung der Stadt wird ab Dezember 1939 zur alltäglichen Gewohnheit. Während an den Fronten Zehntausende Wiener Soldaten in den Reihen der Deutschen Wehrmacht für die Wahnträume des »Führers« ihr Leben lassen, müssen ihre Angehörigen zu Hause erleben, wie der Krieg auch für das Hinterland allmählich immer größere Einschränkungen und schließlich Zerstörung und Tod mit sich bringt. Die medial hochgehaltene Jubelstimmung über die Siege in den ersten Blitzkriegen weicht tiefer Ernüchterung, als das »Unternehmen Barbarossa«, der Krieg gegen die Sowjetunion, im Winter 1941/42 erste Rückschläge mit sich bringt; die Katastrophe der 6. Armee in Stalingrad, der auch etwa 50.000 Österreicher angehören, ein Jahr darauf zeigt allen Hellsichtigen, daß die Niederlage des Dritten Reichs unausweichlich sein wird.

Der Holocaust, der Massenmord an den Juden, wurde inzwischen mit zynischer Planmäßigkeit vorangetrieben: Bereits im Oktober 1939 erfolgten vom Aspangbahnhof (3, Aspangstraße) erste Deportationen in die besetzten Ostgebiete; 1941 begannen im Rahmen der »Endlösung« die Massendeportationen in die Vernichtungslager Belzec, Sobibor und Auschwitz; Ende 1942 konnten die »Organisatoren« des Genozids nach Berlin vermelden, daß Wien beinahe »judenrein« war, im Dezember 1944 lebten in Wien nur mehr 5799 jüdische Männer und Frauen; bis Kriegsende wurden 65.000 österreichische Juden von den Nazis ermordet.

Lebensmittelrationen im März 1945 (pro Woche)			
Brot	1700 g	**Topfen**	40 g
Fleisch	250 g	**Kaffee-Ersatz**	30 g
Fett	125 g	nur für Kinder:	
Zucker	225 g	**Kunsthonig**	40 g
Käse	20 g	**Kinderstärkemehl**	80 g

Am 17. März 1944 fielen erstmals Bomben auf Wiener Stadtgebiet; ab September 1944 massierten die amerikanischen Luftstreitkräfte ihre Angriffe gegen Wien, die zahlreiche Opfer unter der Zivilbevölkerung forderten und immer größere Teile der Stadt in Schutt und Asche legten; im Osten drang die Rote Armee unaufhaltsam gegen die ehemalige österreichische Grenze vor – das Inferno des »totalen Krie-

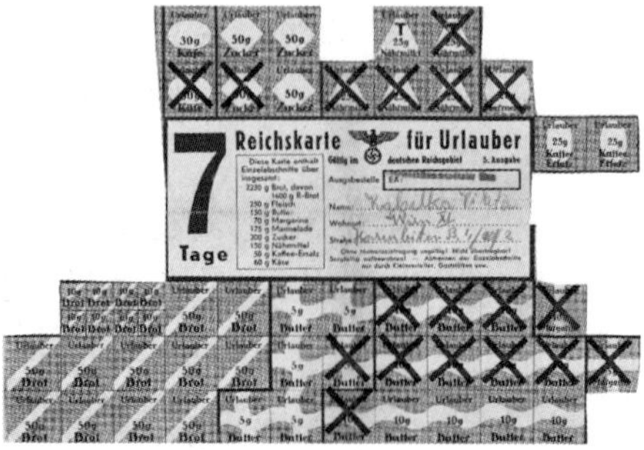

18
Lebensmittelkarten gab es auch für Fronturlauber.

19
Das zerstörte Riesenrad im Prater, Frühjahr 1945.

20
Bilanz einer siebenjährigen Schreckensherrschaft: der Rathausplatz im Frühjahr 1945.

19

20

ges«, wie ihn Goebbels verkündet hatte, erfaßte nun auch den »Reichsgau Wien«. Die Niederlage war unabwendbar, dennoch ging die Terrorherrschaft der Nazis weiter. Nach dem Mißlingen des Attentats auf Hitler am 20. Juli 1944 kam es auch in Wien zu einer neuen Verhaftungswelle; die Hinrichtungen im »Grauen Haus« nahmen kein Ende.

Im Oktober 1944 erhielt Baldur von Schirach von Hitler den Befehl, Wien um jeden Preis zu verteidigen; mit dem »Volkssturm« wurden die letzten militärischen Kräfte mobilisiert. Infolge der schweren Bombardements brach nach und nach die Infrastruktur zusammen, die Versorgungslage wurde immer dramatischer.

Während Churchill, Roosevelt und Stalin auf der Dreimächtekonferenz in Jalta (4.–12. Februar 1945) bereits über die politische Neugestaltung Europas verhandelten, bangte die Wiener Bevölkerung dem Ende des Grauens entgegen: Am 29. März überschreiten sowjetische Truppen bei Klostermarienberg die ehemalige österreichische Grenze, am 2. April wird Wien zum Verteidigungsbereich erklärt, am 6. April beginnt die »Schlacht um Wien«. Letzte Reserven, wie das Panzerregiment »Führer«, das Hitler zur Verteidigung der Stadt nach Wien befohlen hat, leisten der Roten Armee, die sich langsam in Richtung Innere Stadt vorkämpft, noch immer erbitterten Widerstand. Eine vom österreichischen Widerstand geplante militärische Erhebung scheitert, die Wehrmachtsoffiziere Karl Biedermann, Alfred Huth und Rudolf Raschke werden Am Spitz in Floridsdorf gehenkt. Am 10. April erreichen die sowjetischen Spitzen die Ringstraße, am 11. fällt die Reichsbrücke, am 13. ist Wien endgültig in der Hand der Roten Armee. Sieben lange Jahre NS-Diktatur, 2588 Tage im Todesreich Adolf Hitlers sind zu Ende.

Die »Bilanz« der NS-Herrschaft

51.500 jüdische Einwohner Wiens wurden ermordet (**65.000** aus ganz Österreich); **8769** Menschen starben in den Luftangriffen, **2226** Tote forderten die Bodenkämpfe; **1184** Widerstandskämpfer wurden in Wien hingerichtet; **16.493** Menschen starben in den Konzentrationslagern und **9687** in den Gefängnissen der Gestapo, **6420** ließen in deutschen Zuchthäusern ihr Leben.
Zerstört oder beschädigt: **21.317** Häuser (21 %), **36.851** Wohnungen völlig zerstört, **50.024** teilweise; **2,8 Millionen m²** Dächer und **120** Brücken.

WIEN NACH DEM ZWEITEN WELTKRIEG

1

Bereits in den letzten Tagen der »Schlacht um Wien«, inmitten einer düsteren Trümmerlandschaft, begann der Wiederaufbau politischer Strukturen, die nun – nach den grauenvollen Erfahrungen in der Diktatur – ganz im Zeichen der Demokratie standen; das gemeinsame Erlebnis des Schreckens verband alle politischen Lager; in konstruktiver Solidarität ging man an den Wiederaufbau eines freien, unabhängigen Österreich. Sehr rasch kam es zur Neugründung politischer Parteien und Interessensverbände: Am 13. April schlossen sich Sozialdemokraten und Revolutionäre Sozialisten zur »Sozialistischen Partei Österreichs« (SPÖ) zusammen, Vorsitzender wurde Adolf Schärf; am 15. April kam es zur Gründung des »Österreichischen Gewerkschaftsbunds« (ÖGB), und am 17. April erfolgte die Gründung der »Österreichischen Volkspartei« (ÖVP), erster Obmann wurde Leopold Kunschak.

Entscheidend war, daß die sowjetische Besatzungsmacht diesem Prozeß der inneren politischen Erneuerung durchaus fördernd gegenüberstand. So bestätigte der russische Stadtkommandant bereits am 17. April Theodor Körner (1873–1957) als neuen Bürgermeister; in der Verwaltung der Stadt knüpfte man damit – Körner war im Ersten Weltkrieg Generalstabschef der Isonzo-Armee und später in der Leitung des Republikanischen Schutzbunds tätig gewesen – bewußt an die Zeit vor 1934 an, die Jahre des Schreckens wurden ausgeklammert, blieben tabu. Die Verdrängung jeglicher »Vergangenheitsbewältigung« wurde zur Überlebensstrategie – nicht nur in Wien, sondern in ganz Österreich. Man wäre, so lautete die offizielle Sprachregelung in allen Verhandlungen mit den Alliierten, Opfer der Aggression Hitlers geworden, für die Verbrechen im Dritten Reich könnten allenfalls einzelne Personen, nicht aber der Staat Österreich belangt werden. Ein »Rot-Weiß-Rot-Buch«, das im Dezember 1946 von Regierungsseite herausgegeben wurde und bisher unbekanntes Aktenmaterial enthielt, sollte dafür den Beweis führen und dokumentieren, daß Österreich seit 1934 Widerstand gegen Hitler geleistet habe. Eine Verantwortung Österreichs wurde weiterhin abgelehnt – eine Haltung, mit der die Zweite Republik lange Zeit hindurch gut leben konnte; erst die Auseinandersetzungen um Kurt Waldheim und das Gedenkjahr 1988 sollten hier ein Umdenken bringen.

1
15. Mai 1955: Jubel über die zurückgewonnene Freiheit – Außenminister Leopold Figl zeigt vom Balkon des Belvedere den unterzeichneten Staatsvertrag.

NEUES LEBEN IN RUINEN

In nur wenigen Tagen gelang es, die politischen Rahmenbedingungen für den Wiederaufbau zu schaffen: Am 27. April 1945 erklärten die Vertreter der SPÖ, der ÖVP und der »Kommunistischen Partei Österreichs« (KPÖ) die Unabhängigkeit Österreichs; im Artikel I dieser Erklärung (publiziert am 28. April in der Zeitung *Neues Österreich*) hieß es: »Die demokratische Republik Österreich ist wiederhergestellt und im Geiste der Verfassung von 1920 einzurichten.« Die Regierungsgewalt im neuen Staat übernahm die »provisorische österreichische Staatsregierung«, die sich am selben Tag unter Staatskanzler Karl Renner konstituierte und von den Sowjets auch sofort anerkannt wurde. Am 29. April konnte Renner im Parlament die Zweite Republik proklamieren, vor dem Haus am Ring wehten wieder die rotweißroten Fahnen.

Schritt für Schritt normalisierte sich das Leben in der zerstörten Stadt: Ab 29. April konnte man wieder Sendungen der RAVAG hören; einen Tag später nahm das Ensemble des Burgtheaters im »Ronacher« mit Grillparzers *Sappho* den Spielbetrieb auf; am 1. Mai gab das Ensemble der Staatsoper in der Volksoper *Figaros Hochzeit*; Straßenbahn und Stadtbahn fuhren wieder; ab 29. Mai fanden an der Universität Wien Vorlesungen statt.

Hinter die unmittelbare Vergangenheit sollte ein Schlußstrich gesetzt werden: Am 8. Mai 1945 erließ die provisorische Staatsregierung ein Verfassungsgesetz, das die NSDAP und alle ihre Organisationen verbot, zugleich sah es die Registrierung für alle Personen vor, die zwischen dem 1. Juli 1933 und dem 27. April 1945 der NSDAP oder einer ihrer Gliederungen angehört hatten – in Wien waren dies ca. 173.000 Menschen gewesen; in ganz Österreich hatte die NSDAP 1942 etwa 638.000 Mitglieder gezählt. Die Registrierung war der erste Schritt zu der von den Alliierten mit Nachdruck geforderten »Entnazifizierung« der österreichischen Gesellschaft; ein am 26. Juni 1945 beschlossenes Verfassungsgesetz schrieb unabhängig davon die Verfolgung

2

3

2
Mai 1945: Die Stadt ist eine Ruinenlandschaft ...

3
»Gründerväter« der Zweiten Republik: Karl Renner (links) und Theodor Körner auf dem Weg vom Rathaus zum Parlament am 27. April 1945.

von Kriegsverbrechen und anderer »nationalsozialistischer Untaten« vor. Anklagen nach diesem Kriegsverbrechergesetz wurden von eigens dafür eingesetzten »Volksgerichten« verhandelt, die bis 1957 tätig waren und zahlreiche Schuldsprüche fällten. Die an sich schon schwierige »Nazi-Frage« verkomplizierte sich durch das oft eigenmächtige Vorgehen der Besatzungsmächte: So nahm das CIC (Counter Intelligence Corps) der US-Armee Verhaftungen nach einer umfangreichen »Automatic Arrest List« vor, die alle Verwaltungsbeamten des Dritten Reichs umfaßte, also auch Personen traf, die vor 1938 bereits im öffentlichen Dienst standen und nicht der NSDAP angehörten; die Sowjets suchten dagegen vor allem nach Personen, die Verbrechen während des Rußlandfeldzugs begangen hatten. Da sich die »Entnazifizierung« vorwiegend auf formale Kriterien stützte, verloren nicht selten harmlose Mitläufer ihren Posten, während tatsächlich schuldig gewordene Handlanger des NS-Regimes – etwa in den Bereichen Kunst und Wissenschaft – unbehelligt blieben.

DIE BESATZUNGSZONEN

Organisieren mußten sich auch die Besatzungsmächte; ihr Plan sah für Wien die Schaffung einer »Sonderzone« vor, und so wurde im Abkommen über die Besatzungszonen vom 9. Juli 1945 eine Viermächtebesetzung der österreichischen Hauptstadt vereinbart.

Die Besatzungszonen in Wien

Sowjetunion: 2., 4., 10., 20. und 21. Bezirk;
USA: 7., 8., 9., 17., 18. und 19. Bezirk;
Frankreich: 6., 14., 15. und 16. Bezirk;
Großbritannien: 3., 5., 11., 12. und 13. Bezirk.
In gemeinsamer Verwaltung: 1. Bezirk.

Hauptquartiere der Besatzungsmächte

Sowjetunion: Hotel Imperial (1, Kärntner Ring 16)
USA: Oesterreichische Nationalbank (9, Otto-Wagner-Platz 3)
Frankreich: Hotel Kummer (6, Mariahilfer Straße 71)
Großbritannien: Schloß Schönbrunn

Sitz des Alliierten Rats, der »Machtzentrale« der Besatzer, war das Haus der Industrie (3, Schwarzenbergplatz 4); die Interalliierte Kommandantur Wiens befand sich im Justizpalast (1, Schmerlingplatz 10).

Zum Stichtag 1. September 1945 übernahmen die Alliierten die ausgehandelten Zonen; ihre gemeinsamen Kontrollfahrten in der Innenstadt, die berühmten »Vier im Jeep«, wurden zum Symbol der Besatzungszeit. Benachteiligt waren jene Wiener, deren Wohnung in die sowjetische Besatzungszone zu liegen kam – vor allem die Praxis der Russen, politisch verdächtige oder mißliebige Personen in die Sowjetunion zu verschleppen, sorgte für Angst, dazu kamen – vor allem in den ersten Monaten nach Kriegsende – Plünderungen und Vergewaltigungen.

Am 25. November 1945 fanden – gleichzeitig mit der ersten Nationalratswahl in der Zweiten Republik – die ersten Gemeinderatswahlen nach dem Krieg statt, die einen klaren Sieg der SPÖ brachten (58 Mandate), 36 Sitze im Gemeinderat gingen an die ÖVP, und nur enttäuschende 6 an die KPÖ

4
Symbol der Besatzungszeit: die »Vier im Jeep«.

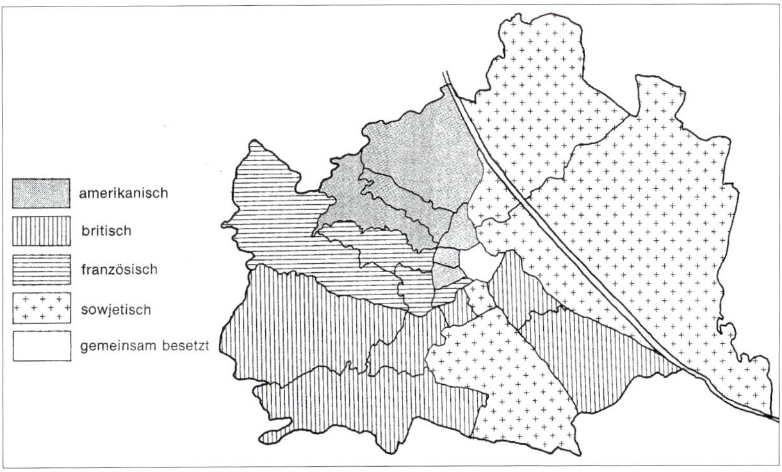

5
Die Besatzungszonen in Wien gemäß der Deklaration vom 9. Juli 1945.

– es zeigte sich, daß die politischen Kräfteverhältnisse der Zwischenkriegszeit noch immer Bestand hatten: Auf Bundesebene siegte die ÖVP mit 85 Mandaten, die SPÖ erreichte 76, die KPÖ 4 Sitze im Nationalrat; Leopold Figl bildete eine Konzentrationsregierung mit Adolf Schärf als Vizekanzler und Karl Gruber als Außenminister, die 1946 zwar von allen vier Besatzungsmächten anerkannt wurde, tatsächlich aber unter der Kontrolle des Alliierten Rates stand. Im zweiten Alliierten Kontrollabkommen vom 28. Juni 1946 wurde die Zustimmung des Alliierten Rates nur mehr für Verfassungsgesetze vorgeschrieben, was für die österreichische Innenpolitik eine wesentliche Erleichterung bedeutete.

Ein Hauptproblem der ersten Nachkriegsjahre blieb die Lebensmittelversorgung Wiens; wer die Möglichkeit hatte, unternahm »Hamsterfahrten« aufs Land und versorgte sich bei den Bauern mit den begehrten Köstlichkeiten; besonders beliebt waren organisierte Hamsterfahrten auf LKWs, die Fahrkarten dafür waren schon Tage vorher ausverkauft. Ein »Rucksackverbot« des Ernährungsministeriums im Juni 1946 sollte das Hamstern einschränken, hatte aber nur wenig Erfolg. Zu einem Wirtschaftsfaktor der besonderen Art wurde der Schleichhandel, der für manche risikofreudige Wiener zum einträglichen Geschäft wurde; »Hauptumschlagplatz« war der Resselpark am Karlsplatz.

6
Der Schwarzmarkt boomte, und auch die Soldaten der Roten Armee scheuten vor Geschäften nicht zurück.

7
Immer ein Augenblick der Freude: die Ankunft von Care-Paketen aus den USA.

Die Lage besserte sich allmählich mit dem Eintreffen internationaler Hilfslieferungen; mit großer Erleichterung wurden vor allem die 1946 einsetzende Unterstützung durch die UNRRA (United Nations Relief and Rehabilitation Administration) begrüßt. Festlich beging man die Ankunft des ersten UNRRA-Großtransports am 8. März 1946: Ein mit 440 Tonnen Getreide beladener Güterzug wurde von Bundeskanzler Figl und Mitgliedern der Regierung am Ostbahnhof empfangen. Großer Beliebtheit bei den Wienern erfreuten sich auch die Leckerbissen aus den legendären »Care-Paketen«, die von CARE (Cooperative for American Remittances to Europe) von 1946 bis 1962 in europäische Länder verschickt wurden. Wichtige Lebensmittellieferungen kamen nicht zuletzt auch von Seite der Sowjetunion.

Ein zweites elementares Problem stellte die Wohnungsnot dar. Die Instandsetzungsarbeiten begannen zwar gleich nach Kriegsende, in vielen Fällen mangelte es jedoch an Baumaterialien und auch an qualifizierten Arbeitskräften; ein großes Verdienst kam hier den Wiener Frauen zu, die in Abwesenheit der Männer die Hauptlast der Aufräumarbeiten trugen (»Trümmerfrauen«). Bis 1956 wurden 50.000 neue Wohnungen errichtet; der durch den Krieg entstandene Nachholbedarf konnte jedoch erst in den sechziger Jahren gedeckt werden.

8
Vor allem aus der russischen Gefangenschaft erfolgte die Rückkehr der Kriegsgefangenen oft erst viele Jahre nach Ende des Zweiten Weltkrieges.

9
Der Wiederaufbau der schwer beschädigten Staatsoper konnte bereits 1955 abgeschlossen werden.

10
Das Burgtheater am Abend seiner feierlichen Wiedereröffnung mit »König Ottokars Glück und Ende«, 15. Oktober 1955.

Im Zentrum der Wiener Anstrengungen zum Wiederaufbau standen jene Bauten, die symbolhaft die Identität der Hauptstadt prägten, allen voran der Stephansdom, dessen Dach in den letzten Kriegstagen völlig zerstört worden war. Bereits zu Weihnachten 1948 waren das Langhaus des Doms und der Albertinische Chor wiederhergestellt; 1949 begann die Verlegung des neuen Daches, und am 26. April 1952 hielt die neue, in St. Florian (Oberösterreich) gegossene Pummerin ihren Einzug.

So manches legendäre Gebäude wie das Carltheater in der Praterstraße, in dem einst Raimund und Nestroy ihre Triumphe gefeiert hatten, mußte abgerissen werden; wiederaufgebaut wurden jedoch an der Ringstraße Burgtheater (wiedereröffnet am 15. Oktober 1955 mit Grillparzers *König Ottokars Glück und Ende*) und Staatsoper (wiedereröffnet am 5. November 1955 mit Beethovens *Fidelio*).

Zu einer enormen Belastungsprobe für die Regierung wurde das Tauziehen um das sogenannte »deutsche Eigentum«. Auseinandersetzungen gab es vor allem mit der Sowjetunion, die mit dem berüchtigten Befehl Nr. 17 vom 27. Juni 1946 alle Industriebetriebe in ihrer Zone, die bis 1945 in deutschen Besitz gekommen waren, »als deutsche Wiedergutmachungszahlung« für sich reklamierte. Das Problem lag in der Interpretation des Begriffs »deutsches Eigentum«: Die Sowjets forderten ungeniert Unternehmen, die alter österreichischer Besitz waren, als »deutsches Eigentum« ein; Beschlagnahmungen und Demontagen ganzer Fabriken waren an der Tagesordnung. Zusammengefaßt wurden die übernommenen Betriebe in der USIA, der »Verwaltung sowjetischen Eigentums in Österreich« *(Upravlenie Sowjetskogo imuščestva Avstrii)*, die in ihrer Hand nicht weniger als 30 % der Industrieproduktion der sowjetischen Zone vereinigen konnte. Zu einem florierenden Geschäftszweig wurden ins-

11

12

13

11
Heimito von Doderer (1896–1966) vor der Strudlhofstiege. Mit dem gleichnamigen Roman, erschienen 1951, begründete er seinen Ruhm als Erzähler.

12
Friedrich Torberg (1908–1979) kehrte 1951 nach Wien zurück und wurde mit »Die Tante Jolesch« zum Chronisten des jüdischen Lebens der Zwischenkriegszeit.

13
Hans Weigel (1908–1991) kehrte 1945 aus dem Exil in Zürich zurück und wurde zum Förderer zahlreicher junger Autoren.

14
Satire, die unter die Haut geht: Helmut Qualtinger (1928–1886) in seiner Glanzrolle als »Herr Karl«.

15
Gerhard Bronner (geb. 1922), einer der brillantesten Kabarettisten Wiens der Zweiten Republik.

besondere die USIA-eigenen Läden, in denen man verbilligt Lebensmittel einkaufen konnte.

Eine wichtige Rolle fiel den USIA-Betrieben im Herbst 1950 zu: Kommunistische Funktionäre entfesselten Ende September gegen das sogenannte »vierte Lohn-Preis-Abkommen«, das die schwierige Wirtschaftslage dieser Zeit notwendig gemacht hatte, Streiks und Demonstrationen, die vor allem von USIA-Arbeitern getragen wurden und von Regierung und Gewerkschaft nur mit Mühe beigelegt werden konnten; den Hintergrund dafür bildete der Versuch der Kommunisten, durch politische Unruhe die Demokratie ins Wanken zu bringen und der Sowjetunion in die Hände zu treiben. Besonnene Wiener Arbeiter zeichneten sich in diesen Krisentagen besonders aus und unterstützten die Polizei bei der »Befreiung« von Straßenbahndepots und Elektrizitätswerken.

Wenig erfolgreich blieben die Bemühungen der Stadt, die durch den Faschismus vertriebenen Mitbürger zur Rückkehr zu bewegen – die Mehrzahl der Emigranten zog das Exil einem ungewissen Neubeginn in der alten Heimat vor. Zu jenen, die zurückkehrten, zählten die Schriftsteller Friedrich Torberg (1908–1979) und Hans Weigel (1908–1991); letzterer wurde als Entdecker und Förderer junger Autoren (Ingeborg Bachmann, Gerhard Fritsch) sowie als Herausgeber der Anthologienreihe *Stimmen der Gegenwart* zum Mittelpunkt der Wiener Literaturszene nach dem Krieg. Die literarische Auseinandersetzung mit Krieg und Nachkrieg gelang nur in wenigen Texten überzeugend, zu nennen sind die Romane Herbert Zands (1923–1970), *Letzte Ausfahrt* (1953) und *Erben des Feuers* (1961), vor allem *Die Wolfshaut* (1960), Hans Leberts (1919–1993) große Parabel über das Verdrängen der NS-Vergangenheit, und Gerhard Fritschs (1924–1969) Roman *Moos auf den Steinen* (1956). Bis 1946 in britischer Kriegsgefangenschaft war Heimito von Doderer, sein 1951 publizierter Roman *Die Strudlhofstiege oder Melzer und die Tiefe der Jahre*, ein grandioses Sittenbild der Wiener Gesellschaft vor und nach dem Ersten Weltkrieg, wurde zu einem der größten Bucherfolge der Zeit.

16
Hans Moser (1880–1964) war der erfolgreichste Wiener Filmkomiker der Nachkriegszeit.

17
»Der dritte Mann« zeigt das kriegszerstörte Wien 1948 in einem spannenden Kriminalfilm mit Orson Welles.

18
Romy Schneider (1938–1982) wurde bereits früh in der Rolle der »Sissy« zur Filmlegende.

Zur neuen Blüte gelangte in den fünfziger Jahren das Kabarett, legendär wurde die Zusammenarbeit von Helmut Qualtinger (1928–1986) und Carl Merz (1906–1979), kongenial unterstützt wurde das Duo von Gerhard Bronner, Peter Wehle (1914–1986) und Georg Kreisler. Programme wie *Brettl vor'm Kopf* (1952), *Hackl vor'm Kreuz* (1960) oder die *Travnicek*-Dialoge mit Gerhard Bronner wurden zu Klassikern der Wiener Kabarettkunst. Eine entlarvende Charakterstudie des »goldenen Wienerherzens« gelang Qualtinger und Merz 1961 mit *Der Herr Karl*, die Ausstrahlung des Stücks durch den ORF führte – ein bedenkliches Zeichen – bei einem Teil der Seher zu einem gewaltigen Sturm der Entrüstung.

Noch viel weniger Verständnis brachte das Publikum für die »literarischen cabarets« und avantgardistischen Texte der 1951/52 entstandenen »Wiener Gruppe« (Friedrich Achleitner, H. C. Artmann, Konrad Bayer, Gerhard Rühm und Oswald Wiener) auf, deren großes Verdienst es war, ein Bewußtsein für den kritischen Umgang mit dem Material »Sprache« zu schaffen.

14

15

17

16

18

19
Bundespräsident Franz Jonas (1899–1974) mit UNO-Generalsekretär U Thant 1968.

DER STAATSVERTRAG

So erfreulich die Erfolge des Wiederaufbaus waren, so blieben durch die Besatzung und Zoneneinteilung Wiens doch zahlreiche Hindernisse für eine gedeihliche Entwicklung der Stadt bestehen; auch für die Wiener Stadtverwaltung war daher der Abschluß eines »Staatsvertrags« vorrangiges Ziel. Da Theodor Körner als Nachfolger von Karl Renner im Mai 1951 zum Bundespräsidenten gewählt wurde, bestimmte der Gemeinderat Franz Jonas (1899–1974), den amtsführenden Stadtrat für Bauangelegenheiten, zum Nachfolger im Bürgermeisteramt. Jonas, der als führender sozialdemokratischer Funktionär während des Ständestaats 14 Monate inhaftiert gewesen war, ging mit großer Energie an den Ausbau Wiens zur modernen Großstadt: Neue Wohnbauten wurden in Angriff genommen, die Infrastruktur in den Bereichen Verkehr (Opernpassage, Schottentor – »Jonasreindl«), Gesundheit (Baubeginn des AKH), Bildung (Ausbau der Volkshochschulen) und Energieversorgung (Umspannwerk Bisamberg) wurde entscheidend verbessert; als zukunftsweisend sollte sich vor allem sein Bestreben erweisen, Wien zum Sitz internationaler Organisationen zu machen, aus der Isolation einer okkupierten Stadt zurückzuführen in die Gemeinschaft freier europäischer Kommunen.

»Groß-Wien« wurde wieder kleiner: Mit 1. September 1954 wurden 80 der 97 eingemeindeten Ortsgemeinden nach Niederösterreich rückgegliedert; die Zahl der Bezirke reduzierte sich von 26 auf 23, die bei Wien verbleibenden Gemeinden bildeten nun den 22. (Donaustadt) und 23. Bezirk (Liesing). Die Fläche Wiens betrug damit 414,09 km^2, die Einwohnerzahl fiel auf 1,64 Millionen.

Die Verhandlungen zum Staatsvertrag wurden seit 1947 geführt, allerdings zunächst ohne sichtbaren Erfolg; die Vertragsentwürfe der westlichen Alliierten scheiterten immer wieder am Widerstand der Sowjetunion – der Kalte Krieg führte zu einer Verhärtung der Fronten. Erst nach dem Tod Josef Stalins 1953 und der Machtübernahme durch Chruschtschow kamen die Gespräche wieder in Gang; der Durchbruch wurde schließlich bei Verhandlungen in Moskau von 12. bis 15. April 1955 erzielt: Bundeskanzler Julius Raab, Außenminister Leopold Figl, Vizekanzler Adolf Schärf und Staatssekretär Bruno Kreisky gelang es, ein Memorandum auszuhandeln, das den raschesten Abschluß des Staatsvertrags vorsah. Nach einer vorbereitenden Konferenz der alliierten Botschafter von 2. bis 12. Mai und einigen letzten Änderungen am 14. Mai – der Passus von einer »gewissen Verantwortung« Österreichs für seine Kriegsteilnahme wurde aus der Präambel gestrichen – war endlich der ersehnte Tag der Freiheit gekommen: Am 15. Mai 1955 unterzeichneten Leopold Figl und die Außenminister der vier Besatzungsmächte im Belvedere den Staatsvertrag.

Im Sommer 1955 begann der Abzug der Besatzungstruppen, die letzten sowjetischen Soldaten verließen am 19. September Österreich, eine letzte britische Einheit überschritt am 25. Oktober die Grenze, einen Tag später, am 26. Oktober 1955, beschloß der Nationalrat ein Verfassungsgesetz über die immerwährende Neutralität Österreichs – mit einer Festkundgebung im Wiener Konzerthaus, an der Abordnungen aus allen Bundesländern teilnahmen, feierte man die Rückkehr zu Freiheit und Demokratie.

DAS MODERNE WIEN

Von den Siegermächten des Zweiten Weltkriegs in die Gemeinschaft freier europäischer Hauptstädte entlassen, bestand Wien im Herbst 1956 die erste Bewährungsprobe in seiner neuen Rolle als helfende und gebende Gemeinde: Nach der Intervention sowjetischer Truppen in Ungarn und der blutigen Niederschlagung des »Aufstands« (23. Oktober bis 11. November) flüchten über 155.000 Menschen nach Österreich; Zehntausende von ihnen kommen nach Wien und werden hier von der Bevölkerung mit großer Anteilnahme versorgt; noch sind die Jahre der Besatzung in guter Erinnerung, und man weiß nun, was einem erspart geblieben ist. Wien ist von nun an für Flüchtlinge aus den Ländern hinter dem »Eisernen Vorhang« die erste Anlaufstation, von hier aus öffnet sich der Weg weiter in den Westen – eine Situation, die sich wiederholt: im August 1968, als die Truppen des Warschauer Pakts in der CSSR einmarschieren, im Winter 1981/82, als in Polen von General Jaruzelski das

20
Studentenrevolte 1968: Ostermarsch über die Mariahilfer Straße, 27. April 1968.

Kriegsrecht verhängt wird. Viele Flüchtlinge bleiben, aus dem ungeliebten Asyl wird eine neue Heimat, die man nicht mehr missen möchte – es zeigt sich, daß Wien seine integrative Kraft von einst nicht verloren hat; nach Jahrzehnten, in denen man die Ausgrenzung, Vertreibung und Ermordung von Mitbürgern betrieb, kehrt man zu den Stärken des »alten Wien« zurück: zur kosmopolitischen Metropole des Habsburgerstaats, die Menschen nicht nach Nationalität und Glaubensbekenntnis beurteilt.

Mit dem Wirtschaftsaufschwung Ende der fünfziger, Anfang der sechziger Jahre begann auch von Süden und Südosten die Zuwanderung, Jugoslawen und Türken wählten Wien als Arbeitsplatz – die »Gastarbeiter« wurden zu einer unverzichtbaren Größe im Wiener Wirtschaftsleben und trugen dazu bei, daß der natürliche Bevölkerungsabgang kaum ins Gewicht fiel.

Politische Stabilität wurde zum Garanten eines allgemeinen Wohlstands; das tödliche Gegeneinander der Ersten Republik war einem konstruktiven Miteinander gewichen; die »Rathauskoalition« der sechziger Jahre, aber auch die SPÖ-Alleinregierungen der siebziger und achtziger Jahre setzten neue Marksteine der Entwicklung. Unter Bürgermeister Bruno Marek (1900–1991), der 1965 Franz Jonas ablöste, begann 1968 der Bau des U-Bahn-Grundnetzes (U 1, U 2, U 4), eine vierte Donaubrücke und das Fernheizwerk Spittelau wurden errichtet; seine Nachfolger Felix Slavik (1912–1980), Bürgermeister von 1970–1973, Leopold Gratz (geb. 1929), Bürgermeister von 1973–1984, und Helmut Zilk (geb. 1927), Bürgermeister von 1984–1994, fügten neue, wichtige Bausteine in dieses Mosaik kommunaler Erfolge: 1972 beschloß der Gemeinderat das wichtige »Altstadt-Erhaltungsgesetz«; 1979 konnte das »Vienna International Centre« den Beamten der UN-Organisationen IAEO und UNIDO übergeben werden, nach New York und Genf war Wien damit das dritte internationale UNO-Zentrum; 1981 wurde der nördliche Teil des neuen Freizeitparadieses Donauinsel fertiggestellt; 1985 erfolgte die Einweihung des Hundertwasser-Hauses in Erdberg (3, Kegelgasse 36–38/ Löwengasse 41–43).

Diese beachtlichen Erfolge der Stadtverwaltung konnten jedoch nicht darüber hinwegtäuschen, daß Wien und seine Bevölkerung auch unerfreuliche Seiten zeigten: So kam es in den sechziger Jahren zu einer bedenklichen Renaissance

21, 22 und 23 Bruno Marek (1900–1991) war von 1965 bis 1970 Wiener Bürgermeister, Leopold Gratz (geb. 1929) von 1973 bis 1984; ihm folgte Helmut Zilk (geb. 1927) für das Jahrzehnt 1984 bis 1994.

21

22

23

24
Wien besteht seine Feuerprobe als Schauplatz internationaler Gipfeltreffen: US-Präsident John F. Kennedy und der sowjetische Ministerpräsident Nikita Chruschtschow am 3. Juni 1961 beim Händeschütteln vor der amerikanischen Botschaft.

25
US-Präsident Jimmy Carter und der sowjetische Staats- und Parteichef Leonid Breschnew unterzeichnen am 18. Juni 1979 im Redoutensaal der Wiener Hofburg das SALT-II-Abkommen.

26
Das »Vienna International Centre«, erbaut 1973–1979 von Johann Staber, wird am 3. August 1979 der UNO übergeben.

antisemitischen Gedankenguts – durch die Emotionen, die im Gefolge einer Demonstration von Wiener Widerstandskämpfern gegen den antisemitischen Hochschulprofessor Taras Borodajkewycz hochkamen (29./31. März 1965), ebenso dokumentiert wie durch den kurzfristigen Erfolg von Franz Olahs »Demokratisch-Fortschrittlicher Partei« bei den Gemeinderatswahlen 1969, als in der Wahlpropaganda antisemitische Untertöne spürbar wurden. Ausländerfeindliche Haßtiraden aus jüngster Zeit zeigen die Persistenz rassistischen Denkens, ausgewechselt wurde allein die angefeindete Zielgruppe. Und auch die politisch motivierte Gewalttat blieb der Stadt erhalten: Am 21. Dezember 1975 forderte ein Terroranschlag auf das OPEC-Gebäude 3 Tote; am1. Mai 1981 wurde Heinz Nittel, Stadtrat für Verkehr und Energie und Präsident der Österreichisch-Israelischen Gesellschaft, erschossen, ein Attentat arabischer Terroristen auf die jüdische Synagoge in der Seitenstettengasse folgte am 29. August 1981 und kostete zwei Menschen das Leben. Schwere Verletzungen an der linken Hand erlitt Bürgermeister Helmut Zilk bei einem Briefbombenattentat am 5. Dezember 1993.

Dennoch: International konnte Wien seinen Ruf als Stätte der Begegnung von Ost und West festigen, bewährte sich als neutraler Schauplatz zahlreicher Konferenzen und Verhandlungen zur Sicherheits- und Abrüstungspolitik und trug so wesentlich zur Entschärfung des Kalten Kriegs bei. Symbolhaft dafür wurden die »Gipfelgespräche« der Mächtigen in Wien: Am 3. und 4. Juni 1961 beraten US-Präsident John F. Kennedy und der sowjetische Ministerpräsident Nikita S. Chruschtschow über die Weltlage; am 18. Juni 1979 unterzeichnen Jimmy Carter und Leonid Breschnew in der Wiener Hofburg das SALT-II-Abkommen über die Begrenzung der strategischen Rüstung.

EPILOG: WIEN 2000

Das Fallen des Eisernen Vorhangs 1989 brachte Millionen von Menschen in Mittel- und Osteuropa die Freiheit zurück; das gewaltige Experiment Lenins, eine Gesellschaft ohne Klassenunterschiede zu schaffen, war endgültig gescheitert, jene Grenze, die als Resultat des Zweiten Weltkriegs und der Machtträume Stalins vier Jahrzehnte lang Europa zerschnitt, hatte ihren Schrecken verloren. Die Gesellschaften der »Reformländer«, zutiefst geprägt von den Strukturen des »real existierenden Sozialismus«, lernten, mit Demokratie und freier Wirtschaft zu leben.

Der Zusammenbruch des sowjetischen Imperiums veränderte auch die Perspektiven Wiens in entscheidender Weise: Die Bundeshauptstadt bekam die Chance, sich von einer Stadt an der Peripherie des Westens in eine neue »Stadt der Mitte« zu verwandeln; Wien könnte an jenen Platz zurückkehren, den es schon einmal eingenommen hat: den einer mitteleuropäischen Metropole. Das Wien der Zukunft – und diese Einsicht wird von seiner Bevölkerung gefordert werden – endet nicht an der Stadtgrenze und nicht an March oder Thaya, in vielfältiger Weise, kulturell und wirtschaftlich, wird Wien nach der Erweiterung der Europäischen Union eingebunden sein in einen Großraum, in dem die Nationalitäten Ostmitteleuropas – lange Zeit hindurch quasi koloniale Ressource des Habsburgerreichs – endlich zu ihrem Recht kommen sollen.

Diese neue Positionierung Wiens im Herzen Europas wird verbunden sein müssen mit einer Öffnung nach außen, mit der Bereitschaft, die Augen zu öffnen für die Probleme und Bedürfnisse der Nachbarn. Für kurzsichtige Ausgrenzung des Fremden und aus rassistischen Ressentiments gespeiste Ausländerfeindlichkeit, aber auch für das engstirnige Pochen auf eine falsch verstandene »Wiener Kulturtradition« wird in diesem Wien kein Platz mehr sein …

DIE WIENER BÜRGERMEISTER

1282	Konrad Poll
1285	Heinrich Hansgraf
1287	Konrad von Eslarn
1288–1305	Konrad Poll
1305–1307	Heinrich Chrannest
1307	Dietrich von Kahlenberg
1308	Heinrich von der Neisse
1309	Niklas von Eslarn
1310	Heinrich von der Neisse
1310–1313	Niklas von Eslarn
1313–1315	Niklas Poll
1316	Hermann von St. Pölten
1316–1317	Niklas von Eslarn
1318	Hermann von St. Pölten
1319–1323	Otto Wülfleinstorfer
1324–1327	Niklas Poll
1327–1328	Stephan Chriegler
1329–1330	Heinrich Lang
1332–1333	Dietrich Urbetsch
1333–1334	Hermann Snaezl
1335–1337	Dietrich Urbetsch
1337–1338	Konrad von Eslarn
1338–1339	Berthold Poll
1340–1343	Konrad Wiltwerker
1344	Hagen von Spielberg
1345–1347	Reinprecht Zaunrüd
1348–1349	Friedrich von Tierna
1350–1351	Dietrich Flusthart
1352	Friedrich von Tierna
1353	Heinrich Würfel
1354	Dietrich Flusthart
1355	Leopold Polz
1356–1357	Heinrich Straicher
1357–1358	Haunold Schuchler der Ältere
1358–1359	Leopold Polz
1359–1360	Heinrich Straicher
1360–1361	Haunold Schuchler der Ältere
1362–1364	Hans von Tierna
1364	Friedrich Rüschl
1365–1366	Lukas Popfinger
1366–1367	Thomas Swaeml
1368–1370	Niklas Würfel
1370–1371	Thomas Swaeml
1372–1374	Ulrich Rößl
1374–1376	Jans am Kienmarkt
1376–1379	Paul Holzkäufl
1379–1381	Jans am Kienmarkt
1381–1386	Paul Holzkäufl
1386–1395	Michael Geukramer
1396	Paul Holzkäufl
1396–1397	Paul Würfel der Ältere
1398	Jakob Dorn
1398–1399	Hans Rockh
1399–1400	Paul Holzkäufl
1401	Berthold Lang
1401–1402	Paul Würfel der Ältere
1402–1403	Haunold Schuchler der Jüngere
1403–1404	Konrad Vorlauf
1404–1405	Paul Würfel der Ältere
1405–1406	Rudolf Angerfelder
1406–1408	Konrad Vorlauf
1408–1409	Hans Feldsberger
1410	Paul Geyr
1410–1411	Albrecht Zetter
1411–1419	Rudolf Angerfelder
1420–1421	Hans Musterer
1422	Ulrich Gundloch
1423–1425	Konrad Holzer der Ältere
1425–1426	Hans Scharffenberger
1427	Paul Würfel der Jüngere
1428–1429	Niklas Undermhimmel
1430–1433	Konrad Holzer der Ältere
1434–1439	Hans Steger
1440–1441	Konrad Holzer der Jüngere
1442	Andre Hiltprant
1443	Hans Steger
1444–1446	Hans Haringseer
1447–1449	Hans Steger
1450–1451	Konrad Holzer der Jüngere
1452	Oswald Reicholf
1453	Niklas Teschler
1454	Oswald Reicholf
1455	Konrad Holzer der Jüngere
1456–1457	Niklas Teschler
1457	Thomas Schwarz
1457–1460	Jakob Starch
1461–1462	Christian Prenner
1462	Sebastian Ziegelhauser
1462–1463	Wolfgang Holzer
1463–1464	Friedrich Ebmer
1464–1466	Ulrich Metzleinstorffer
1467	Martin Enthainer
1467–1473	Andreas Schönbrucker
1473–1479	Hans Heml
1479–1484	Laurenz Haiden
1485–1486	Stephan Een
1487–1489	Leonhard Radauner
1489–1490	Laurenz Taschendorfer
1490	Stephan Een
1490–1493	Paul Keck
1494–1496	Friedrich Geldreich
1497–1499	Paul Keck
1500–1501	Wolfgang Rieder
1502	Leonhard Lackner
1503	Wolfgang Zauner
1504–1507	Paul Keck
1507	Sigmund Pernfuß
1508	Paul Keck
1509–1510	Wolfgang Rieder
1511–1512	Hans Süß
1512	Leonhard Pudmannsdorfer
1513	Hans Kuchler
1514–1515	Friedrich Piesch
1515	Johann Kaufmann
1516	Hans Süß
1516–1517	Hans Rinner
1518	Leonhard Pudmannsdorfer

1519–1520	Wolfgang Kirchhofer
1520	Hans Süß
1521	Martin Siebenbürger
1522–1524	Gabriel Guetrater
1524–1526	Hans Süß
1526	Roman Staudinger
1527	Sebastian Sulbeck
1528–1530	Wolfgang Treu
1531	Sebastian Eysler
1532–1533	Wolfgang Treu
1534–1535	Johann Pilhamer
1536–1537	Wolfgang Treu
1538–1539	Hermes Schallautzer
1540–1541	Paul Pernfuß
1542–1546	Stephan Tenck
1547–1548	Sebastian Schrantz
1549–1550	Sebastian Hutstocker
1551–1552	Christoph Hayden
1553–1555	Sebastian Hutstocker
1556–1557	Hans Übermann
1558–1559	Georg Prantstetter
1560–1561	Thomas Siebenbürger
1562–1563	Hermann Bayr
1564–1565	Matthias Brunnhofer
1566–1567	Hans Übermann
1568–1569	Georg Prantstetter
1570–1571	Hanns von Thau
1572–1573	Georg Prantstetter
1574–1575	Hanns von Thau
1576–1577	Christoph Hutstocker
1578–1579	Hanns von Thau
1580–1581	Bartholomäus Prantner
1582–1583	Hanns von Thau
1584–1585	Bartholomäus Prantner
1586–1587	Oswald Hüttendorfer
1588–1589	Hanns von Thau
1590–1591	Georg Fürst
1592–1595	Bartholomäus Prantner
1596–1597	Paul Steyrer
1598–1599	Oswald Hüttendorfer
1600–1601	Andreas Rieder
1602–1603	Georg Fürst
1604–1607	Augustin Haffner
1608–1609	Lukas Lausser
1610–1613	Daniel Moser
1614–1615	Veit Resch
1616–1622	Daniel Moser
1623–1625	Paul Wiedemann
1626–1637	Daniel Moser
1638–1639	Christoph Faßoldt
1640–1645	Konrad Pramber
1646–1648	Caspar Bernhardt
1648–1654	Johann Georg Dietmayr von Dietmannsdorf
1654–1655	Thomas Wolfgang Puechenegger
1656–1659	Johann Georg Dietmayr von Dietmannsdorf
1660–1663	Johann Christoph Holzner
1664–1667	Johann Georg Dietmayr von Dietmannsdorf
1667–1669	Johann Christoph Holzner
1670–1673	Daniel Lazarus Springer
1674–1677	Peter Sebastian Fügenschuh
1678–1679	Daniel Lazarus Springer
1679–1683	Johann Andreas von Liebenberg
1683–1687	Simon Stephan Schuster
1688–1691	Daniel Fockhy
1692–1695	Johann Franz Peickhardt
1696–1699	Jakob Daniel Tepser
1700–1703	Johann Franz Peickhardt
1704–1707	Jakob Daniel Tepser
1708–1712	Johann Franz Wenighoffer
1713–1716	Johann Lorenz Trunck von Guttenberg
1717–1720	Josef Hartmann
1721–1724	Franz Josef Hauer
1725–1726	Josef Hartmann
1727–1728	Franz Josef Hauer
1729–1730	Johann Franz Purck
1731–1732	Franz Daniel Edler von Bartuska
1733–1736	Andreas Ludwig Leitgeb
1737–1740	Johann Adam v. Zahlheim
1741–1744	Peter Joseph Edler von Kofler
1745–1751	Andreas Ludwig Leitgeb
1751–1764	Peter Joseph Edler von Kofler
1764–1767	Josef Anton Bellesini
1767–1773	Leopold Franz Gruber
1773–1804	Josef Georg Hörl
1804–1823	Stephan Edler von Wohlleben
1823–1834	Anton Lumpert
1834–1837	Anton Joseph Edler von Leeb
1838–1848	Ignaz Czapka (ab 1842 Freiherr von Winstetten)
1851–1861	Johann Kaspar Freiherr von Seiller
1861–1868	Andreas Zelinka
1868–1878	Cajetan Felder
1878–1882	Julius von Newald
1882–1889	Eduard Uhl
1889–1894	Johann Prix
1894–1895	Raimund Grübl
1895–1896	Hans von Friebeis
1896–1897	Josef Strobach
1897–1910	Karl Lueger
1910–1912	Josef Neumayer
1912–1919	Richard Weiskirchner
1919–1923	Jakob Reumann
1923–1934	Karl Seitz
1934–1938	Richard Schmitz
1938–1940	Hermann Neubacher
1940–1943	Philipp Wilhelm Jung
1943–1945	Hanns Blaschke
1945–1951	Theodor Körner
1951–1965	Franz Jonas
1965–1970	Bruno Marek
1970–1973	Felix Slavik
1973–1984	Leopold Gratz
1984–1994	Helmut Zilk
seit 1994	Michael Häupl

DIE BISCHÖFE BZW. ERZBISCHÖFE VON WIEN

1471–1479	Leopold von Spaur
1480–1482	Johann Peckenschlager
1484–1487	Bernhard von Rohr
1488–1490	Urban von Döczy
1490–1493	Matthias Scheit
1493–1499	Johann Vitéz
1500–1504	Bernhard von Pollheim
1504–1509	Franz Bakócz ab Erdöd
1513–1522	Georg von Slatkonia
1523	Petrus Bonomo
1523–1530	Johann von Revellis
1530–1541	Johann Fabri
1541–1552	Friedrich Nausea
1552–1553	Christoph Wertwein
1554–1555	Petrus Canisius
1559–1561	Anton Brus von Mueglitz
1563–1568	Urban Sagstetter
1574–1594	Kaspar von Neubeck
1598–1630	Melchior Klesl
1631–1639	Anton Wolfradt
1639–1669	Friedrich Phillipp von Breuner
1669–1680	Wilderich von Walderdorff
1680–1685	Emmerich Sinelli
1685–1702	Ernst von Trautson
1702–1705	Franz Anton von Harrach
1706–1716	Franz Ferdinand von Rummel
1716–1751	Sigismund von Kollonitsch
1751–1757	Johann Joseph von Trautson
1757–1803	Christoph Anton von Migazzi
1803–1820	Sigismund Anton von Hohenwart
1822–1831	Leopold Maximilian von Firmian
1832–1853	Vinzenz Eduard Milde
1853–1875	Joseph Othmar von Rauscher
1876–1881	Johann Rudolf Kutschker
1881–1889	Cölestin Ganglbauer
1890–1911	Anton Joseph Gruscha
1911–1913	Franz Xaver Nagl
1913–1932	Friedrich Gustav Piffl
1932–1955	Theodor Innitzer
1956–1985	Franz König
1986–1995	Hans Hermann Groër
seit 1995	Christoph Schönborn

LITERATURVERZEICHNIS

Isabella ACKERL, Die Chronik Wiens. Unter Mitarbeit von Ferdinand Opll und Karl Vocelka, herausgegeben von Bodo Harenberg. Dortmund 1988

Hellmut ANDICS, Gründerzeit. Das schwarzgelbe Wien bis 1867. Wien–München 1981

Hellmut ANDICS, Ringstraßenwelt. Wien 1867–1887. Luegers Aufstieg. Wien–München 1983

Hellmut ANDICS, Luegerzeit. Das Schwarze Wien bis 1918. Wien–München 1984

Heinrich BERG, Das »Scharlachrennen« – der mittelalterliche Wiener »Pallio«. In: Wiener Geschichtsblätter 45, 1990

Peter CSENDES, Geschichte Wiens. Wien 1981

Peter CSENDES, Das Wiener Stadtrechtsprivileg von 1221. Wien–Köln–Graz 1987

Felix CZEIKE, Wien und seine Bürgermeister. Sieben Jahrhunderte Wiener Stadtgeschichte. Wien–München 1974

Felix CZEIKE, Wien – Kunst & Kulturlexikon. München1979

Felix CZEIKE, Wien. Geschichte der Stadt. Wien–München–Zürich 1981

Felix CZEIKE, Historisches Lexikon Wien in 5 Bänden. Wien 1992–1997

Anna DRABEK, Wolfgang HÄUSLER, Kurt SCHUBERT, Karl STUHLPFARRER und Nikolaus VIELMETTI, Das österreichische Judentum. Voraussetzungen und Geschichte. Wien–München 1988

Peter DUSEK, Anton PELINKA u. Erika WEINZIERL, Zeitgeschichte im Aufriß. Österreich seit 1918. Wien 1995

Brigitte HAMANN (Hrsg.), Die Habsburger. Ein biographisches Lexikon. Wien 1988

Brigitte HAMANN, Hitlers Wien. Lehrjahre eines Diktators. München–Zürich 1996

Péter HANÁK (Hrsg.), Die Geschichte Ungarns von den Anfängen bis zur Gegenwart. Budapest 1991

Ortolf HARL, Vindobona – das römische Wien. Wien 1979

Franz KADRNOSKA (Hrsg.), Aufbruch und Untergang. Österreichische Kultur zwischen 1918 und 1938. Wien–Zürich–München 1980
Wolfgang KALCHHAUSER, Geheimnisvoller Wienerwald. Auf den Spuren ur- und frühgeschichtlicher Menschen. 2. Aufl. Wien 1998
Walter KLEINDEL, Österreich. Daten zur Geschichte und Kultur. Herausgegeben, bearbeitet u. ergänzt von Isabella Ackerl und Günter K. Kodek. Wien 1995
Klaus LOHRMANN, Judenrecht und Judenpolitik im mittelalterlichen Österreich. Wien–Köln 1990 (= Handbuch zur Geschichte der Juden in Österreich, Reihe B, Bd. 1)
NATURGESCHICHTE WIENS IN 3 BÄNDEN UND EINEM KARTENTEIL. Herausgegeben von einer Arbeitsgemeinschaft im Institut für Wissenschaft und Kunst. Gesamtredaktion: Ferdinand Starmühlner und Friedrich Ehrendorfer. Wien–München 1970
Alfred NEUMANN, Vindobona – die römische Vergangenheit Wiens. Wien 1972
Ferdinand OPLL, Alte Grenzen im Wiener Raum. Wien–München 1986 (= Kommentare zum Historischen Atlas von Wien, Bd. 4)
Ferdinand OPLL, Nachrichten aus dem mittelalterlichen Wien. Zeitgenossen berichten. Wien–Köln–Weimar 1995
Ferdinand OPLL u. Richard PERGER, Kaiser Friedrich III. und die Wiener 1483–1485. Wien 1993 (= Forschungen und Beiträge zur Wiener Stadtgeschichte 24)
ÖSTERREICH-LEXIKON IN ZWEI BÄNDEN. Herausgegeben von Richard und Maria Bamberger, Ernst Bruckmüller u. Karl Gutkas. Wien 1995
Richard PERGER, Matthias Corvinus und Wien. In: Matthias Corvinus und die Renaissance in Ungarn. Katalog des Niederösterr. Landesmuseums N. F 118, Wien 1982
Richard PERGER, Straßen, Türme und Basteien. Das Straßennetz der Wiener City in seiner Entwicklung und seinen Namen. Ein Handbuch. Wien 1991 (= Forschungen und Beiträge zur Wiener Stadtgeschichte 22)
Peter PLEYEL, Das römische Österreich. Fundstätten und Museen. Wien 1994
Reinhard POHANKA, Das römische Wien. Wien 1997
Reinhard POHANKA, Wien im Mittelalter. Wien 1998
Reinhard POHANKA, Stadt unter dem Hakenkreuz. Wien 1938–1945. Wien 1996
Walter POHL, Die Awaren. Ein Steppenvolk in Mitteleuropa (567–822). München 1988
Hugo PORTISCH u. Sepp RIFF, Österreich II. Die Geschichte Österreichs vom 2. Weltkrieg bis zum Staatsvertrag. Wien 1985
Karlheinz ROSSBACHER, Literatur und Liberalismus. Zur Kultur der Ringstraßenzeit in Wien. Wien 1992
Johannes SACHSLEHNER, Führerwort und Führerblick. Mirko Jelusich. Zur Strategie eines Bestsellerautors in den dreißiger Jahren. Königstein/Ts. 1985
Erwin SCHMIDT, Wiener Stadtgeschichte. Wien–München 1978
Wendelin SCHMIDT-DENGLER, Bruchlinien. Vorlesungen zur österreichischen Literatur 1945 bis 1990. Salzburg–Wien 1995
Carl E. SCHORSKE, Wien. Geist und Gesellschaft im Fin de Siècle. München 1994
STADTCHRONIK WIEN. Red. von Christian Brandstätter, Günter Treffer u. a. Wien 1986
Kurt STIMMER (Hrsg.), Die Arbeiter von Wien. Ein sozialdemokratischer Stadtführer. Wien–München 1988
Christiane THOMAS, Wien als Residenz unter Kaiser Ferdinand I. In: Studien zur Wiener Geschichte. Jahrbuch des Vereins für Geschichte der Stadt Wien, Bd. 49, Wien 1993, S. 101–118
WIEN 1938. Katalog des Historischen Museums der Stadt Wien zur 110. Sonderausstellung. Wien 1988
Herwig WOLFRAM, 378–907: Grenzen und Räume. Geschichte Österreichs vor seiner Entstehung. Wien 1995
Karl ZIAK, Unvergängliches Wien – Ein Gang durch die Geschichte von der Urzeit bis zur Gegenwart. Wien 1963
Erich ZÖLLNER, Österreich. Sein Werden in der Geschichte. Wien 1961
Erich ZÖLLNER (Hrsg.), Wellen der Verfolgung in der österreichischen Geschichte. Red. von Hermann Möcker. Wien 1986 (= Schriften des Instituts für Österreichkunde 48)
Marlene ZYKAN, Der Stephansdom. Wien–Hamburg 1981 (= Wiener Geschichtsbücher Bd. 25/27)

REGISTER

BILDNACHWEIS

Robert Bouchal: 16, 19 (oben Mitte und rechts)
Foto Thomas Hoffmann: 10
ARTOTHEK, München: 53 (unten), 77 (rechts)
Sammlung La Speranza, Wien: 169 (rechts)
Bildarchiv Preußischer Kulturbesitz, Berlin: 89, 107 (Foto: Erich Lessing), 119 (Foto: Reinhard Krafft), 215 (unten)
Magistrat der Stadt Wien, Geschäftsgruppe Kultur, Stadtarchäologie: 17, 36, 69 (unten)
Niedersächsische Landesmuseum, Landesgalerie, Hannover: Vorsatz
Foto Viktor Kabelka: 20
Historisches Museum der Stadt Wien: 23 (rechts), 27 (oben), 28 (unten), 29, 35, 53 (oben Mitte), 58, 64, 80, 85 (rechts), 86, 102, 103, 105, 131 (rechts), 133, 134, 137, 140, 147 (unten), 153, 155 (unten), 162, 163 (links), 168, 179 (unten links), 180, 181 (oben), 182 (links), 183 (unten links), 189 (links), 209 (rechts)
Archiv für Kunst und Geschichte, Berlin: Nachsatz, 53 (links oben), 66, 73 (links unten), 75 (rechts), 82 (rechts), 91 (links), 93 (rechts), 109, 110, 113 (rechts), 116, 120, 123 (links), 125, 126, 127 (links), 128 (links), 131 (links), 138 (links und rechts), 139 (Mitte), 141, 143 (oben links und unten), 144, 149, 158, 172, 179 (unten rechts)
Kunsthistorisches Museum, Wien: 21 (rechts), 73 (links oben), 92, 97, 99
Österreichische Galerie Belvedere: 43, 47, 53 (oben rechts), 129, 157
Heeresgeschichtliches Museum, Wien: 81
Österreichische Nationalbibliothek: 6, 7, 8, 113 (links), 170
Bildarchiv der Österreichischen Nationalbibliothek: 31, 40, 46 (rechts), 60, 67, 73 (rechts), 75 (links), 79, 82 (links), 85 (links), 95, 100, 104, 121, 123 (Mitte und rechts), 127 (rechts), 128 (Mitte), 138 (Mitte), 139 (links und rechts), 143 (oben Mitte und rechts), 145, 147 (oben), 148, 155 (oben), 161, 165 (links), 166 (rechts), 171 (rechts), 175, 176, 178, 179, 183 (unten rechts), 184, 186, 192, 194 (Mitte), 196 (Mitte und rechts), 202 (rechts), 205 (rechts), 220 (Mitte)
Flugblätter-, Exlibris- und Plakatsammlung der Österreichischen Nationalbibliothek: 185
Naturhistorisches Museum, Wien, Paläontologische Abteilung, Foto Alice Schumacher: 9, 12, 19 (rechts Mitte und unten)
Haus-, Hof- und Staatsarchiv, Wien: 54
Museum im Schottenstift: 76 (links)
Graf Harrachsche Familiensammlung, Rohrau: 91 (rechts), 93 (links)
Erzbischöfliches Dom- und Diözesanmuseum, Wien: 61 (unten rechts)
Archiv der Erzdiözese Wien (Fotos: Karl Grohmann): 63, 64 (unten), 76 (rechts)
Wiener Stadt- und Landesarchiv (Foto: Viktor Kabelka): 55, 66, 74 (oben)
Bezirksmuseum Landstraße: 174
Steiermärkisches Landesarchiv, Graz: 46 (links)
Stiftsbibliothek Admont: 37
Benediktinerstift Göttweig, Kupferstichsammlung: 106
Chorherrenstift Klosterneuburg, Stiftsmuseum: 41, 45 (unten links), 49
Stadtmuseum Wiener Neustadt: 83 (oben)
Kurpfälzisches Museum Stadt Heidelberg: 115
Korporationsverwaltung Luzern: 69 (oben), 77
Budapesti Történeti Múzeum, Budapest: 39
Foto Brüder Barsch: 214 (unten)
Foto Viktor Kabelka: 150, 151, 166 (links), 167, 183 (oben), 194 (links), 197, 199 (unten), 203, 208, 209 (links), 211 (links)
Foto Votava: 214 (oben links und rechts), 215 (oben), 216, 217, 218, 219, 220 (links), 221 (oben links)
CONTRAST: 220 (rechts, Foto: Wobrazek), 221 (oben rechts, Foto: Boccoh-Gibod), 222 (Foto: Andreas Friess)
TRANSGLOBE: 221 (unten, Foto: Jan Halaska)
Zeichnungen und Karten von Peter Pleyel, Wien: 21 (rechts und Mitte), 23 (links), 24, 25, 26, 27 (unten), 45 (oben), 50, 55 (links unten), 56, 61 (links), 83 (unten), 94
Archiv Pichler Verlag: 28, 32, 128 (rechts), 156, 163 (rechts), 165 (rechts), 169 (links), 171 (links), 173, 181 (unten), 182 (rechts), 187, 188, 189 (rechts), 190, 191, 193, 194 (rechts), 195, 196 (links), 198, 199 (oben), 201, 202 (links), 204, 205 (links), 210, 211 (rechts), 213 (oben), 217 (unten links)
Wien 1938. Katalog zur 110. Sonderausstellung des Historischen Museums der Stadt Wien. Wien 1988: 206, 207
Karl Vocelka, Trümmerjahre. Wien 1945–1949. Wien-München 1985: 213 (unten)
Moriz Hoernes, Die Urgeschichte des Menschen nach dem heutigen Stande der Wissenschaft. Wien-Pest-Leipzig 1892: 13
Moriz Bermann, Geschichte der Wiener Stadt und Vorstädte. Wien o. J.: 45 (unten rechts), 55 (links oben), 65, 70
Die Zeichnungen auf S. 14 stammen von Wolfgang Kalchhauser und sind seinem Buch »Geheimnisvoller Wienerwald. Auf den Spuren ur- und frühgeschichtlicher Menschen«, 2. Aufl., Wien 1998, entnommen.
Die Rechtslage bezüglich der reproduzierten Bildvorlagen wurde – soweit möglich – sorgfältig geprüft; eventuell berechtigte Ansprüche werden bei Nachweis vom Verlag in angemessener Weise abgegolten.